一流本科专业建设系列教材

普通高等教育物流类专业系列教材

仓储管理与库存控制

主　编　李滢棠

副主编　胡美丽　汪　恒

参　编　孙小清　郭晓清

机 械 工 业 出 版 社

本书主要包括仓储管理和库存控制两部分内容，阐述了仓储管理的理论、方法和流程，以及库存控制的理论、模型和应用。本书详略得当，体系简洁，结构合理。内容上注重适用性和理论前沿性，理论联系实际，力求同时满足知识型人才和应用型人才培养的需要。为保证学习效果，本书每章均有学习目标和案例分析，并配有各种题型的思考练习题。

本书可作为高等学校经济类和管理类专业的教材或参考书，也可供管理人员及社会读者阅读参考。

图书在版编目（CIP）数据

仓储管理与库存控制/李滢棠主编 .—北京：机械工业出版社，2021. 12（2023.7 重印）

一流本科专业建设系列教材 普通高等教育物流类专业系列教材

ISBN 978-7-111-69803-6

Ⅰ. ①仓…　Ⅱ. ①李…　Ⅲ. ①仓库管理-高等学校-教材　Ⅳ. ①F253

中国版本图书馆 CIP 数据核字（2021）第 251287 号

机械工业出版社（北京市百万庄大街 22 号　邮政编码 100037）
策划编辑：常爱艳　　　　　责任编辑：常爱艳　马新娟　刘　静
责任校对：张亚楠　张　薇　封面设计：鞠　杨
责任印制：邓　博
北京盛通商印快线网络科技有限公司印刷
2023 年 7 月第 1 版第 4 次印刷
184mm×260mm · 14. 75 印张 · 350 千字
标准书号：ISBN 978-7-111-69803-6
定价：44. 80 元

电话服务　　　　　　　　　网络服务
客服电话：010-88361066　机　工　官　网：www.cmpbook.com
　　　　　010-88379833　机　工　官　博：weibo.com/cmp1952
　　　　　010-68326294　金　书　网：www.golden-book.com
封底无防伪标均为盗版　机工教育服务网：www.cmpedu.com

前　言

仓储活动是物流活动的重要支柱。仓储管理就是对仓库及仓库内储存的物资所进行的管理，是仓储机构为了充分利用所具有的仓储资源，提供高效的仓储服务所进行的计划、组织、控制和协调的过程。仓储管理学科虽然是一门经济管理科学，但同时也涉及应用技术科学。从学科属性上来说，仓储管理学科属于边缘性学科。

仓储管理的内涵正随着其在社会经济领域中的作用不断扩大而变化。现代仓储管理的重点不再仅仅着眼于物资保管的安全性，更多关注的是如何运用现代技术（如信息技术、自动化技术）来提高仓储运作的速度和效益。精准的仓储管理能够有效控制和降低流通与库存成本，是企业保持优势的关键。在新经济、新竞争形势下，企业在注重效益、不断挖掘与开发自身竞争力的同时，已经越来越注意到仓储管理的重要性。

库存控制是对制造业或服务业生产、经营全过程的各种物品、产成品以及其他资源进行管理和控制，使其储备保持在经济合理的水平上。库存控制是使用控制库存的方法，得到更高盈利的商业手段。它在满足客户服务要求的前提下通过对企业的库存水平进行控制，力求尽可能降低库存水平、提高物流系统的效率，以提高企业的市场竞争力。企业进行库存控制，可以在保证企业生产、经营需求的前提下，使库存量经常保持在合理的水平上；掌握库存量动态，适时、适量提出订货，避免超储或缺货；减少库存空间占用，降低库存总费用；控制库存资金占用，加速资金周转。

本书主要包括仓储管理和库存控制两部分内容，主要特点是：兼顾知识型和应用型人才需求，围绕仓储管理和库存控制的理论与流程，坚持知识、能力、素质协调发展。本书案例贴合实际，注重理论前沿性，设置了学习目标、案例分析和思考练习题等栏目，方便教师教学以及学生学习和评价反馈。

本书由李滢棠担任主编，并负责全书框架结构设计和最后统稿；胡美丽和汪恒担任副主编。全书共11章，具体编写分工如下：第1~3章由李滢棠编写，第4章由郭晓清编写，第5~7章由胡美丽编写，第8章由孙小清编写，第9~11章由汪恒编写。

本书在编写过程中借鉴了本领域的一些优秀著作、研究成果及相关案例，在此向有关作者和单位致以诚挚的谢意。

由于编者水平有限，书中难免存在不足之处，恳请广大读者和专家批评指正。

李滢棠

目　录

第 1 章

仓储管理概述

【学习目标】

- 了解仓储的产生与发展
- 掌握仓储的基本概念和分类
- 了解基本的仓储技术
- 掌握仓储管理的任务和仓储管理模式
- 了解仓储管理现状及发展趋势

1.1 仓储概述

1.1.1 仓储的产生与发展

仓储活动是物流的两大支柱之一，是商品流通的重要环节。仓储活动具有悠久的历史。早在原始社会末期，人类社会就开始有了剩余产品。当某个人或者某个部落获得食品等物资自给有余时，就需要在一定的场所把多余的物资储存起来，仓储活动应运而生。

"仓"是指仓储活动的场所，通常也被称为仓库。它是指储存和保管物品的建筑物或场所，可以是房屋建筑、大型容器、洞穴或者特定的场地等，具有存放和保护物品的功能。"窖穴"等早期的专门储存物品的场所是我国最早的仓库雏形，许多考古发现可以证明这一点。在西安半坡的仰韶文化村落遗址，考古人员发现了许多储存食物和用具的"窖穴"，它们大多密集在居住区内，和房屋交错在一起。在许多古籍中常常出现"仓廪""窦窖""邸店"等词语，这些词语都与仓库有关。在古籍中，"仓"是指专门储藏谷物的场所，"廪"是指专门储存米的场所；"窦窖"是指专门储藏物品的地下室，椭圆形的叫作"窦"，方形的叫作"窖"。古代把存放兵器的地方叫作"库"，后人把"仓"和"库"结合使用，统称为"仓库"。

"储"表示收存以备使用，具有收存、保管、交付使用的意思，也被称为储存。

"仓"和"储"结合起来就是"仓储"。仓储是人们的一种有意识的行为，是指利用仓库对暂时不使用物品的存放和储存行为，是物品从生产地向消费地转移的过程中，在一定地点、一定场所、一定时间的停滞。因此，仓储是一种创造时间价值的活动。仓储既包括静态的物品储存，也包括动态的物品存取、保管、控制的过程。

随着社会经济的不断发展，我国仓储业已经形成了门类齐全的仓储分工，智能仓储技术的应用大大提高了仓储效率，仓储业已经成为我国社会经济发展的重要力量。

1.1.2　仓储的含义

1. 仓储的定义

我国国家标准《物流术语》（GB/T 18354—2006）关于仓储的定义是："利用仓库及相关设施设备进行物品的入库、存贮、出库的活动。"

2. 仓储的性质

（1）仓储具有生产性质

仓储的对象既可以是生产资料，也可以是生活资料，但必须是有形动产。仓储活动与生产活动虽然在内容和形式上有所不同，但它们都具有生产性质。仓储具备生产力三要素（劳动者——仓储作业人员；劳动资料——储存设备与设施；劳动对象——储存保管的物资），是社会再生产的必要环节。无论是处在生产领域的仓库，还是处在流通领域的仓库，其生产的性质是一样的。需要说明的是，尽管仓储具有生产性质，但是它与物质资料的生产活动还是有很大区别的。

（2）仓储不会创造新的使用价值，但能增加价值

流通领域的生产劳动仅仅被看作商品实现其价值的必要条件。仓储活动也属于流通领域，它不产生新的物资。因此，它不会创造新的使用价值。然而，仓储却能提升物质产品的价值。其原因在于：首先，仓储活动和其他物质生产活动一样具有生产力三要素，生产力不仅可以创造物质产品，还可以增加产品价值。其次，仓储活动中的某些环节提升了产品价值。例如，加工、包装、拣选等活动就提升了产品价值。最后，仓储活动中存在劳务的消耗、资产的消耗与磨损，即仓储发生的费用要转移到库存商品中，构成其价值增量的一部分，从而导致库存商品价值的增加。

（3）仓储发生的场所是特定的

从仓储的定义看，仓储活动一般是在"仓库"这个特定场所进行的。

（4）仓储是物质产品生产过程的延续

生产出的物质产品不可能马上被消费，也就是说，物质产品的生产和消费在时间和空间上是存在差距的。这就需要仓储和运输进行衔接。因此，仓储是产品生产过程的延续。

（5）仓储具有服务性质

仓储的核心是服务，它为物品提供存取、保管、控制等管理活动。

3. 仓储的分类

不同的仓储活动有不同的特征。因此，可以从仓储对象、经营方式、仓储功能和仓储物资的处理方式等不同角度对仓储进行分类。

（1）按照仓储对象分类

根据仓储对象的不同，可以把仓储分成以下两类：

1）普通物品仓储。不需要针对货物设置特殊的保管条件的物品可以视为普通物品（如一般的生产物资，普通的生活用品和工具等）。这些物品通常采用一般通用仓库或货场来存放。因此，普通物品仓储是指不需要特殊保管条件的物品仓储。此类仓储通常对仓库没有特殊的要求。

2）特殊物品仓储。特殊物品仓储是指在保管中有特殊要求和需要满足特殊条件的物品仓储。危险物品仓储、冷库仓储、粮食仓储等都属于特殊物品仓储。特殊物品仓储应该采用适合特殊物品仓储的专用仓库，按照物品的物理、化学、生物特性，以及有关法规规定进行专门的仓储管理。

（2）按照经营方式分类

仓储活动可以采用以下几种方式经营：

1）企业自营仓储。企业可以分为生产企业和流通企业。因此，企业自营仓储也包括生产企业自营仓储和流通企业自营仓储。生产企业自营仓储是指生产企业使用自有的仓库设施，对生产使用的原材料、半成品和最终产品实施储存保管的行为。流通企业自营仓储则是流通企业自身以其拥有的仓储设施对其经营的商品进行仓储保管的行为。生产企业自营仓储的对象品种一般比较单一，基本上是以满足自身生产需要为原则。而流通企业自营仓储中的对象种类则较多，其目的是支持销售。由于企业自营的仓储行为具有从属性和服务性特征，即从属于企业，服务于企业，一般很少对外开展商业性仓储经营，所以，相对来说，企业自营仓储规模较小、数量众多、专用性强、专业化程度低。

2）公共仓储。公共仓储是指用公用事业的配套服务设施来为车站、码头提供仓储配套服务。其主要目的是对车站、码头的货物作业和运输流畅起支撑和保证作用，具有内部服务的性质，处于从属地位。但对于存货人而言，公共仓储也适用商业营业仓储的关系，只是不独立订立仓储合同，而是将仓储关系列在作业合同、运输合同之中。

3）商业营业仓储。商业营业仓储是指仓库所有者以其拥有的仓储设施，向社会提供商业性仓储服务的仓储行为，其经营内容包括提供货物仓储服务、提供场地服务、提供仓储信息服务等。商业营业仓储的目的是在仓储活动中获得经济回报，追求的目标是经营利润最大化。仓储经营者与存货人通过订立仓储合同的方式建立仓储关系，并且依据合同约定提供服务和收取仓储费。与企业自营仓储相比，商业营业仓储的使用效率更高。

4）战略储备仓储。战略储备仓储是国家或地区根据国防安全、社会稳定的需要，对战略物资实行战略储备而形成的仓储。战略储备特别重视储备品的安全性，且储备时间较长。战略储备物资主要有粮食、油料、能源、有色金属等。战略储备由政府控制，通过立法、行政命令的方式进行，由执行战略物资储备的政府部门或机构运作。

（3）按照仓储功能分类

仓储活动可以实现多种功能。不同类型的仓储活动侧重不同的功能。根据仓储活动所侧重的功能不同，可以把仓储分成以下几类：

1）储存仓储。储存仓储是指物资需要较长时间存放的仓储。物资所需的储存期较长，因此储存仓储需要特别注重两个方面：一方面，费用低廉对于储存仓储而言十分重要，因此要尽可能降低储存费用，储存仓储一般应该设在较为偏远但具备较好交通运输条件的地区；另一方面，储存仓储以储存为主要功能，因此应该注重物资的质量保管和养护。

2）物流中心仓储。物流中心仓储是指以物流管理为目的的仓储活动，是有效实现物流的空间与时间价值，对物流的过程、数量、方向进行调节和控制的重要环节。此类仓储活动一般设在交通便利、储存成本较低的经济发达地区、口岸。物流中心仓储存储的物品品种并不一定很多，但每个品种基本上都是较大批量进货、进库，一定批量分批出库的形式，因此要求物流功能健全，整体吞吐能力强，对机械化、信息化、自动化水平要求较高。

3）配送仓储。配送仓储也称为配送中心仓储，是指商品在配送交付消费者之前所进行的短期仓储，是商品在销售或者供生产使用前的最后储存。物品在该环节需要进行销售或使用前的简单加工与包装等前期处理，如拆包、分拣、组配等，主要目的是支持销售和消费。配送仓储应该特别注重两个方面：一方面，应注重配送作业的时效性与经济合理性。配送仓储一般通过选点，设置在商品的消费经济区间内，要求能迅速地送达销售者和消费者。另一方面，需要对物品存量进行有效控制。配送仓储涉及的物品品类繁多，但每个品种进库批量并不大，需要进货、验货、制单、分拣、出库等操作，往往需要进行快速、有效的控制。基于此，配送中心仓储十分强调物流管理信息系统的建设与完善。

4）运输中转仓储。运输中转仓储是指衔接铁路、公路、水路等不同运输方式的仓储，其目的是保证不同运输方式的高效衔接，减少运输工具的装卸和停留时间。此类仓储场地一般设置在不同运输方式的相接处，如港口、车站附近。运输中转仓储具有大进大出以及货物存期短的特性，需要注重货物进出的作业效率和货物周转率。因此，运输中转仓储活动需要高度机械化作业作为支撑。

5）保税仓储。保税仓储是指使用海关核准的保税仓库存放保税货物的仓储行为。保税仓储受到海关的直接监控，虽然货物也是由存货人委托保管，但保管人要对海关负责，入库单、出库单据均需要由海关签署。因此，保税仓储一般设置在进出境口岸附近。

（4）按照仓储物资的处理方式分类

根据仓储物资的处理方式不同，可以把仓储分为以下几类：

1）保管式仓储。保管式仓储也称为纯仓储，是指以保持保管物原样为目标的仓储。存货人将特定的物品交由仓储保管人代为保管，保管物所有权不发生变化，物品保管到期时，保管人将代管物品交还存货人。保管物除了发生的自然损耗和自然减量外，其数量、质量、件数不应发生变化。保管式仓储又可分为物品独立保管仓储和物品混合在一起保管的混藏式仓储。

2）加工式仓储。加工式仓储是指仓储保管人在物品仓储期间根据存货人的合同要求，对保管物进行一定加工的仓储方式。保管物在保管期间，保管人应该按照合同规定的外观、形状、成分构成、尺寸等方面对保管物进行加工或包装，使仓储物品发生委托人所要求达到的变化，以满足消费者的需求。

3）消费式仓储。消费式仓储是指仓库保管人在接受保管物时，同时接受保管物的所有权，仓库保管人在仓储期间有权对仓储物行使所有权，在仓储期满时，保管人将相同种类、品种和数量的替代品交还委托人的仓储形式。消费式仓储特别适合于解决保管期较短的农产品的长期储存问题，如储存期较短的肉禽蛋类、蔬菜瓜果类物资的储存。消费式仓储也适合一定时期内价格波动较大的商品的投机性存储，是仓储经营人利用仓储物品开展投机经营的增值活动，具有一定的商品保值和增值功能，同时又具有较大的仓储风险，是仓储经营的一个重要发展方向。

1.1.3 仓储的作用

高效的仓储可以使物资流通速度加快，降低企业的成本，保障生产的顺利进行，并帮助企业实现对资源的有效控制和管理。仓储处于生产和消费两大活动之间，起到"蓄水

池"和"调节阀"的作用。仓储的作用具体表现在以下几个方面:

1. 仓储是社会生产顺利进行的必要条件之一

现代社会,劳动生产率高,产能巨大,生产和消费无法一致。仓储作为社会再生产各环节之中以及社会再生产各环节之间的"物"的停滞,构成了上一步活动和下一步活动衔接的必要条件。有了仓储活动才可以防止生产阻塞。例如,在生产过程中,上一道工序生产与下一道工序生产之间免不了有一定的时间间隔,为了保持生产的连续性,要有必备的半成品储备。因此,仓储无论对哪一道工序来说,都是保证生产顺利进行的必要条件。

2. 仓储是市场信息的传感器,可以维护市场稳定

生产者只有把握市场需求才能得到发展。而分析仓储产品的变化是分析市场需求动向的有效途径。如果仓储量减少,周转量加大,则说明产品的社会需求旺盛;如果仓储周转量小,则说明社会需求不大。仓储是市场信息的传感器。仓储获得的市场信息虽然比销售部分滞后,但却更为准确和真实。企业应特别重视仓储环节的信息反馈,将其作为决策的重要依据之一。仓储还可以使产品均衡地供向市场。集中生产的产品如果同时推向市场,必然导致短期内产品供过于求。如果生产不足,则会导致供不应求。仓储则可以从中调节,将大量生产的产品储存,分批持续地供向市场,在产品需求旺季,则将储存的产品推向市场,填补需求缺口。

3. 仓储可以创造"时间效用"

仓储是保持产品使用价值、创造产品"时间效用"的手段。"时间效用"的含义是:同种物品由于使用时间不同,物品的效用(即使用价值)也不同。例如,新鲜蔬菜瓜果在刚采摘时的使用价值是最大的。因此,应该在物品的最佳使用时间内,将其使用价值发挥到最佳水平,从而最大限度地提高投入产出比。仓储可以使物品最大限度地保持使用价值,充分发挥物品的"时间效用",实现时间上的优化配置。

4. 仓储是提高经济效益的有效途径

在生产系统中,原材料、半成品、产成品的过多库存会导致企业资金循环困难,增大生产成本和经营风险。有经济学家和企业家甚至提出仓储中的"库存"是企业的癌症,其理由是:①仓储建设、仓库管理、仓库工作人员工资和福利等项费用开支较高;②仓储货物占用资金会带来利息的损失以及机会成本;③可能造成陈旧损坏与跌价损失;④货物在库期间可能发生物理、化学、生物、机械等损失,严重者会失去其全部价值及使用价值;⑤进货、验货、保管、发货、搬运等工作需要花费一定的费用。上述各种费用支出都是降低企业经济效益的因素。对于企业来讲,仓储作为一种停滞,必然会冲减企业经营利润,但是很多企业经营业务又离不开仓储。企业如果能将库存控制得当,就能大大节约成本。仓储成本的降低便成为物流重要的利润来源之一。现代化大生产不需要每个企业均设立仓库,其仓储业务可交与第三方物流企业管理,或者采用供应链管理环境下的供应商管理库存等方式,而这些合作方式的普及必然会给企业带来经济利润。

5. 仓储是现货交易的场所

存货人要转让存放在仓库中的货物,购买人可以到仓库查验货物,双方可以在仓库进行货物的转让交割。因此,仓储具有提供市场交易场所的作用。近年来,我国大量发展仓储式商店,就是仓储与商业密切结合、仓储交易迅速发展的体现。

1.2 仓储技术概述

随着计算机网络技术和自动化立体仓库的应用普及，仓储过程中应用了许多现代仓储技术，如条码技术、电子数据交换（EDI）技术、射频识别（RFID）技术、声控技术等。

1.2.1 条码技术

1. 条码技术概述

条码（Bar Code）技术是一种自动识别技术。它是为了实现对信息的自动扫描而设计的。条码就是用黑白相间、粗细不同、满足一定光学对比度的平行线条排列组成的特殊符号，用来代表不同的数字和字母。由于白色反射率比黑色高很多，而且黑白条粗细不同，在用光电扫描器进行扫描后，可通过光电转换设备将这些不同的反射效果转换为不同的电脉冲，从而形成可以传输的电子信息，对物品进行识别。它是快速、准确而可靠地采集数据的有效手段。

2. 条码技术在仓储业的应用

现代仓储业中，条码技术的应用十分广泛。以超市配送中心的仓储配送为例。超市配送中心一般分为三个区域：收货区、拣选区、发货区。在收货区，一般采用叉车卸货，把货物堆放在暂存区。然后，由工人用手持式扫描器分别识别运单上和货物上的条码，确认匹配无误才能进一步处理（有的要入库，有的则要直接送到发货区）。在这一环节，条码技术是必不可少的。在拣选区，计算机首先要打印出第二天需要向各个连锁店发运的纸箱的条码标签，通过条码将各家连锁店区分开来。拣货员只需要在空箱上贴上条码标签，然后用手持式扫描器识读，根据标签上的信息，计算机能随即发出每个连锁店纸箱的拣货指令。货架的每个货位上都有指示灯，显示是否要拣货以及拣货的数量。当拣货员完成该货位的拣货作业后，按一下"完成"按钮，计算机就会更新其数据库。当一家连锁店所需要的物品都被拣选出来，装满纸箱之后，拣选任务也就完成了。由此看来，在拣货的过程中，条码也是必不可少的，它决定了拣选是否正确。拣选任务完成之后，就可以封箱运到自动分拣机，进入发货区，进行发货准备。在全方位扫描和识别箱子上的条码后，计算机就会向自动分拣机发布指令，把纸箱分拣到相应的装车线，以便集中装车运往指定的零售店。在发货区，条码决定了箱子能否被送到正确的运输车辆中。

条码在仓储作业中最大的作用就是通过快速、精确的识别技术，提高物品的流通效率，提高库存管理的及时性和准确性。

1.2.2 EDI 技术

1. EDI 技术概述

EDI 是标准商业文件在企业计算机系统间的直接传输。EDI 系统是由 EDI 软硬件、通信网络及数据标准化三个要素构成的。一个部门或企业如果要应用 EDI 技术，首先就必须有一套计算机数据处理系统。其次，企业数据必须采用 EDI 标准格式。另外，通信环境的优劣也是关系到 EDI 成败的重要因素之一。

EDI 标准指的是各企业共同的交流标准，是数据交换的翻译，它使得遵循这一标准的企业与组织能进行电子数据交换作业流程。EDI 标准是 EDI 技术中最关键的部分，制定统一的 EDI 标准至关重要。EDI 标准主要分为基础标准、代码标准、报文标准、单证标准、管理标准、应用标准、通信标准和安全保密标准。在这些标准中，最重要的是实现单证标准化，包括单证格式标准化、所记载信息标准化，以及信息描述标准化。

2. EDI 在仓储方面的应用

有了 EDI 技术，物品出入库的单据、发票可以通过计算机及时传输，不需要手动填写出入库单据，使出入库的速度大大提高，出入库的数据更加精确。

1.2.3 RFID 技术

1. RFID 技术概述

RFID 技术是一种无线电通信技术。该技术主要用于对运动或静止的标签进行不接触的识别。RFID 技术的基础是射频技术。通过在物流主体对象上贴置电子标签（又称"挂签"），用射频技术进行电磁波射频扫描，可以从标签上识别物流对象的有关信息，以进行直接读写或通过计算机网络传输信息。RFID 系统由电子标签、阅读器、天线和其他周边设备组成。电子标签放置在要识别的物体上，里面包含该物体的 EPC 码（Electronic Product Code）属性信息。阅读器又称扫描器，可分为固定阅读器和手持阅读器。天线是应答器和阅读器的耦合元件，阅读器通过天线发射和接收电磁波信息。为了确保处于不同角度的标签都能够被阅读器扫描到，通常一个阅读器可以接多个天线。除了 RFID 设备，还需要购买或开发支持 RFID 技术的应用信息系统，通过系统接口和 EDI、XML 等技术与外部应用系统集成，实现信息的双向流动。

2. RFID 在仓储方面的应用

RFID 技术可以广泛应用于仓储管理的各个方面，如出入库管理、在库盘点等。

对于一般的入库流程，当客户把入库通知单发送到仓储企业的信息系统后，RFID 系统可以从信息系统中导入相应的入库产品的类型、批次、数量等信息。仓管员会根据入库产品的数量，准备好相应数量的 RFID 标签，当货物从货车上卸下后，仓管员会给产品贴上标签，当产品入库时，RFID 系统会探测到产品的 RFID 标签，并核对数量是否正确。当产品运送到理货区后，仓管员扫描关联条码、产品条码，并在 RFID 系统中完成匹配。这样一来，仓管员就可以查询此次入库的产品数量、RFID 标签号等，还可以把入库信息上传到企业的仓储管理信息系统（WMS），从而达到减少入库信息的输入次数、提高入库速度的目的。

在仓库的日常管理中，RFID 技术也能发挥很大的作用。例如，在盘点作业中，RFID 可以远距离读取托盘和产品上的标签，不需要像以往仓库盘点作业那样，将每一个托盘、每一件商品逐一取下来清点计算。因此，RFID 技术大大提高了盘点的效率和准确程度。

1.2.4 声控技术

1. 声控技术概述

声控技术是利用声学和电子学原理的一门技术——用声音传感器将声音信号转换成电信号，推动触发器使电路导通工作。这主要是通过模拟人的听觉和理解系统来实现的。一般的声控计算机设备在应用之前都需要进行长时间"训练"。这个"训练"过程就类似于教儿童听说。首先要把语音信息录入声控计算机设备，比如一句话或一个口令。计算机在"学习"这些话时，会把这些话拆成字或拼音中的声母和韵母去"模仿"和"记忆"。虽然这个"训练"或"学习"过程很费时间，但是"学习"时间越长，声控计算机设备使用起来就越灵敏。

2. 声控技术在仓储方面的应用

声控技术在物流仓储管理信息系统中的运作过程是将语音辨识与语音合成进行整合运用，使得现场作业人员能与仓储管理信息系统形成一种创新的沟通界面与作业模式。例如，利用声控技术轻松完成拣货、理货工作。在语音辨识拣货系统环境中，理货人员腰间系着腰带式无线终端机，头戴耳机麦克风，接收耳机中传来的系统指令，去执行拣货作业。完成拣货后，再经由麦克风口头向系统回报确认。声控技术最大限度地实现了仓储管理系统的即时性，让作业人员手、眼都能轻松自如地与系统互动，不再手忙眼花，极大地提升了理货正确率与人员工作效率。声控技术的应用还能使理货效率提升。这主要是因为理货过程应用声控技术可以实现完全无纸化操作，可以简化理货动作并缩短作业时间。同时，声控技术也能使行政工作随之大幅简化、减少。另外，声控技术带来的好处还有：库存可以即时更新，库存准确率提高，查核库存差异的工作量减少；作业人员可以有更多的时间来备货及理货，从而增加理货空间并有效使用；作业人员听从语音指示与确认，无须持单作业与记录，可专注作业，减少意外发生；系统声控作业操作简单，训练容易。

1.3 仓储管理的现状与发展趋势

1.3.1 仓储管理基础

1. 仓储管理的含义

仓储管理就是对仓库及仓库内储存的物资所进行的管理，是仓储机构为了充分利用所具有的仓储资源，提供高效的仓储服务所进行的计划、组织、控制和协调的过程。

现代仓储管理已经从单纯意义上的对货物储存管理发展成整个物流过程中的中心环节。它的功能已经不是简单的储存货物，而是兼有分类、包装、拣选、流通加工、组配等增值服务功能。具体来说，仓储管理包括仓储资源的获得、仓库管理、经营决策、商务管理、作业管理、仓储保管、安全管理、劳动人事管理、财务管理等一系列计划、组织、指挥、控制与协调等工作。

2. 仓储管理的任务

（1）利用市场经济手段合理配置仓储资源

市场经济最主要的功能是通过市场的价格杠杆和市场供求关系调节经济资源的配置。仓储的企业经营目的是合理配置市场资源以实现资源最大效益，配置仓储资源也应该依据所配置的资源能够获得最大效益为原则。因此，仓储管理就需要营造仓储组织自身的局部效益空间，最大限度地吸引资源投入。其具体任务包括：根据市场供求关系确定仓储的建设规模，依据竞争优势选择合理的仓储地址，以生产的差异化决定仓储专业化分工和确定仓储功能，以所确定的功能决定仓储布局，根据设备利用率决定设备设施配置，根据规模、设备配置与效率确定仓库定员。

（2）组建高效率仓储管理组织，提高管理水平

仓储管理组织机构是开展有效仓储管理的基本条件，是仓储管理活动的保证。各类生产要素，尤其是人的要素，只有在良好的组织的基础上才能发挥作用。仓储组织机构的确定应该紧密围绕仓储经营目标，依据管理幅度、因事设岗、责权对等的原则，建立结构合理、分工明确、互相合作的管理机构和管理队伍。仓储管理机构根据仓储机构的属性不同，可以分为独立仓储企业的管理组织和附属仓储管理机构。

（3）开展仓储经营活动，满足社会需要

仓储商务是仓储经营生存和发展的关键，是经营收入和仓储资源充分利用的活动保证。仓储对外的经济业务工作，包括市场定位、市场营销、交易和合同关系、客户关系管理、争议处理等。商务管理是为了实现收益最大化，它与"最大化地满足市场需要"不矛盾，两者相辅相成。仓储管理应该遵循不断满足社会生产和人民生活需要的原则，按市场需要提供仓储产品，满足市场品种规格上的需要、数量上的需要和质量上的需要。此外，仓储管理者还应该不断把握市场的变化发展，不断创新，提供适合经济发展的仓储服务。

（4）以较低成本组织仓储活动，提高经济效益

仓储生产管理任务的核心在于充分利用先进的生产技术和手段，建立科学的仓储生产作业制度和操作规程，实行严格的管理，并采取有效的员工激励机制，从而开展高效率、低成本的仓储生产管理，充分配合企业的生产和经营。仓储生产包括货物验收入仓、堆存、保管维护、安全防护、出仓交接等作业。仓储生产应该遵循高效、低耗的原则，充分利用仓储信息系统、机械设备、先进的保管技术、有效的管理手段，实现仓储快进快出，降低成本，保持连续、稳定的生产。

（5）以"优质服务、诚信原则"加强自身建设，树立企业的良好形象

企业形象是企业的无形财富，良好的形象会促进产品的销售，也为企业的发展提供良好的社会环境。企业形象是指企业展现在社会公众面前的各种感性印象和总体评价的整合，包括企业及产品的知名度、社会的认可程度、美誉度、对企业的忠诚度等方面。作为为厂商服务的仓储业，面向的对象主要是生产、流通经营者，仓储企业形象的建立主要是通过服务质量、产品质量、诚信和友好合作等方式，并通过一定的宣传手段在潜在客户中推广。在现代物流管理中，企业对服务质量的高度要求以及需要合作伙伴的充分信任，使仓储企业形象的树立显得极为必要。只有具有良好形象的仓储企业才能在物流体系中占有一席之地，才能适应现代物流的发展。

（6）与时俱进，推行制度化、科学化的先进机制，不断提高管理水平

任何企业的管理都不可能一成不变，需要随着形势的发展而动态发展，仓储管理也要根据仓储企业经营目的的改变、社会需求的变化而改变。管理不可能一步到位，一整套完善的管理制度无法马上设计出来，也不可能一开始就执行得很好。因此，仓储管理的变革需要制度性的变革管理，需要在实践的过程中修改、完善和提高，通过将适合企业的先进的管理经验与制度树为标杆，在工作中贯彻执行，实行动态管理。

（7）从技术层次到精神层次提高员工素质

没有高素质的员工就没有优秀的企业。员工的精神面貌表现了企业形象和企业文化。企业的一切行为都是人的行为，是每一个员工履行职责的行为表现。仓储管理的一项重要任务，就是要根据企业形象建设的需要和企业发展的需要，不断提高员工的素质并加强对

员工的约束和激励。通过系统、连续的培训和严格的考核，保证每个员工能够熟练掌握所从事劳动岗位应知应会的操作、管理技术和理论知识，而且要对员工进行终身培训，使员工的素质跟得上技术和知识的发展和更新。另外，还要让职工明白岗位的工作制度、操作规程，明确岗位所承担的责任。企业应该营造和谐的氛围，对员工进行有效的激励，对员工的劳动成果给予肯定，并对员工进行精神文明教育。在仓储管理中不应该将员工看作生产工具或一种等价交换的生产要素，对员工要在信赖中约束，在激励中规范，使员工感受到人尽其才、劳有所得、人格被尊重，形成热爱企业、自觉奉献、积极向上的精神面貌。

3. 仓储管理的基本原则

（1）效率原则

效率是指在一定劳动要素投入量时的产品产出量。较少的劳动要素投入和较高的产品产出才能实现高效率。高效率是现代生产的基本要求。仓储管理的核心就是效率管理，即以最少的劳动量投入获得最大的产品产出的管理。效率管理是仓储其他管理的基础，高效率的实现是管理艺术的体现。仓储管理要通过准确核算、科学组织、妥善安排场所和空间，实现设备与人员、人员与人员、设备与设备、部门与部门之间的合理配置与默契配合，使生产作业过程有条不紊地进行。高效率还需要有效管理过程的保证，包括现场的组织调度，标准化、制度化的操作管理，严格的质量责任制的约束。

仓储的效率表现在仓库利用率、货物周转率、进出库时间、装卸车时间等指标的先进性上，能体现出"快进、快出、多存储、保管好"的高效率仓储。

（2）效益原则

厂商生产经营的目的是追求最大化利润，这是经济学的基本假设条件之一，也是社会现实的反映。利润是经济效益的表现。实现利润最大化则需要做到经营收入最大化或经营成本最小化。作为市场经营活动主体的仓储业，应该围绕获得最大经济效益的目的进行组织和经营。当然，在获取经济效益的同时，仓储业也需要承担一定的社会责任，履行治理污染与环境保护、维护社会安定的义务，满足创建和谐社会所不断增长的物质文化与精神文化的需要，实现生产经营的综合效益最大化，实现仓储企业与社区的和谐发展，实现仓储企业与国民经济、行业经济、地区经济同步可持续发展。

（3）服务原则

仓储活动是向社会提供服务产品，因此，服务是贯穿于仓储活动中的一条主线。仓储的定位、仓储的具体操作、对储存货物的控制等，都应该围绕服务这一主线进行。仓储服务管理包括直接的服务管理和以服务为原则的生产管理。仓储管理应该下功夫改善服务、提高服务质量。应该注意到，仓储的服务水平与仓储经营成本有着密切的相关性，两者是互相对立的。服务好则成本高，收费也就高；反之亦然。合理的仓储服务管理就是要在仓储经营成本和服务水平之间寻求最佳区域并且保持相互间的平衡。

4. 仓储管理模式

根据仓储活动的运作方不同，可以将仓储管理模式分为自营仓库仓储、租赁仓库仓储和第三方仓储。

（1）自营仓库仓储

自营仓库仓储是指企业自己修建仓库进行仓储，并进行仓储管理活动。

该模式的优点包括：

1）可以更大程度地控制仓储。由于企业对仓库拥有所有权，企业作为货主可以对仓储实施更大程度的控制，而且有助于与其他系统进行协调。

2）管理更灵活。由于企业是仓库的所有者，企业可以按照自己的要求和产品的特点对仓库进行设计和布局。

3）长期仓储时，成本较低。自营仓库可以使仓库得到长期充分利用，降低单位货物的仓储成本。

该模式的缺点包括：

1）位置和结构的局限性。自营仓库的位置和结构相对固定，很难进行调整，容易失去战略性优化选址的灵活性，无法适应市场和客户偏好的改变。

2）固定资本投资较大。企业需要投入资金建立仓库，造成资金长期被占用。

（2）租赁仓库仓储

租赁仓库仓储是指委托营业型仓库进行仓储管理。

该模式的优点包括：

1）避免固定资产投资。企业可以不对仓储设备和设施做出投资，只要支付相对较少的租金就可以享受仓储服务。

2）可以满足企业在需求淡旺季对仓储空间的不同需求。租赁仓库仓储没有仓库容量限制，可以满足大量额外的库存需求。

3）营业型仓库的规模经济可以降低货主的仓储成本。由于营业型仓库为众多企业保管大量库存，因此可以大大提高仓库和仓储设备的利用率，从而降低仓储成本。

4）经营活动更加灵活。租赁仓库仓储可以不受仓库选址的限制，灵活变动仓储地点。同时，也不需要因为仓库业务量的变化而增减员工。

该模式的缺点包括：

1）增加了企业的包装成本。由于营业型仓库中存储了各种不同种类的货物，而不同性质的货物有可能相互影响，因此，企业租赁仓库进行仓储时必须增强对货物保护性的包装，导致产生额外的保证成本。

2）增加了企业控制库存的难度和风险。租赁仓库仓储由仓库经营者进行仓储活动，企业控制库存的难度因此增加，同时也增加了商业机密泄露的风险。

（3）第三方仓储

第三方仓储是指企业将仓储管理等物流活动外包给外部公司，由外部公司为企业提供综合物流服务。第三方仓储不同于一般的租赁仓库仓储，它能够为客户提供专业化的、量身定制的仓储服务。

该模式的优点包括：

1）有利于企业有效利用资源。第三方仓储的物流系统运作效率更高，能够有效地利用仓储设备和空间。

2）有利于企业扩大市场。第三方仓储可以利用合同仓储来降低直接人力成本，扩大企业市场的地理范围。

3）有利于企业降低运输成本。第三方仓储可以同时处理不同货主的大量产品，进行拼箱作业，从而通过大规模运输大大降低运输成本。

该模式的缺点是：容易失去对物流活动的控制。企业将仓储等物流活动外包给外部公司，失去了对物流活动的直接控制，对合同仓储的运作过程控制较少，物流服务质量无法得到很好的保障。

5. 仓储管理人员素质要求

（1）业务素质

仓储管理人员需要较好地掌握仓储管理的专业知识，熟悉仓储作业流程、仓储技术特点，了解常见货物的化学特性、物理特性、体积、外观以及检验、保管、养护、包装、运输等要求，具有现代仓储管理技能和管理意识，掌握现代化的管理方法。

（2）能力素质

仓储管理人员不仅需要具有一定的分析判断能力、市场预测能力；还需要有较好的交际沟通能力、灵活应变能力。此外，仓储管理人员还需要善于思考，具有创新意识，勇于创新工作方式方法。

（3）身体素质

仓储管理工作量较大，工作相对较辛苦，因此仓储管理人员需要有较好的身体素质，精力充沛，能吃苦耐劳。

1.3.2 仓储管理的现状

1. 仓储管理发展阶段

仓储管理的发展可以分为五个阶段：人工仓储阶段、机械化仓储阶段、自动化仓储阶段、集成化仓储阶段和智能化仓储阶段。

（1）人工仓储阶段

该阶段物资的输送、存储、管理和控制主要靠人工实现，初期的仓储设备投资较少，因此人工仓储在初期设备投资的经济指标方面具有一定的优越性。

（2）机械化仓储阶段

该阶段物资的输送、仓储、管理、控制主要是依靠仓储机械设备来实现。机械化仓储具有实时性和直观性的优点，满足了人们对速度、精度、高度、重量、重复存取和搬运等方面的要求。物料可以通过各种各样的传送带、工业输送车、机械手、起重机、堆垛机和升降机来移动和搬运，用货架托盘和移动式货架存储物料，通过人工操作机械存取设备，用限位开关、螺旋机械制动和机械监视器等控制设备来运行。

（3）自动化仓储阶段

在该阶段，自动化技术对仓储技术的发展起了重要的促进作用，信息技术的应用已成为仓储技术的重要支柱。随着计算机技术的发展，仓储工作重点转向物资的控制和管理，要求实时、协调和一体化，计算机之间、数据采集点之间、机械设备的控制器之间以及它们与主计算机之间的通信可以及时地汇总信息，仓库计算机及时记录订货和到货时间，显示库存量，计划人员可以方便地做出供货决策，管理人员可以随时掌握货源及需求。

（4）集成化仓储阶段

在该阶段，集成化系统在仓储管理方面起到了重要作用。集成化系统包括人、设备和控制系统，整个系统的有机协作使总体效益超过了各部分独立效益的总和，应变能力也得到了提高。

（5）智能化仓储阶段

人工智能仓储技术在该阶段得到广泛应用。智能仓储在自动化仓储的基础上，利用 RFID、网络通信、信息系统等，实现入库、出库、盘库、移库管理的信息自动抓取、自动识别、自动预警及智能管理功能，以降低仓储成本、提高仓储效率、提升仓储智慧管理能力。

2. 我国仓储管理主要特点

进入 21 世纪，我国仓储管理水平不断提高，在新技术应用、人员素质、业务范围拓展、管理体制各个方面都有明显的提升和发展。我国仓储管理发展呈现出以下特点：

（1）专业仓储技术在仓储管理过程中得到广泛应用

随着专业仓储技术在我国得到快速发展，我国仓储管理的机械化和自动化水平不断提高，局部地区甚至已经向智能化仓储阶段迈进。专业仓储技术的普及应用提高了仓储作业效率和安全性，有效降低了仓储成本。

（2）仓储设施作为物流节点的作用越来越重要

配送中心等专业仓储设施发展迅速。生产和流通企业纷纷选择租用或自建配送中心作为货物的集散地。众多国际企业也选择在保税区自建或租用海外仓完成货物的中转分拨。因此，配送中心等仓储设施在物流过程中发挥着越来越重要的作用。

（3）仓储业务越来越多样化

随着客户需求日益多样化，仓储业务不再仅仅局限于保管储存。仓储公司根据客户的实际需求，不断开发各种新的仓储业务。例如，仓单质押业务等仓储业务获得了较快发展。

3. 我国仓储管理存在的问题

（1）仓储设施布局不够合理

我国经济发达地区分布着较多较为先进的仓储设施，但是在偏远和欠发达地区，由于资金不足，不能及时修建急需的仓储设施，影响了地区经济的发展，造成区域经济发展不平衡。

（2）仓储技术发展不均衡

进入 21 世纪，我国仓储技术发展日新月异。但是，在引入自动化和智能化仓储技术方面，许多企业都缺乏经济性和可行性论证，造成盲目引进。另外，我国各地区仓储技术发展不平衡。有些地区拥有高端的智能化仓储技术，而极少部分地区甚至仍然以人工作业为主。

（3）仓储管理水平有待进一步提高

随着自动化、智能化仓储技术的发展，仓储管理水平需要进一步提高。但是，有些仓储管理人员对仓储管理的认识不足，缺乏专业仓储管理知识，造成仓储管理水平跟不上仓储技术的发展。

（4）仓储管理制度需要进一步健全

随着生产的发展和科学技术水平的提高，仓储管理制度也需要随之不断规范和更新。对于新兴的仓储技术带来的新兴的仓储管理职位，也需要制定科学合理的仓储岗位职责。

1.3.3　仓储管理的发展趋势

仓储管理的现代化是我国仓储管理的发展趋势。它是指根据我国仓储企业的实际和客观需要，综合运用科学的思想、组织、方法和手段对仓储企业生产经营进行有效的管理，使之趋向世界先进水平，以创造更佳的经济效益。它要求在仓储管理中应用切合实际的现代管理理论、方法，并广泛采用运筹学、电子计算机、人工智能技术、现代通信以及其他先进技术手段和方法。实现仓储管理现代化对我国具有重要的现实意义。仓储管理现代化既是提高仓储企业素质和经济效益的重要途径，也是迎接世界新技术革命挑战、加速仓储技术进步的迫切要求。仓储管理现代化与仓储技术现代化同等重要。仓储技术现代化包括仓储标准化，仓储作业机械化、自动化、智能化，仓储信息化，信息网络化等。仓储管理现代化与仓储技术现代化必须相互促进才能加快仓储现代化的进程。仓储管理现代化主要包括以下内容：

1. 仓储管理思想的现代化

仓储管理思想的现代化是仓储管理现代化体系的灵魂。它要求彻底摆脱传统的经验管理思想的束缚，树立起现代化的经营管理思想，包括市场经济观念、用户观念、竞争观念、创新观念、效益观念，以及信息和时间是企业重要资源的观念等，使企业具有充沛的活力。

2. 仓储管理组织的现代化

仓储管理组织是仓储企业管理现代化的基础和先决条件。它是指根据仓储企业的具体情况，从提高仓储企业的生产经营效率出发，按照职责分工明确、指挥灵活统一、信息灵敏准确和精兵简政的要求，合理设置组织机构、配置高素质人员，并建立健全严格的规章制度，保证仓储企业的生产经营活动有条不紊地进行。

3. 仓储管理方法的现代化

仓储管理要从传统的经验管理上升到科学的现代化的管理阶段，必然要求管理方法现代化，通过引入现代管理科学的理论和方法，应用系统科学方法、运筹学方法、数理统计方法、计算机模拟方法等，从数量上明确物与物之间各方面的制约关系及其影响的程度，从数量对比的基础上选择出最优方案，做出科学合理的决策。还可以运用数学模型进行预测，从过去的统计资料中科学地找出事物的发展规律，推断未来，为决策提供依据。例如，预测仓储物资的质量变化规律，以便合理安排物资库存等。

4. 仓储管理技术和管理手段的现代化

随着仓储规模扩大，储存物资品种增多，管理信息量增大，管理越来越复杂，管理信息量大与管理手段落后的矛盾日益尖锐突出。仓储管理的复杂化也使得管理决策更加困难，这就迫切需要仓储活动运用更加快速化和科学化的管理手段。科学技术的迅猛发展，人工智能技术的开发与应用，通信手段的日益先进，也使仓储管理手段的变革成为可能。很多企业为了提高仓储作业效率和降低仓储作业人员的劳动强度，已经普遍开展仓储设备的更新。计算机及其软件在仓储管理中的应用也已经相当普遍。建立仓储管理信息处理系统，提高指挥决策的科学性、协调控制能力，已经成为仓储管理发展的必然趋势。

5. 仓储管理人员的现代化

仓储管理人员的现代化是实现仓储管理现代化的保证和条件。随着社会生产力的提高，仓储物质品种日益增多和复杂，仓储设备设施日益现代化，仓储管理日益复杂，要求有一支素质高、结构合理、精通业务、熟练掌握技能、具有经济管理专业知识和仓储技术专业知识的人才队伍。否则，先进的仓储设备和管理技术将无法得到运用。为了适应仓储管理现代化的需要，应当加强对仓储管理人才的培养，鼓励员工参加相关证书培训，并注重提高仓储管理人才的综合素质，使其具有相应的管理技术能力、指挥能力、协调能力。

【案例分析】

美的集团智能制造生产线中的仓储物流

在美的集团自动化布局中，生产的智能化仅仅是智能制造环节中的一部分。在美的清洁电器事业部的工厂里，运营着我国家电制造业首个"成品分拣输送、堆码和智能立库"一体化项目，这里是美的集团内部对智能物流控制技术、机器人控制技术、智能仓储技术集成应用的一个优质样本。

智能立库占地面积 $6548m^2$，建筑面积相比同等平库降低约 3.3 万 m^2，成本（包含运营成本）约为平库的一半，实现了智能仓储、智能转产、智能出库。同时，由于对接制造执行系统（MES）和物流系统，对于所有使用 MES 条码的箱体包装产品和企业都具备可复制性。

据美的清洁电器事业部副总经理介绍，这一项目是美的集团内部对于优势资源整合的一次成功例证，不仅充分展现了智能制造技术的注入为企业带来的效益，也展现了向社会分享智能制造领域成果、赋能其他制造企业的可能。

据介绍，该项目从面积上节约 85% 的占地，节约建设成本 3000 万元，节约运营成本 500 万元/年，入库能力一天可达 4.5 万台，出库一天可达 60 柜，还可实现一秒钟查货、一分钟出柜。立库负责人介绍，该项目共有三大核心系统支撑：智能输送物流系统、人机交互系统和智能仓储系统。

在智能制造中，物流本身到底为智能制造提供了哪些解决方案？美的集团智能制造职能负责人介绍，物流实现了库存的柔性反应、快速交付及响应，降低了生产成本，提高了生产性投资性价比，最为关键的是大大提高了仓储用地的利用率。

美的清洁电器股份有限公司副总经理兼研发中心总监表示，企业要立足于不同行业、不同产品，确定适合行业、企业以及特定产品生产线的整体解决方案，还要结合具体业务实践，反复进行验证；一定要实现数据拉通，减少不必要的物流、仓储环节，节约生产制造成本，降低智能制造的仓储物流成本。

讨论题

1. 仓储的作用是什么？
2. 美的集团的仓储管理属于仓储管理的哪个阶段？

【思考练习题】

一、选择题

1. 衔接铁路、公路、水路等不同运输方式的仓储是指_____。

A. 保税仓储　　　　B. 储存仓储　　　　C. 运输中转仓储　　　　D. 配送仓储

2. 仓库保管人在接受保管物时，同时接受保管物的所有权的仓储类型是指_____。

A. 加工式仓储　　B. 保管式仓储　　C. 消费式仓储　　　　D. 保税仓储

3. 可以对运动或静止的标签进行不接触的识别的仓储技术是_____。

A. 条码技术　　　B. EDI 技术　　　C. RFID 技术　　　　D. 声控技术

二、填空题

1. 仓储可以创造_____效用。

2. 仓储管理的基本原则是_____、_____和_____。

3. 仓储管理模式可分为自营仓库仓储、_____和_____。

三、简答题

1. 仓储的分类有哪些？

2. 仓储的作用是什么？

3. 仓储管理的任务是什么？

第 2 章

仓储设施设备规划与设计

✎ 【学习目标】

- 了解仓库的分类
- 掌握托盘货物的码放方式
- 了解仓储设施选址的影响因素和步骤
- 了解仓库总平面规划和内部储存区域规划
- 掌握储存场所的布置形式
- 了解仓储设备的选择原则

2.1 仓储设施设备概述

2.1.1 仓储设施概述

在进行仓储活动之前，必须首先建设仓储设施。不同类型的企业对仓储设施的要求不同，不同产品对仓储设施的要求也不同。仓储设施主要是指用于仓储的库场建筑物，其主要形式是仓库。仓库是保管、储存物品的建筑物和场所的总称，如库房、货棚、货场等。

1. 仓储设施的构成

（1）仓库主体建筑

仓库主体建筑有多种类型。根据建筑结构特点，可以将主体建筑分为三类：封闭式仓库（库房）、半封闭式仓库（货棚）和露天式仓库（货场）。

1）库房。库房一般是指封闭式建筑，主要由基础、地坪、墙体、库门、库窗、库顶、站台、雨篷等构成。

2）货棚。货棚一般是指半封闭式的简易仓库，适用于对自然环境要求不高的货物。依据围墙建筑情况，货棚一般分为两类：敞棚式和半敞棚式。前者仅由支柱和棚顶构成，后者可分为一面墙、两面墙和三面墙三种形式。

3）货场。货场主要用于堆存不怕风吹雨淋的货物，采用油布覆盖时，可以堆存短期存放的对环境要求不高的货物。货场的地面可以根据货物对地面的承载要求，采用压实泥地、铺沙地、铺块石地、铺钢筋水泥地等方式铺设。

（2）仓库辅助建筑

仓库辅助建筑是指办公室、车库、修理间、装卸工人休息间、装卸工具储存间等建筑物。辅助建筑一般需要与主体建筑保持一定的安全间隔。

（3）仓库附属设施

除了以上建筑外，仓库还需要一些辅助性附属设施，主要有通风设施、照明设施、取暖设施、提升设施（电梯等）、地磅（汽车衡、轨道衡）及避雷设施等。

2. 仓库的分类

（1）根据仓库在再生产中的作用分类

1）生产性仓库。生产性仓库主要是为了保证生产企业生产正常进行而建立的仓库。这类仓库主要存放生产企业生产所需要的原材料、设备和工具等，还存放企业生产出的产成品。

2）转运中心。转运中心是指主要承担货品在不同运输方式间转运工作的仓库，也称为综合转运中心。

3）储备性仓库。储备性仓库是政府为了防止自然灾害、战争、国民经济严重比例失调而建立的仓库。储备性仓库储备的货品存储时间较长，对仓储条件、质量维护和安全保卫的要求较高。

（2）根据仓库运营形态分类

1）自用仓库。自用仓库是指生产或流通企业为了本企业物流业务需要而修建的仓库。

2）营业仓库。营业仓库是指专门为了经营仓储业务而修建的仓库。

3）公用仓库。公用仓库属于公共服务的配套设施，是为社会物流服务的公共仓库，如铁路车站的货场仓库、港口的码头仓库、公路货场的货栈仓库等。

（3）根据仓库保管条件分类

1）通用仓库。通用仓库用于储存没有特殊保管要求的货品，仓库构造比较简单，使用范围比较广。在商品流通行业的仓库中，通用仓库所占比例最大。

2）专用仓库。专用仓库是专门用于储存某一类货品的仓库，或者是储存具有特殊要求（如温度、湿度）的货品仓库，如储存金属材料、机电产品、食糖的货品仓库。

3）特种仓库。特种仓库用于储存具有特殊性能、要求特殊保管条件的货品。这类仓库必须配备防火、防爆、防虫等专用设备，其建筑构造、安全设施都与一般仓库不同，主要包括冷冻仓库、石油仓库、化学危险品仓库等。

4）水上仓库。水上仓库是指漂浮在水面上的用来储存货品的趸船或其他水上建筑，还包括在划定水面保管木材的特定水域，以及沉浸在水下用来保管货品的水域。

（4）根据仓库功能分类

根据仓库主要功能不同，仓库可以分为储存仓库、流通仓库、集货中心、分货中心、加工中心、配送中心、物流中心、保税仓库、出口监管仓库等。

（5）根据仓库建筑结构分类

1）平房仓库。平房仓库一般是砖木结构的平房建筑，结构简单，建筑费用较低，但建筑面积利用率较低。

2）楼房仓库。楼房仓库是指两层楼及以上的仓库，通常以钢筋混凝土建造。分层的结构可以将库区自然分割，一般适合存放城市日常使用的高附加值、小型的商品。

3）高层货架仓库。高层货架仓库在作业方面主要使用电子计算机控制，能实现机械化和自动化操作。

4）罐式仓库。罐式仓库呈球形或柱形，主要是用来储存石油、天然气和液化工业品等。

5）简易仓库。简易仓库是在仓库不足而又不能及时建库的情况下采用的临时代用办法，包括一些固定或活动的简易货棚等。

2.1.2　仓储设备概述

在仓储作业的过程中，需要用到很多各种类型的仓储设备。现代仓储设备可以分为以下五大类：

1）装卸搬运设备。装卸搬运设备主要包括叉车、输送机、自动导引车（AGV）等。

2）保管养护设备。保管养护设备主要是指用于储存、保管、养护作业的设备，主要包括各种货架、吸湿器、烘干机、温湿度控制器等。

3）计量检验设备。计量检验设备是在商品的入库验收、在库检查和出库交接过程中使用的称量设备和量具以及检验商品的各种仪器仪表，包括轨道衡、磅秤、直尺、卷尺、游标卡尺、光谱仪、显微镜等。

4）通风、照明、保暖设备。这类设备有各式电扇、探照灯、暖气装置等。

5）消防设备，如灭火器等。

下面介绍几种基本的仓储设备。

2.1.3　保管储存设备

1. 托盘

（1）托盘概述

托盘（Pallet）是指在集装、堆放、搬运和运输的过程中，作为单元负荷的货物和制品的水平平台装置，是一种用于自动化或机械化装卸、搬运和堆存货物的集装工具。托盘既有存储、搬运器具的作用，又有集装容器的功能，是国内外物流系统中普遍采用的一种集装器具。托盘的出现促进了集装箱和其他集装方式的形成与发展。托盘和集装箱已成为集装系统的两大支柱。

托盘作为一种装卸储运物品的轻便平台，其基本功能是暂时存放物料，便于叉车和堆垛机的叉取和存放。为了提高出入库效率和仓库利用率，实现存储自动化作业，在进行仓储时，通常采用货物连带托盘的存储方法。因此，托盘成为一种存储工具，是实现物流合理化的一个重要条件。

（2）托盘的分类

1）按照托盘的基本结构形态，可以将托盘分为平托盘、柱式托盘和箱式托盘等。

① 平托盘。平托盘是指由双层板或单层板以及底脚支撑所构成的装置。平托盘没有上层装置，如图 2-1 所示。

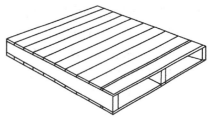

图 2-1　平托盘

② 柱式托盘。柱式托盘以平托盘为底，在托盘四角装上立柱，横边装有可以移动的边轨，如图2-2所示。柱式托盘的立柱大多是可卸式的，高度多为1200mm左右，立柱的作用是在多层码放保管时，保护最下层托盘货物，在装货时便于按照需要调整长度或高度。立柱的材料大多选用钢材，可荷重3t。柱式托盘可以进一步演化，将对角的柱子上端用横梁连接，使柱子呈门框形。

③ 箱式托盘。箱式托盘以平托盘为底，在上面安装箱形装置，即四壁围有网眼板或普通板，顶部可以有盖也可以无盖，形成箱形设备，如图2-3所示。箱式托盘可以分为可卸式、固定式和折叠式三种。箱式托盘的特点是：使包装简易，可以将外形不规则的货物进行集装，在运输中不需要采取防止塌垛的措施。

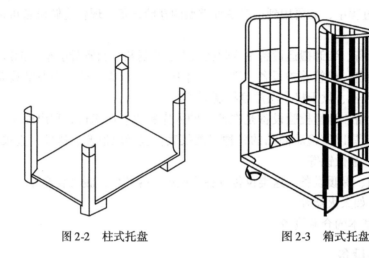

图2-2　柱式托盘　　　　　　　图2-3　箱式托盘

2）按照托盘的质地，可以将托盘分为木制托盘、塑料托盘和金属托盘等。

① 木制托盘。由于木材加工方便，不需要复杂的加工机械设备，因此，木制托盘运用较为广泛。

② 塑料托盘。塑料托盘具有重量小、整体性好、结实耐用、易冲洗消毒、平稳、美观、无味无毒、耐酸、耐碱、耐腐蚀、不腐烂、不助燃、无静电火花、使用寿命长等特点。塑料托盘主要用于食品、医药、化学品等行业。塑料托盘成本较高。

③ 金属托盘。金属托盘的优点是承重能力强、结构牢靠、不易损坏；缺点是自身重量大、容易锈蚀。

3）按照托盘实际运用和操作，可以将托盘分为两个方向通路托盘和四个方向通路托盘。

① 两个方向通路托盘。两个方向通路托盘是指托盘只有前、后两个方向的通路可以供叉车的货叉进出，如图2-4所示。两个方向通路托盘又可分为单面用两个方向通路托盘和双面用两个方向通路托盘。

② 四个方向通路托盘。四个方向通路托盘是指托盘有前、后、左、右四个方向的通路都可以供叉车的货叉进出，如图2-5所示。四个方向通路托盘又可分为单面用四个方向通路托盘和双面用四个方向通路托盘。

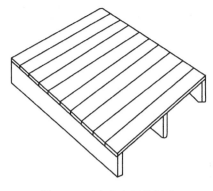
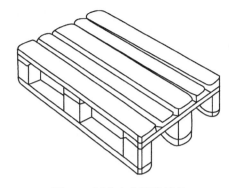

图 2-4　两个方向通路托盘　　　　　　　　图 2-5　四个方向通路托盘

4）按照托盘的最大负载量，可以将托盘分成以下几类：0.5t 托盘、1t 托盘和 2t 托盘。

（3）托盘的优点

1）自重小。在装卸、搬运储存、运输过程中所消耗的劳动量较小。

2）返空容易。托盘在返空时占用的运力较少。由于托盘造价不高，又很容易互相替代，因此可以互相以对方的托盘为抵补，不需要像集装箱那样有固定的归属者。

3）装盘容易。装货时直接在托盘上码放，不必像集装箱一样深入箱体内部。装盘后可以采用捆扎、紧包等技术处理，使用比较简便。

4）装载量较大。托盘的装载量虽然比集装箱小，却比一般包装的组合量大得多。

（4）托盘货物的码放方式

按照货物在托盘上码放时的行列配置方式，托盘货物的码放方式有以下几种：

1）重叠式。重叠式是指各层货物码放方式相同，上下对应，如图 2-6 所示。这种码放方式的最大优点是只需重叠码放，工人操作速度快。另外，包装货物的四个角和边重叠垂直，可以承受较大的荷重。这种码放方式的缺点是各层之间缺少咬合作用，容易发生塌垛。

在货物底面积较大的情况下，采用这种方式具有足够的稳定性，如果再配上相应的紧固方式，则不但能使货物保持稳定，还可以保留装卸操作省力的优点。

2）纵横交错式。纵横交错式是指相邻两层货物的摆放旋转 90°，一层横向置，另一层纵向放置，如图 2-7 所示。每层之间有一定的咬合效果，但咬合强度不高。配以托盘转向器，装完一层之后，可利用转向器将托盘旋转 90°，装盘操作的劳动强度和重叠式相同。当正方形托盘一边的长度为货物的长、宽尺寸的公倍数时，可以采用这种码放方式。

重叠式和纵横交错式都适合用自动装盘机进行装盘操作。

3）正反交错式。正反交错式是指在同一层中，不同列的货物以 90°垂直码放，相邻两层的货物码放形式是另一层旋转 180°的形式，如图 2-8 所示。这种方式类似于建筑上的砌砖方式，不同层之间咬合强度较高，相邻层之间不重缝，因此码放后稳定性较高。但是，此种方法的操作较为麻烦，且包装体之间不是垂直面相互承受载荷，所以下部货物容易被压坏。

4）旋转交错式。旋转交错式是一种风车形的码放方式。它是指第一层相邻的两个包装体互为 90°，两层之间码放又相差 180°，如图 2-9 所示。这样一来，相邻两层之间互相咬合交叉，货体的稳定性较高，不易塌垛。其缺点是码放的难度较大，且中间形成空穴，降低了托盘的利用效率。

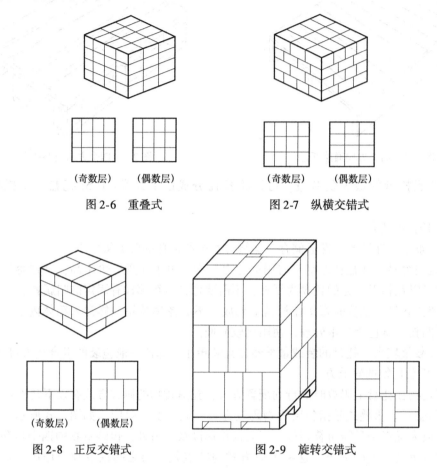

（奇数层）　（偶数层）　　　　　（奇数层）　（偶数层）

图2-6　重叠式　　　　　　图2-7　纵横交错式

（奇数层）　（偶数层）

图2-8　正反交错式　　　　　图2-9　旋转交错式

2. 货架

（1）货架概述

货架（Shelf）是指由支架、隔板或者托架组成的立体的用来专门存储物资的保管设备。保管功能是仓储最主要的功能，因此，作为保管设备的货架在仓储中占据重要地位。在现代社会中，物资越来越多样化，物流量也不断增加，仓库的管理也越来越现代化，因此对货架的要求也就越来越高。现代货架应具有多种功能，并且能易于实现机械化、自动化。

（2）货架的作用

1）货架是立体结构，可以充分利用仓库的垂直空间，提高仓库容量的利用率，扩大仓库的储存能力。

2）用货架存取货物比较方便，便于清空和计量，还可以做到先进先出或先进后出等。

3）存入货架中的货物都有一定的间隔，不会被积压，物资损耗相对减少。

4）新型货架的技术、结构及功能可以保证实现仓储的机械化和自动化。

（3）货架的分类

1）按照货架的制造材料，可以将货架分为以下几类：①钢制货架；②钢筋混凝土货架；③钢与钢筋混凝土混合式货架；④木制货架；⑤钢木合制货架等。

2）按照货架的发展，可以将货架分为传统式货架和新型货架。

① 传统式货架。传统式货架包括层架、层格式货架、抽屉式货架、橱柜式货架、U 形架等。

② 新型货架。新型货架包括旋转式货架、重力式货架、移动式货架、装配式货架、调节式货架、托盘式货架、进车式货架、高层货架、阁楼式货架等。

3）按照货架的封闭程度分类，可以将货架分为以下几类：①敞开式货架；②半封闭式货架；③封闭式货架等。

4）按照货架的适用性，可以将货架分为通用货架和专用货架。

①通用货架。通用货架是可以用来放置各种物资的货架。

②专用货架。专用货架是用来专门放置某种或某类物品的货架。

5）按照结构特点，可以将货架分为以下几类：①层架；②层格架；③橱架；④抽屉架；⑤悬臂架；⑥三脚架；⑦栅型架。

6）按照货架高度，可以将货架分为低层货架、中层货架和高层货架。

① 低层货架。低层货架的高度在 5m 以下。

② 中层货架。中层货架的高度在 5 ~ 15m。

③ 高层货架。高层货架的高度在 15m 以上。

7）按照货架的可动性，可以将货架分为以下几类：①固定式货架；②移动式货架；③旋转式货架；④组合货架；⑤可调节式货架；⑥流动储存货架等。

8）按照货架结构，可以将货架分为整体结构式货架和分体结构式货架。

① 整体结构式货架。整体结构式货架是指直接支撑仓库屋顶和围壁，与仓库建筑共同构成一个整体的货架。

② 分体结构式货架。分体结构式货架是指货架与仓库建筑是两个独立体系。

9）按照货架的载重量，可以将货架分为重型货架、中型货架和轻型货架。

① 重型货架。重型货架是指每层货架载重量在 500kg 以上的货架。此类货架一般都采用优质钢材制造，适合大型仓库使用。

② 中型货架。中型货架一般是指每层货架载重量在 150 ~ 500kg 的货架。此类货架适合中型仓库使用。

③ 轻型货架。轻型货架是指每层货架载重量在 150kg 以下的货架。此类货架广泛应用于工厂、车间、商业展示、家庭置物等。

2.1.4　仓储搬运设备

仓储系统中货物的搬运是一个耗时耗力的过程，因此提高货物的搬运效率对整个物流系统的效率有着重要的意义，搬运设备和技术的应用也就显得尤其重要。常见的搬运设备有叉车、手推车、自动导引车和堆垛机器人等。

1. 叉车

叉车（Fork Lift Truck）是指具有各种叉具，能够对货物进行升降、移动及装卸作业的搬运车辆，如图 2-10 所示。叉车是比较常用的仓储搬运设备，又称为万能装卸机械，主要用于车站、码头、仓库和货场的装卸、堆垛、拆垛、短途搬运等作业。根据不同的标准，可以把叉车分成不同的类别。

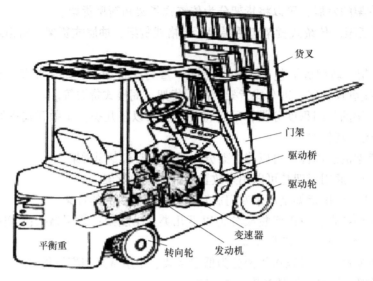

货叉

门架

驱动桥

驱动轮

变速器

平衡重　　转向轮　发动机

图 2-10　叉车

（1）叉车的分类

1）按照动力装置，可以将叉车分为内燃式叉车、电动式叉车、手动步行式叉车。

① 内燃式叉车。内燃式叉车是以内燃机为动力装置的叉车。根据内燃机采用的燃料不同，可以把内燃式叉车分为汽油机叉车、柴油机叉车和液压叉车。内燃式叉车机动性好，功率大，适用于负载较重的装卸搬运。

② 电动式叉车。电动式叉车以蓄电池为动力，通过直流电动机驱动。它操作较容易，无污染，适用于室内装卸搬运。

③ 手动步行式叉车。手动步行式叉车以人的体能为动力，操作简单，适用于轻型货物的装卸搬运。

2）按照性能和功用，可以将叉车分为以下几类：

① 平衡重式叉车。平衡重式叉车的货叉位于叉车的前部。为了平衡货物重量所产生的力矩，在叉车后部装有平衡重，以保持叉车的稳定。它是目前应用比较广泛的一类叉车。

② 侧面式叉车。侧面式叉车的门架和货叉位于叉车的侧面，在叉车进入通道时，叉车的货叉是面向货架的。因此，叉车在进行装卸作业时，不用先转弯再作业。这决定了侧面式叉车十分适合窄通道作业。另外，侧面式叉车装卸货物时，货物与叉车是平行的，适合装卸搬运长尺寸货物，不太受通道宽度的限制。

③ 前移式叉车。前移式叉车有两条向前伸的支腿，这使货物的重心落在车辆的支撑面内，稳定性较好。它适用于车间、仓库内作业。

④ 集装箱叉车。集装箱叉车专门用于集装箱的装卸和搬运。此类叉车也可以分为正面式叉车和侧面式叉车。

⑤ 高位拣选式叉车。高位拣选式叉车主要用于高位拣货，适用于高层货架仓库。

（2）叉车的主要技术参数

叉车的技术参数是指反映叉车技术性能的基本参数，是选择叉车的主要依据。叉车的主要技术参数如下：

1）满载最高行驶速度。满载最高行驶速度是指叉车在平直的路面上满载行驶时所能达到的最高车速。由于叉车工作环境的限制，叉车的满载行驶速度没必要太高。一般情况下，内燃式叉车的满载最高行驶速度是 20～27km/h；库内作业叉车的满载最高行驶速度是 14～18km/h。

2）载荷中心距。载荷中心距是指叉车设计规定的标准载荷中心到货叉垂直段前臂之间的距离。

3）额定起重量。叉车的额定起重量是指货物的重心位于载荷中心距以内时，允许叉车举起的最大重量。叉车的额定起重量与货物的起升高度有关。货物起升越高，额定起重量就越小。另外，额定起重量还与货物重心的位置有关。如果货物的重心超过了载荷中心距，为了保证叉车的稳定性，叉车的额定起重量就需要减小。货物重心超出载荷中心距越远，额定起重量就越小。

4）最大起升高度。叉车的最大起升高度是指在额定起重量、门架垂直、货物起升到最高位置时，货叉水平段的上表面距离地面的垂直距离。

5）最大起升速度。叉车的最大起升速度是指在额定起重量、门架垂直、货物起升时的最大速度。

6）制动性能。该项技术参数反映了叉车的工作安全性。我国对内燃平衡重式叉车的制动性能有如下规定：如果采用手制动，空载行驶时能在 20% 的下坡上停住，满载行驶时能在 15% 的上坡上停住。

7）最小转弯半径。最小转弯半径是指叉车在空载低速行驶、打满转向盘即转向轮处于最大转角时，瞬时转向中心与叉车纵向中心线的距离。

8）直角通道最小宽度。直角通道最小宽度是指叉车在通过成直角相交的通道时，所需要的理论最小宽度。叉车所需要的直角通道最小宽度越小，叉车的机动性就越好，仓库场地的利用率也就越高。

9）堆垛通道最小宽度。堆垛通道最小宽度是指叉车在正常作业时（叉车在通道内直线运行和 90°转向时），叉车所需要的通道的最小理论宽度。

10）叉车的最大高度和宽度。这些参数决定了叉车能否进入仓库、集装箱船、车厢内部进行作业。

（3）叉车的工作特点

叉车除了和其他起重运输机械一样在仓储装卸作业中能够减轻装卸工人繁重的体力劳动、提高装卸效率、降低装卸成本以外，还具有自身的一些特点。

1）机动灵活性好。叉车外形尺寸小、重量小，容易在作业区域内任意调动，可以较快适应货物数量及货流方向的改变。叉车还可以机动地与其他起重运输机械配合工作，提高机械的使用率。例如，叉车与门式起重机配合使用。

2）兼具装卸和搬运两种功能。叉车可以将装卸和搬运两种功能合二为一，提高作业效率。

3）机械化程度高。在与各种自动取物装置、货叉与托盘配合使用的情况下，可以实现装卸工作的完全机械化，不需要工人的辅助体力劳动。

4）可以"一机多用"。叉车与各种工作属具（如货叉、铲斗、臂架、串杆、货夹铲、抓取器、倾翻叉等）配合使用以后，可以适应各种品种、形状和大小货物的装卸作业，扩大了装卸对象和装卸范围。

5）成本低、投资少。叉车与大型机械相比，能获得较好的经济效果。

6）能提高仓库容积的利用率。叉车堆码高度一般可以达到 3~5m。

7）有利于开展托盘成组运输和集装箱运输。

2. 手推车

手推车是指不带动力、靠人的体能驱动的小型搬运车辆，是一种适用于较小、较轻物品的短距离运输的经济型运输工具，如图 2-11 所示。手推车的承载能力一般在 500kg 以下。手推车的优点是轻巧灵活、操作方便、转弯半径较小。手推车可以分为单手柄、双手柄等种类，还可以根据层数不同分为单层、双层或三层手推车。手推车的选择应该根据货物的形状、性质不同而定。

图 2-11　手推车

3. 自动导引车

自动导引车又称为自动导向搬运车（Automatic Guided Vehicle，AGV），如图 2-12 所示。根据国家标准《物流术语》（GB/T 18354—2006）的定义，自动导引车是指具有自动导引装置，能够沿设定的路径行驶，在车体上具有编程和停车选择装置、安全保护装置及各种物料移载功能的搬运车辆。

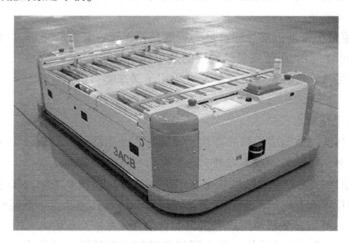

图 2-12　自动导引车（AGV）

AGV 是现代物流系统广泛应用的一种先进的自动化搬运设备。它的基本功能是根据计算机指令，按照规定的路径行走，并精确地停靠到指定地点，然后按作业要求完成一系列搬运作业。

4. 堆垛机器人

堆垛机器人是指能自动识别物品，并能够自动将其整齐地堆码在托盘上（或从托盘上将物品拆垛卸下）的机电一体化装置，如图 2-13 所示。

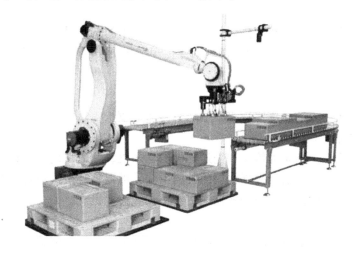

图 2-13　堆垛机器人

堆垛机器人的基本工作过程是：仓库中的货物通过人工或机械化手段放到载货平台上，再通过机器人将其分类；由于机器人具有智能系统，因此可以根据货箱的位置和尺寸进行识别，将货物放到指定的输送系统上；机器人根据计算机发出的入库指令完成堆垛作业，同时可以根据出库信息完成拣选作业。

2.1.5　仓储输送设备

在仓储过程中，除了保管、储存、装卸之外，还需要进行输送。因此，输送设备也是仓储过程中必要的设备。在仓储过程中，以托盘、集装单元货物为主，因此，常用的输送设备也是主要用来输送托盘和集装单元货物的单元负载式输送机。根据输送机的动力来源不同，可以将输送设备分为重力式输送机和动力式输送机。

1. 重力式输送机

根据滚动体的不同，可以将重力式输送机分为重力式滚筒输送机、重力式滚轮输送机和重力式滚珠输送机三种。

（1）重力式滚筒输送机

重力式滚筒输送机的滚动体是滚筒，滚筒外部可用金属或塑料制成。滚筒支承密封较好，对环境的适应性较强，适于输送塑料托盘、各种形状的容器和货物。

（2）重力式滚轮输送机

重力式滚轮输送机既适合输送有一定刚性的平底货物，也适合输送底面较软的物品（如布袋包装等）。但是，它不适合输送底部变形或挖空的货物和包装。

（3）重力式滚珠输送机

重力式滚珠输送机是货物在传输过程中可以自由地沿任意方向运动的输送机。它广泛应用于输送底部较硬的货物。但这种输送机不能在有灰尘的环境下使用。

2．动力式输送机

动力式输送机一般用在物流自动化程度较高的场合。根据驱动介质不同，可以将动力式输送机分为辊子输送机、带式输送机、链条式输送机和悬挂式输送机等。

（1）辊子输送机

辊子输送机由一系列等间距排列的辊子组成。辊子的转动呈主动状态，这样可以完全控制物品的运行状态，按规定速度精确、平稳、可靠地输送货物。此类输送机的应用比较广泛。

（2）带式输送机

带式输送机所需要的功率比较小，输送带寿命比较长，负载能力也较大。

（3）链条式输送机

链条式输送机是以链条为传动和输送元件的输送机。输送机的链条以导轨为依托，将货物以承托的方式进行输送。根据输送元件的不同，可以将链条式输送机分为滑动链条式输送机、滚动链条式输送机、板条式输送机和平顶式输送机。

（4）悬挂式输送机

悬挂式输送机由牵引链、滑架、承载结构、驱动装置、安全装置、电控装置和回转装置等部分构成。它适用于工厂车间、仓库内部成件物品的空中输送。

2.2　仓储设施选址规划

2.2.1　仓储设施选址概述

1. 仓储设施选址的含义

仓储设施选址是指在一个具有若干供应点及若干需求点的经济区域内科学规划仓储设施的地址。仓储设施选址要考虑仓储设施建设和运行的综合成本。

2. 仓储设施选址的原则

（1）可行性原则

仓储设施选址需要充分考虑建设的可行性、可操作性。同时，仓储设施选址还要考虑企业的实际需求和便利性。

（2）经济性原则

仓储设施选址需要满足经济性原则，以成本最小化或利润最大化为目标。通过合理的选址，尽量减少运输过程的中间环节和运输距离，降低人力成本、建筑成本、设备费用、租金等各项成本。

（3）安全性原则

仓储设施选址不能忽视安全问题。如果选址不当，将有可能造成火灾等重大损失。选址应该远离粉尘、油烟、有害气体以及生产或储存具有腐蚀性、易燃易爆物品的场所，还应远离水灾、火灾隐患区域以及强磁场源和强噪声源。

（4）协调性原则

在进行仓储设施选址时，需要全面考虑运输子系统、检验子系统、供应商位置及客户分布等诸多因素，选择能够有效协调各因素、能够发挥整体最大效用的位置。

（5）战略性原则

仓储设施选址应具有战略眼光，既要考虑目前的实际需要，又要考虑未来的发展趋势。

2.2.2　仓储设施选址的影响因素

1. 成本因素

（1）土地成本

土地成本是指不同地区的土地租金或征用费用。通常市区及郊区的农业用地的土地成本较高，在选址时应该尽量避免。

（2）运输成本

由于运输费用占物流总费用的比例较大，因此，选址时应该尽量选择运输距离短、中间环节少的地区。

（3）人力成本

不同地区仓储人员的素质存在差距，工资水平也不同。人力成本也是仓储设施选址不能忽视的一个因素。

2. 环境因素

（1）地理条件

仓储设施应该尽量选择地势较高、地形平坦之处，避免建在地基承载力低、易发生滑坡和洪水灾害的地段。外形上不宜选择狭长或不规则形状，面积上应留有发展余地，以备仓库扩建之需。

（2）气象条件

在选址时需要考虑温度、风力、降水量、无霜期、冻土深度、年平均蒸发量等气象条件。例如，选址时要避开风口，因为建在风口处会加速露天堆放的物品老化。

（3）水电供应条件

仓储设施选址应该选择靠近水源、电源的地方，保证方便可靠的水电供应，且场区周围要有污水和固体废弃物处理设施。

（4）运输条件

仓储设施选址最好靠近现有的水陆交通运输线，确保至少有两种运输方式相衔接。对于大型仓库，还应考虑铺设铁路专用线或建设水运码头。

（5）安全条件

仓储设施是火灾重点防护单位，不宜设在易散发火种的工业设施附近。同时，为了方便消防灭火，仓库周围的道路必须保证交通畅通，防止交通堵塞。此外，仓库地点也不宜选择在居民住宅区附近，以避免各种潜在危险。

3. 社会因素

（1）供应因素

仓储设施建在供应商附近，不仅能够获得较低的采购价格，降低运输费用，还可以保证货物供应的时效性，减少时间延迟。

（2）客户服务因素

仓储设施选址需要充分考虑客户分布情况、订货量、订货周期等因素，保证客户能够获得快速满意的服务。

（3）国家政策因素

仓储设施选址还需要考虑当地的政策、法规、城市规划等因素。例如，有些地区会出台税收优惠等政策鼓励在经济开发区建立仓库，降低企业成本。

2.2.3　特殊仓库选址注意事项

1. 冷藏品仓库选址

冷藏品仓库是以机械制冷方式，使仓库内保持一定的温湿度，以储存食品、工业原料、生物制品和药品等对温湿度有特殊要求的商品的仓库。冷藏品仓库往往选择在食品加工厂、果蔬种植园附近。由于冷藏品设备及运输噪声比较大，可能对所在地环境造成一定影响，因此冷藏品仓库选择在城郊比较合理。

2. 危险品仓库选址

凡具有易爆、易燃、有毒、腐蚀性、放射性等性质，在储存过程中容易造成人身伤亡和财产损失的货物仓库需要特别防护。危险品仓库必须选择在远离居民区、供水地、主要交通干线、农田等较为空旷的地区，处于当地长年主风向的下风位。大、中型的甲类仓库和大型乙类仓库与居民区和公共设施的距离必须大于150m，与企业、铁路干线的距离必须大于100m，与公路的距离必须大于50m。在库区，大型库房的间距为20~40m，小型库房的间距为10~40m。易燃商品应该放置在地势低洼处，桶装易燃液体应放在库内。

3. 粮食仓库选址

由于粮食自身易受潮、易受虫害、易流失，粮食仓库应该选择在粮食主产区、主销区和交通干线粮食集散地，以免运输距离过长，商品损耗过大。

2.2.4　仓储设施选址的步骤

1. 需求分析

根据客户需求，估算拟建仓库的任务量，确定拟采用的仓储技术和仓储设备，从而估算出仓库需要占用的土地面积以及所需的最大库存量。

2. 实地调研和收集相关数据资料

实地调研和收集交通运输、地质、水文、气象、土地成本、建筑及设施成本、业务量等各方面的资料，综合分析，明确选址约束条件。

3. 初步筛选

对取得的资料进行充分的整理和定性分析，根据需求分析结果和选址约束条件，初步确定选址范围，确定初始候选地点。

4. 定量分析

根据不同的情况，选用合适的选址模型进行计算，得出结果。单设施选址，可采用加权法、重心法等；多设施选址，则可以选用覆盖模型、P-中值法、CFLP法、Baumol-Wolfe模型、Kuehn-Hamburger模型等。

5. 方案评价

对各方案进行评价，分析方案的经济性和可行性，并对各方案进行排序。

6. 确定选址

综合考虑选址方案排序结果，在方案具备现实意义的前提下，选择最佳方案。

2.3 仓储设施布局规划与商品储存规划

2.3.1 仓储设施布局规划

1. 仓储设施布局规划概述

（1）仓储设施布局规划的含义

仓储设施布局是指将仓储设施的各个组成部分，如库房、货棚、货场、辅助建筑物、铁路专用线、库内道路、附属固定设备等，在规定范围内，进行平面和立体的统筹规划，合理安排，最大限度地提高仓库的储存和作业能力，并降低各项费用。

（2）仓储设施布局的原则

1）适应现代物流生产流程，有利于生产正常进行和物品储存保管。

2）有利于提高仓库经济效益，发挥仓储效能。

3）有利于安全生产和文明生产，保证仓储设施、设备和人员的安全。

2. 仓储设施总平面布局规划

仓储设施总平面布局规划是根据现代仓库总体设计要求，科学地解决生产和生活两大区域的布局问题，如主要业务场所、辅助业务场所、办公场所、生活设施等的布局。

（1）仓库面积的确定

仓库的种类与规模不同，其面积的构成也不尽相同。仓库实用面积是指在仓库使用面积中，实际用来堆放物品所占的面积。仓库实用面积可以通过仓库最高储存量除以单位面积商品储存量得出，而库房总面积可以通过仓库实用面积除以仓库面积利用系数得出。

（2）仓库总平面规划

仓库一般可以分为生产作业区、辅助作业区和行政生活区三大部分。仓库总平面规划就是对这三个区域进行规划，如图 2-14 所示。

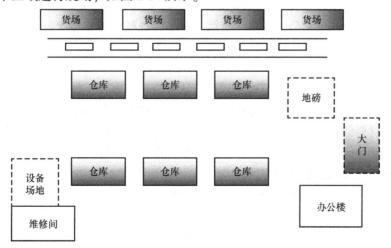

图 2-14 仓库总平面规划

1）生产作业区。生产作业区是仓库的主体部分，是商品仓储的主要活动场所，主要包括储存区、道路或铁路专用线、装卸平台等。

2）辅助作业区。辅助作业区是为仓储业务提供各项服务的区域，主要包括设备维修车间、车库、工具设备库、油库、变电室等。特别需要注意的是，油库的设置应远离维修车间、宿舍等易出现明火的场所，周围必须设置相应的消防设施。

3）行政生活区。行政生活区是行政管理机构办公和职工生活的区域，主要包括办公楼、警卫室、宿舍和食堂等。为了方便业务接洽和管理，行政管理机构一般布置在仓库的主要出入口，并与生产作业区用隔墙分开。这样既方便工作人员与作业区的联系，又避免非作业人员对仓库生产作业的影响和干扰。

3. 仓储设施内部储存区域规划

仓储设施内部储存区域可划分为待检区、待处理区、不合格品隔离区、合格品储存区等。

1）待检区：用于暂存处于检验过程中的商品。这些商品一般采用黄色标识，以区别于其他状态的商品。

2）待处理区：用于暂存不具备验收条件或质量暂时不能确认的商品。这些商品一般采用白色标识，以区别于其他状态的商品。

3）不合格品隔离区：用于暂存质量不合格的商品。处于不合格隔离状态的商品一般采用红色标识，以区别于其他状态的商品。

4）合格品储存区：用于储存合格的商品。处于合格状态的商品一般采用绿色标识，以区别于其他状态的商品。

2.3.2　商品储存规划

商品储存规划是实现物资合理储存的前提条件和必要步骤。制订合理的商品储存规划有利于提高物资的保管质量，并且可以有效利用仓库设施，提高收发存取的效率。商品储存规划包括以下内容：

1. 分配储存场所

分配储存场所是指在仓库生产作业区内，合理安排每一项库存物资存放的地点和位置，一般包括：储存区的划分，库房、货棚和货场的选择，楼库层次的分配，确定存入同一库房的物资品种等。

（1）储存区的划分

储存区的划分可根据实际需要确定。划分的方法有很多种。按照储存物资的用途，可以将储存区分为通用物资储存区和专用物资储存区；按照储存物资的自然属性，可以将储存区分为金属材料储存区、非金属材料储存区、机电产品储存区等；按照储存物资的使用方向，可以将储存区分为生产资料储存区和生活资料储存区等。一般情况下，多数仓库都选择按照物资的自然属性划分储存区。

划分储存区，必须做到储存任务与仓库设施相统一。应根据仓库物资的周转规律和储存物资的类别、品种、数量以及对储存、装卸搬运及运输条件的要求等划分储存区。由于库存物资的品种和数量可能经常变化，因此，物资储存区的划分是动态的，随着储存任务的变化可以进行相应的调整。

（2）库房、货棚和货场的选择

各类物资能否被合理地分配到库房、货棚或货场，对提高保管质量、方便仓库作业和降低仓储费用都有直接的影响。这也是做好物资保管的基础。物资的分配应该综合考虑各方面的因素，如货物的物理和化学性质、加工程度、价值、用途和作用、批量大小、单位重量和体积等。此外，货物在库保管时间的长短、仓库所在地的地理气候条件、储存货物的季节等也是必须考虑的因素。对于只需要短时间保管、理化性质较稳定的物资，可以考虑放在货棚或露天货场。

（3）楼库层次的分配

在分配楼库层次时，应根据各楼层的保管条件和作业要求合理存放物资，充分发挥各楼层的作用。

楼库底层的优点是承载能力强、净空较高、前后和左右一般都设有库门，收发作业很方便。但是，楼库底层的地坪易返潮，且容易受到库边道路振动和灰尘的影响。因此，楼库底层适合存放单位体积和单位重量大或收发作业频繁的物资，如金属材料、机械零部件、机械设备等。

楼库中间层的保管条件比较优越。相比底层较为干燥，通风采光良好，受外界温湿度的影响较小。缺点是楼板的承载能力较差，净空高度比较低，需要垂直方向搬运，作业不方便。楼库中间层适合存放体积小、重量小以及要求保管条件比较高的物资，如仪器仪表、电子器件、电工器材等。

楼库顶层通风采光良好、较干燥。但是，楼库屋顶直接受日光照射，夏季受温度影响较大，温度高于其他楼层，而冬季由于散热面积大，温度低于其他楼层。这些因素对物资保管不利。此外，楼层越高，垂直搬运距离越大，楼库顶层作业较不方便。因此，楼库顶层适合储存收发不太频繁、要求保管条件一般以及体积小、重量小的物资，如纤维及纤维制品、塑料制品等。

（4）确定存入同一库房的物资品种

存入同一库房（或同一楼层）的物资要考虑彼此之间的互容性。例如，金属材料、金属制品、金属零部件、机械设备等具有互容性，彼此之间不会产生不良影响，可以存入同一库房。但有些物资性能不同，相互有影响甚至相互抵触，不能存入同一库房。例如，粉尘材料与精密仪器仪表、化学危险品与一般物资等均不能混存。绝大多数化学危险品也不能混存。

对保管条件要求不同的物资，也不能存入同一库房。例如，在同一库房内不可能同时达到不同的湿度要求，因此，对湿度条件要求不同的物资，不宜存入同一库房。灭火方法要求不同的物资，也不应存入同一库房，以免给消防工作带来困难。

2. 布置储存场所

布置储存场所是指将各种物资合理地布置到库房、货棚或货场的某个具体位置。储存场所的合理布置对提高物资保管质量、充分利用仓储能力、加速物资收发、降低仓储费用等具有重要意义。储存场所的布置形式可以分为平面布置和空间布置。

（1）平面布置

储存场所的平面布置是指在有效的平面上，对库房、货棚、货场内的货垛、货架、通道、收发货区、垛间距、墙间距等进行合理的布置，主要注意正确处理相互之间位置的关系。

常见的平面布置形式有垂直布置和倾斜式布置两种类型。

1）垂直布置。垂直布置是指货垛或货架的长度（或宽度）方向与库墙和通道互相垂直。具体又可分为横列式布置、纵列式布置和纵横式布置。

① 横列式布置。横列式布置是指货垛或货架的长度方向与库房的通道互相垂直，如图 2-15 所示。采用横列式布置时，运输通道较长，作业通道较短，对库存物资的收发和检验比较方便，有利于实现机械化作业，通风采光良好。但是，该种布置方式的运输通道占用面积较多，从而影响了仓库的面积利用率。

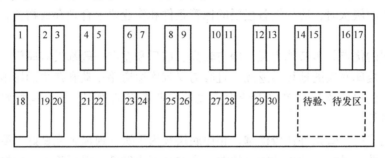

图 2-15　横列式布置

② 纵列式布置。纵列式布置是指货垛或货架的宽度方向与库房的通道互相垂直，如图 2-16 所示。纵列式布置的优点是运输通道较短，占用面积少，仓库面积利用率较高；缺点是作业通道长，存取物资不方便，对通风采光不利。

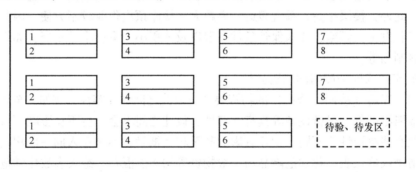

图 2-16　纵列式布置

③ 纵横式布置。纵横式布置是指同一库房内横列式布置和纵列式布置兼而有之，是横列式与纵列式两种形式的结合。

2）倾斜式布置。倾斜式布置是指货垛或货架的长度方向与运输通道成锐角（30°或60°），如图 2-17 所示。倾斜式布置的最大优点是便于利用叉车配合集装单元进行作业，它能减少叉车作业时的回转角度，提高装卸搬运效率。

（2）空间布置

储存场所的空间布置是指物资在库房、货棚、货场高度方向的安排和布置。通常有以下几种形式：

1）通过货架进行空间布置。

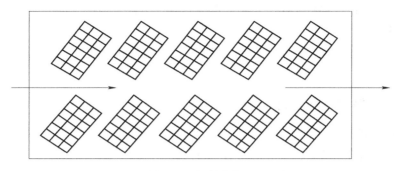

图 2-17　倾斜式布置

2）通过物资直接堆垛进行空间布置。

3）采用架上平台。

储存场所的空间布置潜力很大。在无法增加库房面积的情况下，向空间要货位可以成倍扩大仓库的存储能力，节省基建投资。

2.4　仓储设备选择

2.4.1　仓储设备的选择原则

仓储设备种类多、数量大，占用的资金也较多。因此，仓储设备的选择和配置就要尤为慎重。既要满足仓储需要，又要考虑经济效益，还要考虑仓储设备的寿命等。选择仓储设备应遵循以下原则：

1. 适应性

仓储设备的型号应该与仓库的作业量、出入库作业频率相适应。应配置符合仓库储存需要的设备，并且要考虑各个设备之间的衔接和搭配，以求最大限度地发挥设备的作用。

2. 经济性

仓库设备的配置必须从仓库自身的经济条件出发，在满足规模需要的前提下，以最少的资金配置较全面的仓储设备，实现仓库的最大经济效益。

3. 先进性

在选择仓库设备时，应尽量配置目前较先进的设备，才能更好地提高仓储作业效率，并且避免仓储设备过快地被淘汰。

2.4.2　选择仓储设备应考虑的因素

1. 商品特性

商品的外形、尺寸、重量、存储单位等都会影响仓储设备的配置。

2. 存取性

一般来说，储存密度越大，存取性相对越差。仓库应该选用存取性较好的设备。例如，自动化立体仓库的存取性就较好，但其投资成本较高。

3. 出入库量

有些仓储设备适合出入库量不大的低频率作业，而有些仓储设备则适合出入库量较大的高频率作业。应该根据仓库的出入库量选择适当的仓储设备。

4. 库房架构

仓库的可用高度、梁柱位置、地坪承载力、防火设施等条件，均是选择仓储设备应该考虑的因素。

2.4.3　主要仓储设备的选择

1. 货架的选择

对于储存不同货物的仓库，应该选用不同的货架。选择货架时，要重点考虑仓库容量以及仓库存放货物的种类、数量、出入库频率、保管要求、费用水平等因素，并且应该遵循一定的原则。

（1）选择货架的原则

1）实用性原则。货架首先应该满足所储存物品的品种、规格尺寸、性能的要求，并且能满足物资先进先出的要求。同时，还应该适合配套机械的存取作业。

2）低成本高效益原则。不同材质的货架，成本存在一定的差异。选择货架时，应该根据储存物品的品种、数量、载重要求选择货架的材质。在保证储存效果的前提下，尽可能采用成本较低的货架，做到低成本高效益。

3）安全性原则。仓库所选择的货架的强度和刚性应该满足载重要求，并有一定的安全余量。对于存放危险物品的货架还应该有特殊规定。

4）先进性原则。采用先进技术的货架可以实现储存的机械化和现代化，提高货架的利用率。

（2）不同情况下货架的选择

1）新建自动化立体仓库的情况下。新建自动化立体仓库时，选择货架应该综合考虑储存物品的品种、规格、载重、出入库频率、仓库的规模及仓库的高度等因素。对于小型自动化立体仓库，一般采用托盘式货架、重力式货架和移动式货架；对于自动化程度较高的高层立体仓库，则可以选择托盘式货架或旋转式货架，以方便通过计算机实现自动化控制。

2）改造仓库的情况下。随着技术的不断更新和发展，越来越多的企业选择将原本采用堆垛存放的仓库改造成用货架存储的仓库，以达到提高仓储效率和仓库利用率的目的。堆垛式存放的仓库高度较低，因此，在选择货架时，应该选择低层托盘式货架或阁楼式货架。

3）固定式货架与流动式货架的选择与比较。固定式货架投资相对较小，技术比较成熟，应用比较广泛。流动式货架则适用于品种多、数量少、以拣选作业为主的仓库。

2. 叉车的选择

（1）选择叉车的影响因素

叉车的选择与储存形式的设计是密不可分的。如果叉车选择有误，往往会造成操作效率低下，甚至容易发生事故，情况严重的，需要拆除仓库重建。所以在仓储系统设计初期就应该考虑叉车的选择。选择叉车除了要考虑车型所适用的高度和巷道空间外，还要结合自身条件，综合考虑其他因素。影响叉车选择的主要因素如下：

1）托盘。大部分叉车都是以托盘为操作单位的。因此，托盘的尺寸与形式往往影响叉车形式及规格的选择。操作不同深度与宽度的托盘所需要的巷道空间是不同的。如果托盘及所载货物的重心超过了叉车的设计荷载中心，叉车载重能力将会下降。因此，一个仓库应该尽量采用同一种标准规格的托盘。目前，大多数仓库普遍使用的是 800mm×1200mm 或 1000mm×1200mm 的四个方向通路托盘，它们可以适用于大多数叉车车型。

2) 仓库地面情况。仓库地面的光滑度和平整度极大地影响叉车的使用，尤其对高提升的室内叉车有很大影响。假设叉车的起升高度为 10m，如果在叉车的左右轮之间存在 10mm 的高低差，那么在 10m 处就会造成将近 80mm 的倾斜，这会给装卸搬运造成危险。仓库的地面存在三种情况：①锯齿状起伏的地面。这种情况的地面对叉车的使用影响最大，应尽量避免。②波浪状起伏的地面。这种情况的地面在一定的距离外有一定的高度差，虽然存在一些问题，但还是可以允许的。③平整光滑的地面。这种情况的地面是最好的，通常是经过表面处理的混凝土地坪。除了地面的光滑度和平整度之外，仓库地面的承重能力也影响叉车的选择和使用。

3) 电梯、集装箱高度。如果叉车需要进出电梯，或者需要在集装箱内部作业，就必须考虑电梯和集装箱的入口高度。此时应该选择带大自由扬程的叉车门架。

4) 作业量。仓库的进出货频繁程度和作业量关系到叉车蓄电池容量或叉车数量的选择。

(2) 选择叉车的原则

叉车的种类很多、规格各异，在选择叉车时应该遵循一定的原则，才能充分发挥叉车的使用价值。这些原则包括：

1) 满足使用性能要求。选择叉车时，首先应该合理、准确地确定所需叉车的技术参数，如起重量、工作速度、起升高度等。如果所需要的起重量是非标准系列，则最好选用标准大于所需起重量的叉车，这样使用会较经济。同时还要考虑叉车的通过性能是否满足作业场地和道路的要求。除此之外，要求叉车工作安全可靠，叉车要跑得快、停得下，无论在什么作业条件下，都要具有良好的稳定性。

2) 选择成本低、使用费用低、经济效益高的叉车。选择叉车除了考虑叉车技术性能外，还要考虑叉车的经济性。应该选择成本低、使用费用低、燃料消耗少、维护保养费用低的叉车。可以用重量利用系数和比功率来衡定和比较叉车的经济性。重量利用系数是叉车载重量和自重的比值，可以表明叉车制造和设计的综合水平。叉车自重越小，重量利用系数越大，不但节省原材料，降低生产成本，还可以减少燃料的消耗和轮胎的磨损。比功率是指叉车单位总重量（自重与载重之和）所需耗用的功率，是衡量叉车动力性能的综合指标，直接影响燃料的消耗。

【案例分析】

适合装卸作业的货物仓库布局方式

某企业是一家生产工装裤的工厂，规模不是很大，只生产少数几种产品，而产品的主要差别仅在于裤子的尺寸不同。

该企业在进行仓库布局设计的过程中，主要分为以下几个步骤：

1) 根据产品的特点进行分类分项。在设计仓库布局时，该企业按照工装裤的尺寸分别存放考虑。先按照工装裤的腰围大小，从最小尺寸到最大尺寸，分为若干类。然后每一类再按裤长尺寸，从最小尺寸到最大尺寸，分为若干项。

2）根据分类分项进行存放。分类分项后，按顺序存放。为了减少订单分拣人员的分拣时间，除了按上述方法将工装裤按尺寸分类分项存放外，还可将客户最常选购的一般尺寸就近存放在存取较为方便的货位，而将特小和特大、客户不常选购的特殊尺码，存放在较远和高层的货位。通过货物在仓库中的合理布局，提高了物流工作的效率，实现了物流的合理化。

3）进行其他空间的安排。除了货物入库和出库所需要的库房储存空间以外，仓库其他业务活动也需要有一定的场地，具体如下：

① 车辆等待装货或卸货的停车场地和员工休息室。

② 入库和出库货物的暂时存放场地。

③ 办公室所需场地。

④ 保管损坏货物、等待承运商检查确认的场地。

⑤ 进行重新包装、贴标签、标价等业务所需用地。

⑥ 设备的保管和维护地区。

⑦ 危险品以及需要冷冻、冷藏等进行特殊保管的货物所需要的专用储存区。

该企业这样进行仓库的布局设计，取得了很好的效果。

讨论题

1. 该企业的仓库布局体现了哪些布局原则？

2. 仓库布局规划中的办公室属于仓库总平面规划三种类型区域中的哪一种？

【思考练习题】

一、选择题

1. 托盘上的各层货物码放方式相同，上下对应，是指_____码放方式。

A. 旋转交错式　　B. 纵横交错式　　C. 重叠式　　　　D. 正反交错式

2. _____是仓库的主体部分，是商品仓储的主要活动场所。

A. 辅助作业区　　B. 生产作业区　　C. 行政生活区　　D. 维修保养区

3. 库房内部储存区域可划分为_____。

A. 待检区　　　　　　　　　　　B. 不合格品隔离区

C. 待处理区　　　　　　　　　　D. 合格品储存区

4. 楼库底层适合存放_____。

A. 仪器仪表　　B. 电子器件　　　C. 大件机械设备　　D. 塑料制品

5. 最适合叉车的储存场所布置形式是_____。

A. 倾斜式　　　B. 纵横式　　　　C. 横列式　　　　　D. 纵列式

二、填空题

1. 按照实际运用和操作，可以将托盘分为_____和_____。

2. 库存物资的品种和数量可能经常变化，物资储存区的划分应该是_____。

3. 楼库中间层适合存放_____、_____以及_____的物资。

4. ＿＿＿＿＿＿＿＿式仓库布置方式具有运输通道较短、占用面积少、仓库面积利用率较高的优点。

5. 大多数仓库普遍使用的是＿＿＿＿＿＿或＿＿＿＿＿＿的四个方向通路托盘，它们可以适用于大多数叉车车型。

三、简答题

1. 简述托盘货物的码放方式。

2. 储存场所平面位置中的垂直布置有哪些形式？

3. 选择仓储设备应遵循哪些原则？

第 3 章

仓储作业流程管理

【学习目标】

- 了解仓储的作业流程
- 了解实物验收的方法
- 掌握各种货位指派策略的优缺点和适用情况
- 掌握各种拣货方式的优缺点和适用范围
- 掌握越库的定义、优越性和实施过程

3.1 仓储作业流程概述

仓储作业是一个系统，它是由各个环节、作业单位协调配合共同完成的。整个仓储作业主要包括物品入库、在库储存保管和物品出库三个阶段，各阶段的基本环节如图 3-1 所示。这三个阶段互相衔接，共同实现仓库的所有功能。物品入库是仓储作业的开始，是物品储存保管工作的条件；物品出库是仓储作业的结束，是物品储存保管工作的完成，是仓储目的的实现；而在库储存保管是为了保持物品的使用价值不变，衔接供需，实现物品时间位置的转移。仓储工作最根本的目的，就是满足用户对物品的需要。

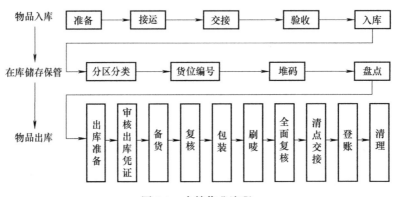

图 3-1　仓储作业流程

3.2　入库作业管理

3.2.1　入库前的准备

仓库应根据仓储合同或者入库单和入库计划及时进行库场准备，以便物品能按时入库，保证入库过程的顺利进行。入库前的准备需要由仓库的业务部门、管理部门、设备作业部门分工合作，共同完成，主要工作有以下几个方面：

1. 熟悉入库物品

仓库业务、管理人员应认真查阅入库物品资料，掌握入库物品的品种、规格、数量、包装状态、单件体积、到库确切时间、物品存期、物品的物理化学特性、保管的要求等，根据这些信息做好库场安排和准备。

2. 掌握仓库库场情况

要了解物品入库期间、保管期间仓库的库容、设备和人员的变动，以便安排工作。必要时可对仓库进行清查，清理归位，以便腾出仓容。

3. 制订仓储计划

仓库业务部门根据物品情况、仓库情况、设备情况，制订仓储计划，并将任务下达到各相应的作业单位和管理部门。

4. 妥善安排仓库库位

仓库部门根据入库物品的性能、数量、类别，结合仓库分区分类保管的要求，核算货位的大小，根据货位使用原则，妥善安排货位、验收场地，确定堆垛方法、苫垫方案等准备工作。

5. 准备货位

仓管员要及时进行货位准备，彻底清洁货位，清除残留物，清理排水管道或排水沟，必要时安排消毒除虫、铺地，检查照明、通风设备，发现损坏，及时通知修理。

6. 准备苫垫材料、作业用具

在物品入库前，根据所确定的苫垫方案，准备相应的材料，并组织衬垫铺设作业。将作业所需的用具准备妥当，以便能及时使用。

7. 验收准备

仓库理货人员根据物品情况和仓库管理制度，确定验收方法，准备验收所需要的点数、称量、测试、开箱、装箱、丈量、移动照明等工具。

8. 装卸搬运工艺设定

根据物品、货位、设备条件、人员等情况，科学合理地制定卸车搬运工艺，保证作业效率。

9. 准备文件单证

仓管员对物品入库所需的各种报表、单证、账簿要准备好，以备使用。

不同仓库、不同物品的业务性质不同，入库前的准备工作也有所区别，需要根据具体情况和仓库管理制度做好充分准备。

3.2.2　物品接运

物品接运的主要任务是向托运者或承运者办清业务交接手续，及时将物品安全接运回库。物品接运人员要熟悉各交通运输部门及有关供货单位的制度和要求，根据不同的接运方式处理接运中的各种问题。

入库物品的接运主要有以下几种方式：

1. 专用线接运

专用线接运是铁路部门将转运的物品直接运送到仓库内部专用线的一种接运方式。仓库接到专用线到货通知后，就确定卸车货位，力求缩短场内搬运距离，准备好卸车所需的人员和机具。车皮到达后，要引导对位。

在卸车过程中应注意以下几点：

1）卸车前进行检查。主要内容包括：核对车号；检查货封是否脱落、破损或印纹不清、不符；校验物品名称、箱件数与物品运单上填写的名称、箱件数是否相符等。

2）卸车过程中正确操作。要按车号、品名、规格分别堆放，按外包装的指示标志，正确钩挂、铲兜、升起、轻放，防止包装和物品损坏；妥善处理苫盖，防止受潮和污损；对品名不符、包装破损或损坏的物品，应另外堆放，写明标志，并会同承运部门进行检查，编制记录；正确使用装卸机具、工具和安全防护用具，确保人身和物品安全等。

2. 车站、码头提货

凭提货单到车站、码头提货时，应根据运单和有关资料认真核对物品的名称、规格、数量、收货单位等。货到库后，接运人员应及时将运单连同提取回的物品向保管人员当面清点，然后由双方办理交接手续。

3. 到供货单位提货

仓库接受货主委托直接到供货单位提货时，应根据提货通知，了解所提物品的性能、规格、数量，准备好提货所需的机械、工具、人员，配备保管员在供货方当场检验质量、清点数量，并做好验收记录，接货与验收合并一次完成。

4. 供货单位送货到库

存货单位或供货单位将物品直接运送到仓库储存时，应由保管员或验收人员直接与送货人员办理交接手续，当面验收并做好记录。若有差错，应填写记录，由送货人员签字证明，据此向有关部门索赔。

5. 承运单位送货到库

交通运输等承运部门受供货单位或货主委托送货到仓库，接货要求与供货单位送货到库的要求基本相同。所不同的是，发现错、缺、损等问题后，除了要送货人当场出具书面证明、签章确认外，还要及时向供货单位和承运单位发出查询函电并做好有关记录。

6. 过户

过户是指对已入库的物品通过购销业务使物品所有权发生转移，但仍储存于原处的一种入库业务。此类过户入库手续，只要收下双方下达的调拨单和入库单、更换户名就可以了。

7. 转库

转库是因故需要出库，但未发生购销业务的一种入库形式。仓库凭转库单办理入库手续。

8. 零担到货

各种形式的零担到货，应由零担运输员负责填写零担到货台账，并填发到货通知单。

3.2.3　入库交接

1. 交接与初检

接货人员或运输单位送货到仓库与保管员办理内部交接时，仓库保管员须根据到货凭证对物品进行初检，初检内容如下：

（1）核对凭证

物品运抵仓库后，仓库保管员首先要检验物品入库凭证，然后按物品入库凭证所列的收货单位、物品名称、规格及数量等具体内容，与物品各项标志核对。经复核无误后，即可进行下一道程序。通常凡入库物品都应该具备下列证件：存货单位提供的入库通知书、订货合同等；存货单位提供的质量证明书或合格证、装箱单、磅码单、发货明细等；运输单位提供的运单，如入库前在运输途中发生残损，应有笔录内容。验收时若发现问题，应根据具体情况做具体分析，采取相应措施。

（2）大数点收

大数点收是按照物品的大件包装（即运输包装）进行数量清点。点收的方法有两种：一是逐件点数计总；二是集中堆码点数。

逐件点数，如靠人工记则费力易错，可采用简易计算器，计数累计得总数。对于花色品种单一、包装大小一致、数量大或体积小的物品，适于用集中堆码点数法，即将入库的物品堆成固定的垛形（或置于固定容量的货架），排列整齐，每层、每行件数一致，一批物品进库完毕，货位每层（横列）的件数乘层数可得出每垛总数，再乘总垛数即可得出物品总数。注意：最后一垛其顶层的件数往往是零头，与以下各层的件数不一样，这时要注意区别，以免由于统一统计而产生差错。

（3）检查包装

在大数点收的同时，对每件物品的包装和标志要进行认真查验。如发现异常包装，必须单独存放，并打开包装详细检查内部有无短缺、破损和变质。逐一查看包装标志，目的在于防止不同物品混入，避免差错，并根据标志指示操作确保入库储存安全。

（4）办理交接手续

入库物品经过上述工序，在检查完毕后，就可以与接货人员办理物品交接手续。交接手续通常是由仓库保管员在送货回单上签名盖章表示物品收讫。如果上述程序中发现差错、破损等情形，必须在送货单上详细注明或由接货人员出具差错、异状记录，详细写明差错数量、破损情况等，以便与运输部门分清责任，作为查询处理的依据。

2. 组织一次性作业

物品入库交接除了要履行规范的手续外，还要进行卸车作业。如果把入库卸车、验收和堆码作业连续一次性完成，即一次性作业，则对于减少入库环节、提高作业效率、降低成本有着十分重要的意义，所以，应力争实现一次性作业。一次性作业数量验收有以下几种方法：

1）采用抽验方法。

2）采用地磅或轨道磅验收方法。

3）采用理论换算验收方法。

4）采用行车配备电子磅作业法。

为了促进开展一次性作业，应建立相应的一次性作业率指标进行考核：

$$一次性作业率 = \frac{期内一次性作业吞吐量}{期内吞吐总量} \times 100\%$$

3.2.4　物品入库验收

物品入库验收是仓储工作的起点，是分清仓库与货主或运输部门责任的界线，并为保管养护打下基础。物品入库的验收工作，主要包括数量验收、质量验收和包装验收三个方面。在数量和质量验收方面，应分别按物品的性质、到货情况来确定验收的标准和方法。

1. 物品验收的基本要求

（1）及时

到库物品必须在规定的期限内完成入库验收工作。这是因为物品虽然到库，但未经过验收的物品没有入账，不算入库，不能供应给用料单位。只有及时验收，尽快提出检验报告才能保证物品尽快入库入账，满足用料单位需求，加快物品和资金的周转。同时物品的托收承付和索赔都有一定的期限，如果验收时发现物品不符合规定要求，应提出退货、换货或赔偿等要求，均应在规定的期限内提出，否则，供方或责任方不再承担责任，银行也将办理拒付手续。

（2）准确

以物品入库凭证为依据，准确查验入库物品的实际数量和质量状况，并通过书面材料准确地反映出来。做到货、账、卡相符，提高账货相符率，降低收货差错率，提高企业的经济效益。

（3）严格

仓库的各方都要严肃认真地对待物品验收工作。验收工作的好坏直接关系到国家和企业的利益，也关系到以后各项仓储业务的顺利开展。因此，仓库领导应高度重视验收工作，直接参与验收人员要以高度负责的态度来对待这项工作，明确每批物品验收的要求和方法，并严格按照仓库验收入库的业务操作程序办事。

（4）经济

物品在验收时，多数情况下，不但需要检验设备和验收人员，而且需要装卸搬运机具和设备以及相应工种的工人配合。这就要求各项工作密切协作，合理组织调配人员、设备，以节省作业费用。此外，在验收工作中，应尽可能保护原包装，减少或避免破坏性试验，这也是提高作业经济性的有效手段。

2. 物品验收准备

验收准备是物品入库验收的第一道程序。仓库接到到货通知后，应根据物品的性质和批量提前做好验收的准备工作，包括以下五方面内容：

1）人员准备。安排好负责质量验收的技术人员和用料单位的专业技术人员以及配合数量验收的装卸搬运人员。

2）资料准备。收集、整理并熟悉待验物品的验收凭证、资料和有关验收要求，如技术标准、订货合同等。

3）器具准备。准备好验收用的计量器具、测量工具和检测仪器仪表等，并检验好准确性。

4）货位准备。落实入库物品的存放货位，选择合理的堆码垛型和保管方法，准备所需的苦垫堆码物料。

5）设备准备。大批量物品的数量验收，必须有装卸搬运机械的配合，应做好设备的申请调用。

此外，对特殊物品的验收，如毒害品、腐蚀品、放射品等，还须配备相应的防护用品，采取必要的应急防范措施，以防万一。对进口物品或存货单位要求对物品进行内在质量检测时，要预先联系商检部门或检验部门到库进行检验或质量检测。

3. 核对凭证

核对凭证按以下三方面内容进行：

1）审核验收依据。验收依据包括业务主管部门或货主提供的入库通知单、订货合同、协议书等。

2）核对供货单位提供的验收凭证。验收凭证包括质量保证书、装箱单、码单、说明书和保修卡及合格证等。

3）核对承运单位提供的运输单证。运输单证包括提货通知单和物品残损情况的货运记录、普通记录和公路运输交接单等。

在整理、核实、查对以上凭证时，如果发现证件不齐或不符等情况，应与货主、供货单位、承运单位和有关业务部门及时联系解决。

4. 确定验收比例

由于受仓库条件和人力的限制，对某些批量大在短时间内难以全部验收，或全部打开包装会影响物品的储存和销售，或流水线生产的物品质量有代表性无须全部验收等情况，可采用抽验方法。抽验比例应首先考虑以合同规定为准，合同没有规定时，确定抽验的比例一般应考虑以下因素：

1）物品的价值。物品价值高的，抽验比例大；反之则小。有些价值特别大的物品应全验。

2）物品的性质。物品性质不稳定的或质量易变化的，验收比例大；反之则小。

3）气候条件。在雨季或黄梅时节，怕潮物品抽验比例大，在冬季，怕冻物品抽验比例大；反之则小。

4）运输方式和运输工具。对采用容易影响物品质量的运输方式和运输工具运输的物品，抽验比例大；反之则小。

5）厂商信誉。厂商信誉好，抽验比例小；反之则大。

6）生产技术。生产技术水平高或流水线生产的物品，物品质量较稳定，抽验比例小；反之则大。

7）储存时间。入库前，储存时间长的物品，抽验比例大；反之则小。

在按比例抽验时，若发现物品变质、短缺、残损等情况，应考虑适当扩大验收比例，直至全验，彻底查清物品的情况。

5. 实物验收

实物验收包括内在质量、外观质量、数量、重量和精度验收。当物品入库交接后，应将物品置于待检区域，仓库管理员及时进行外观质量、数量、重量及精度验收，并进行质量送检。

（1）外观质量验收

外观质量验收的方法主要采用看、听、摸和嗅等感官检验方法。要准确进行外观质量检验，就要求保管员拥有丰富的识货能力和判断经验。外观质量验收的内容包括外包装完好情况、外观质量缺陷、外观质量受损情况以及受潮、霉变和锈蚀情况等。

（2）数量验收

数量验收主要包括以下三种方法：

1）点数法。点数法是指逐件清点的验收方法，一般适用于散装的或非定量包装的物品。

2）抽验法。抽验法是指按一定比例开箱点件的验收方法，适合批量大、定量包装的物品。

3）检斤换算法。检斤换算法是指通过重量过磅换算该物品的数量的验收方法，适合物品标准和包装标准的情况。

（3）重量验收

物品的重量一般有毛重、皮重、净重之分。毛重是指包括包装物在内的物品的实际总重量。皮重是指物品的包装物的重量。净重是指去除包装物的物品本身的重量。人们通常所说的物品重量，是指物品的净重。重量验收是否合格，是根据验收的磅差率与允许磅差率的比较判断的。若验收的磅差率未超出允许磅差率范围，则说明该物品合格；若验收的磅差率超出允许磅差率范围，则说明该批物品不合格。磅差是指由于不同地区的地心引力差异、磅的精度差异及运输装卸损耗的因素造成重量过磅数值的差异。金属的允许磅差率范围见表3-1。

表3-1　金属的允许磅差率范围

品种	有色金属	钢铁制品	钢材	生铁、废钢	贵金属
允许磅差率	±1‰	±2‰	±3‰	±5‰	±0‰

重量验收方法包括以下几种：

1）检斤验收法。检斤验收法是指对于非定量包装的、无码单的物品，进行打捆、编号、过磅和填制码单的一种验收方法。磅码单见表3-2。

表3-2　磅码单

供货单位：		品名：			
合同编号：		型号规格：			
序号	重量	序号	重量	序号	重量
1		6		11	
2		7		12	
3		8		13	
4		9		14	
5		10		合计	

$$实际磅差率 = \frac{实际重量 - 应收重量}{应收重量} \times 1000‰$$

$$索赔重量 = 应收重量 - 实收重量$$

2）抄码复衡抽验法。抄码复衡抽验法是指对定量包装的、附有码单的物品，按合同规定的比例抽取一定数量物品过磅的验收方法。

$$抽验磅差率 = \frac{\sum 抽验重量 - \sum 抄码重量}{\sum 抄码重量} \times 1000‰$$

$$索赔重量 = 抽验磅差率 \times 应收总重量$$

3）平均扣除皮重法。平均扣除皮重法是指按一定比例将包装拆下过磅，求得包装物的平均重量，然后再将未拆除包装的物品过磅，从而求得该批物品的全部皮重和毛重的验收方法。在使用这种方法时，一定要合理选择应拆包装物数量，使净重更趋准确。

4）除皮核实法。除皮核实法是指选择部分物品拆开过磅，分别求得物品的毛重和净重，再与包装上标记的重量进行核对的验收方法。核对结果未超过允许磅差率，即可依其数值计算净重。

5）约定重量法。约定重量法是指存货单位和保管单位在签订《仓储保管合同》时，双方对物品的皮重已按习惯数值有所约定，则可遵从其约定净重的验收方法。

6）整车复衡法。整车复衡法是指大宗无包装的物品，如生铁、煤、砂石等，检验时要将整车引入专用地磅，然后扣除空车重量，即可求得物品的净重的验收方法。这种方法适合散装的块状、粒状或粉状的物品。

7）理论换算法。这种方法适用于定尺长度的金属材料、塑料管材等。

仓库在重量验收过程中，要根据合同规定的方法进行。为防止人为因素造成磅差，一旦验收方法确定，出库时必须用同样的方法检验物品，这就是进出库物品检验方法一致性原则。

（4）精度验收

精度验收主要包括仪器仪表精度检验和金属材料尺寸精度检验两个方面。

1）对仪器仪表精度检验时，除简易的指标在仓库验收时检验外，一般专门由质检部门或厂方负责质量检验，仓库免检。

2）对金属材料尺寸精度检验是仓库一项十分重要的工作。金属材料的尺寸分为公称尺寸和实际尺寸两种：公称尺寸是指国际标准和国家标准中规定的名义尺寸，即在生产过程中希望得到的理想尺寸，是生产、储运和使用的依据；实际尺寸是指验收中直接测得的长、宽和直径的尺寸。在实际生产中，物品的实际尺寸与理想尺寸总是存在一定的差距。

尺寸精度是用公称尺寸与实际尺寸的差异范围来表示的，包括偏差和公差。偏差是实际尺寸与公称尺寸之间的差数：实际尺寸小于公称尺寸，两者差数为负数，则称负偏差；实际尺寸大于公称尺寸，两者差数为正数，则称正偏差。公差是指尺寸允许的误差。

金属材料在交货时，都有一定的正负偏差范围。凡经检验，其尺寸偏差在允许偏差范围内，则符合尺寸检验要求。

6. 物品验收过程中发现问题的处理

在物品验收中，可能会发现一些问题，验收人员应根据不同情况，在有效期内进行处理。处理问题要做到及时、准确，并要认真填写物品验收记录。在问题解决之前，有问题的物品应分开存放，妥善保管，尽量保持原包原捆，不得发放出库。

1）证件未到或不齐全时，应及时向供货单位或存货单位索取，到库物品作为待检验物品堆放在待检区，妥善保管，待证件到齐后再进行验收。证件未到或不齐全时，不能验收，不能入库，更不能发料。

2）凡质量不符合规定的，验收人员应如实慎重填写物品验收记录，并及时通知存货单位，由存货单位向供货单位交涉处理。

3）数量、型号、规格不符合规定，主要有以下几种原因：供货单位少发、错发；承运部门错装、错运、错送或者在运输过程中造成货损货差；提货人员在车站、码头等错提、少提、多提、串提或在途中造成物品丢失、被盗等。遇到这种情况时，提货人员应积极查询，追回少提部分，退回多提部分，换回错提、串提部分，无法追回的部分由仓库处理，并负责赔偿。

4）入库通知单或其他证件已到，但在规定的时间内物品未到库时，应及时向存货单位反映，以便存货单位向供货单位或承运部门查询。

5）价格不符时，供方多收部分应予拒付，少收部分经检查核对后，应主动联系及时更正。如果总额计算错误，应通知供货单位及时更正。

6）对仓库收到的无存货单位的无主物品，仓库收货后应及时查找该批物品的产权部门，主动与发货人联系了解物品的来龙去脉，并将货物作为待处理物品，不得动用，依其现状做好记录，待查清后再做处理。

7）发现物品出现残损、潮湿、短件等情况时，必须取得承运部门的货运记录和普通记录。验收人员应将残损、潮湿、短件等详细情况记入物品验收记录，并和承运部门的记录一并交回存货单位处理。如属供货单位或承运部门的责任，由存货单位与供货单位或承运部门交涉处理；如属仓库责任（在提、接、运过程中发生的），则由仓库与存货单位协商处理或赔偿。

3.2.5　办理入库手续

物品检验合格，即应办理入库手续，这是物品验收入库阶段的最后环节，也是一项严肃的基础工作。

1. 安排货位

安排货位时，必须将安全、方便、节约的思想放在首位，使货位合理化。物品因自身的自然属性不同而具有不同的特性，如有的物品怕冻，有的易受潮等。如果货位不能适应储存物品的特性，就会影响物品质量，要尽可能缩短收、发货时间；以最少的仓容储存最大限量的物品，提高仓容使用效能。

2. 搬运

经过充分的入库准备及货位安排后，搬运人员就可把验收场地上经过点验合格的入库物品，按每批入库单开制的数量和相同的品种集中起来，分批送到预先安排的货位，要做到进一批、清一批，严格防止品种互串和数量溢缺。分类工作应力争送货单位的配合，在装车起运前，就做到数量准、批次清。对于批次多和批量小的入库物品，分类工作一般可由保管收货人员在单货核对、清点件数过程中同时进行，也可将分类工作结合在搬运时一起进行。

在搬运过程中，要尽量做到"一次连续搬运到位"，力求避免入库物品在搬运途中的停顿和重复劳动，对有些批量大、包装整齐、送货单位又具备机械操作条件的入库物品，要争取送货单位的配合，利用托盘实行定额装载，往返厂库之间，从而提高计数准确率，缩短卸车时间，加速物品入库。

3. 堆码

物品堆码是指物品入库存放的操作方法和方式，它直接影响着物品保管的安全、清点数量的便利以及仓库容量利用率的提高。物品堆码主要有以下几种：

1）散堆方式。散堆方式是将无包装的散货在库场上堆成货堆的存放方式，是目前物品库场堆存的一种趋势，特别适用于大宗散货，如煤炭、矿石、散粮和散化肥等。这种堆码方式简便，便于采用现代化的大型机械设备，节省包装费用，提高仓容的利用率，降低运费。

2）堆垛方式。堆垛方式是用于包装物品或长、大件物品堆码的方式。合理的堆垛方式可以增加堆高，提高仓容利用率，有利于保护物品质量，具体方式有直叠式、压缝式、通风式、缩脚式、交叠式、牵制式以及栽桩式等。

3）货架方式。货架方式是指采用货架进行物品堆码的方式。此方式适用于存放小件物品或不宜堆高的物品。通过货架能够提高仓库的利用率，减少物品存取时的差错。

4. 登账

物品入库登账是指除了仓库的财务部门要建立和登记物品账务账目以外，保管业务部门还要建立详细反映库存物品进出和结存的保管明细账，用以记录库存物品动态，并为对账提供主要依据。

5. 立卡

"卡"又称"料卡"或"物品验收明细卡"，能够直接反映该垛物品品名、型号、规格、数量、单位及进出动态和积存数，一般挂在上架物品的下方或放在堆垛物品的正面。货卡按其作用不同可分为物品状态卡、物品保管卡。物品保管卡包括标识卡和储存卡等。物品保管卡采用何种形式，应根据仓储业务需要来确定。

1）物品状态卡用于表明物品所处业务状态或阶段。在仓库中应根据物品的状态，按可追溯性要求，分别设置待检、待处理、不合格和合格等状态标识。

2）物品标识卡用于表明物品的名称、规格、供应商和批次等。在仓库中应根据物品的不同供应商和不同入库批次，按可追溯性要求，分别设置标识卡。

3）物品储存卡用于表明物品的入库、出库与库存动态。

卡片应按"入库通知单"所列内容逐项填写。物品入库堆码完毕，应立即建立卡片，一垛一卡。对于卡片的处理，通常有两种方式：①由保管员集中保存管理。这种方法有利于责任制的贯彻，即专人专责管理。但是如果有进出业务而该保管员缺勤就难以及时进行。②将填制的料卡直接挂在物资垛位上。挂放位置要明显、牢固。这种方法的优点是便于随时与实物核对，有利于物资进出业务的及时进行，可以提高保管人员作业活动的工作效率。

6. 建立物品档案

建立物品档案是将物资入库业务全过程的有关资料证件进行整理、核对，建立资料档案，以便物品管理和保持与客户联系，为将来发生争议时提供依据，同时也有助于总结和积累仓库管理经验，为物资的保管、出库业务创造良好的条件。

（1）档案资料的范围

1）物品出厂时的各种凭证、技术资料。

2）物品到达仓库前的各种凭证、运输资料。

3）物品入库验收时的各种凭证、资料。

4）物品保管期间的各种业务技术资料。

5）物品出库和托运时的各种业务凭证、资料。

（2）建档工作的具体要求

1）一物一档：建立物品档案应该是一物（一票）一档。

2）统一编号：物品档案应进行统一编号，并在档案上注明货位号。同时，在"实物保管明细账"上注明档案号，以便查阅。

3）妥善保管：物品档案应存放在专用的柜子里，由专人负责保管。

7. 签单

物品入库后，应及时按照"仓库物品验收记录"要求签回单据，以便向供货单位和货主表明收到物品的情况。另外，如果出现短少等情况，签单也可作为货主向供货方交涉的依据，所以签单必须准确无误。

3.3 在库作业管理

物品验收入库以后，仓库就要对库存的物品承担起保管养护的责任。如果短少丢失，或者在合理储存期内由于保管不善，物品霉烂变质，仓库应负责赔偿。物品的在库管理是指对物品进行合理保存和经济管理。所谓合理保存，是指将物品存放在适宜的场所和位置；经济管理是指用较低的成本对物品实体和物品仓储信息进行科学管理。

物品在库作业管理的内容主要包括物品的分区分类、货位及其编号管理、物品堆码、盘点作业等。

3.3.1 物品的分区分类

物品的分区是指根据仓库保管场所的建筑、设备等条件，将仓储库房、货场、货棚和货架等划分为若干保管区，以适应分区储存一定种类物品的需要。物品分类则是根据仓储物品自然属性（性质）、养护需要、消防要求的一致性，将仓储物品划分为若干类，便于结合业务需要，分别按种类集中储存于相对固定的货区。在对物品进行分区分类时，应注意将危险品和一般物品、有毒物品和食品、性能抵触及互相串味的物品、养护方法不同的物品分开存放，确保物品储存安全。同时，还应便于检查、养护和取货。因此，最好在将物品分区分类存放时，对货位进行编号。编号时可以按其地点和位置的顺序统一编号，并置于明显之处，以利于物品的进出。

物品分区分类的方法一般有以下四种：

1. 按物品的种类和性质分区

这种方式即按物品的自然属性归类，并将货物集中存放在适当场所。

2. 按不同货主来分区分类

当仓库为几个大的货主服务时，为便于与货主工作的衔接，防止物品混淆，便于物品存取，往往采取这种方式。

3. 按物品流向分类

这种方式多用于短期中转存储的物品，如在各种交通场站码头一般可采用这种方法。

4. 按物品危险性质分区分类

这种方法主要适用于化学品、危险品的存放。应注意不同性质的危险品之间相互引发危险的可能。

3.3.2　货位及其编号管理

货位规划就是通过合理规划库区，对库存进行分类保管、建立保管秩序，对物品进行定置管理，以解决仓库空间利益和库存物品处置成本之间平衡的问题。它不仅直接影响仓库进库作业的流畅性，还将直接对进出库作业和保管作业的成本产生影响。

1. 货位管理

随着生产制造技术、交通运输系统的发展，配送的多品种、小批量及准时性要求的增加，物流系统中拣货、出库、配送的重要性已超过保管功能。同时，物品的流通也变得快速、复杂，相对地在储存作业中就会因流动频率及种类的增加而难以掌控。而货位管理使物品处于被保管状态，进而能随时掌握物品的去向、数量及其位置。

（1）货位管理的目标

1）空间的最大化使用。

2）劳动力及设备的有效使用。

3）所有种类皆能随时准备存取。因为储存增加了物品的时间价值，所以，若能做到一旦有需求，物品马上可用，则此系统才算是一个有计划的货位系统，并说明其厂房布置良好。

4）物品的有效移动。在储区内进行的大部分作业是物品的搬运，需要多数的人力及设备来进行物品的搬进与搬出，因此，人力与机械设备操作应达到经济和安全的程度。

5）物品的良好保护。

6）良好的管理。清洁的通道，干净的地板，适当、有序的储存及安全的运行，将使工作更有效率，能更好地提高工作士气（生产力）。

7）储存物品特性的全盘考量。这即对储存物品的体积、重量、包装单位等种类规格及腐蚀性、温湿度条件、气味影响等理化性质进行全盘考虑，以达到按特性适当储放物品。

（2）货位管理的步骤

进入仓库中储存的每一批物品在理化性质、来源、去向、批号、保质期等各方面都有其特性，仓库要为这些物品确定合理的货位，既要保证保管的需要，更要便于仓库的作业和管理。仓库需要按照物品自身的理化性质和储存要求，根据分库、分区、分类的原则，将物品存放在固定的区域与位置。此外，还应进一步在定量区域内，以物品材质和型号规格等分类，并按一定顺序依次存放。

（3）货位管理中应注意的问题

货位管理中应注意的问题主要包括：依照物品特性来确定货位；按批量大小使用储

区，大批量使用大储区，小批量使用小储区；确保对高储区物品能安全有效地进行储存和作业；笨重、体积大的物品应该放在较坚固的层架，并接近出货区；较轻的物品放在有限载荷层架；相同或相似的物品应尽可能放在相邻位置；周转速度较慢的，或小、轻及容易处理的物品使用较远的储区；周转率低的物品尽量远离入库、出库及位置较高的地方；周转率高的物品尽量放在接近出货区及位置较低的地方；服务设施应选在低层楼区等。

（4）货位指派策略

良好的货位指派策略可以减少出入库移动的距离、缩短作业时间，甚至能够充分利用储存空间。常见的策略如下：

1）固定型。利用信息系统事先将货架进行分类、编号，粘贴货架代码，并事先确定各货架内将要存放的物品的货位存货方式。在固定型管理方式下，各货架内存放的物品长期是一致的，只存放确定的物品，严格区分使用，绝不混用、串用，适用长期货源的计划库存。

① 固定型的优点。固定型的主要优点有每项物品都有固定储放位置，拣货人员容易熟悉货位；货位可按周转率高低（畅销程度）安排，以缩短出入库搬运距离；可针对各种物品的特性做货位的安排调整，将不同货品特性间的相互影响减至最小。

② 固定型的缺点。固定型的缺点是货位必须按各项物品的最大在库量设计，因此，储区空间平时的使用效率较低。

③ 固定型策略的适用情况。该策略主要适用于非季节性物品，重点客户的物品，厂房空间大的仓库，多种少量物品的储放，物品品种较多且性质差异较大的仓库。

2）随机型。每一个物品被指派储存的位置都是随机产生的，而且可经常改变。也就是说，任何种类的物品均可以被存放在任何可利用的位置。物品一般是由储存人员按习惯来储放，且通常按物品入库的时间顺序储放于靠近出入门的货位。

① 随机型的优点。由于货位可公用，因此，只需按所有库存物品最大在库量设计即可，储区空间的使用效率较高。

② 随机型的缺点。这种储放方式的缺点是进行物品的出入库管理及盘点工作的难度较高；周转率高的物品可能被储放在离出入口较远的位置，增加了出入库的搬运距离；具有相互影响特性的物品可能相邻储放，造成物品的伤害或发生危险。

③ 随机型策略的适用情况。该策略主要适用于季节性物品，物流量变化剧烈的物品，空间有限、尽量利用储存空间的厂房，种类少的物品。

3）分区分类型。分区分类储存首先根据"四一致"原则（性能一致、养护措施一致、作业手段一致、消防方法一致），把仓库划分为若干保管区域，把储存物品划分为若干类别，以便统一规划储存和保管。分区分类储存时，要注意分类粗细的处理。储存物品的分类过细，将会给每种物品都留出货位，这样往往由于堆不满而浪费仓容；还经常因某种物品数量增加，而原留货位存不下时，发生"见空就塞"，结果等于没有分区分类。储存物品分类过粗，使一个货区内混存多种物品，势必造成管理上的混乱。因此，仓库主管对储存物品的分类处理，既不能过细，也不能过粗，要粗细适度。分类之后，对同属一类的不同物品按照一定的货位指派原则来指派货位。

① 分区分类型的优点。其优点是可缩短物品拣选及收发作业的时间；能合理使用仓容，提高仓容利用率；有利于保管员熟悉物品的性能，提高保管养护的技术水平；可合理

配置和使用机械设备，有效提高机械化、自动化操作程度；有利于仓储物品的安全，减少损耗。

② 分区分类型的缺点。分区分类型较固定型具有弹性，但也有与固定型同样的缺点。如货位必须按各项物品最大在库量设计，因此，储区空间平均的使用效率较低。

③ 分区分类型策略的适用情况。该策略主要适用于相关性大且经常被同时订购的物品，周转率差别大的物品，尺寸相差大的物品。

4）分类随机型。每一类物品有固定存放位置，但在各类储区内，每个货位的指派是随机的。

① 分类随机型的优点。有分区分类型的部分优点，又可节省货位数量，提高储区利用率。

② 分类随机型的缺点。物品出入库管理及盘点工作的进行难度较高。

分类随机型兼具分区分类型及随机型的特色，需要的储存空间介于两者之间。

5）共同储放型。在确定知道各物品进出仓库时刻的条件下，不同的物品可共用相同货位的方式称为共同储放。其特点是能够充分利用仓容。

（5）货位指派原则

货位指派策略是储区规划的大原则，还必须配合货位指派原则才能决定储存作业实际运作的模式。而伴随货位指派策略产生的货位指派原则可归纳为以下几项：

1）以周转率为基础原则。按照物品在仓库的周转率（销售量除以存货量）来排定货位。首先，根据周转率由高到低进行排序，再将这一序列分为若干段，通常分为三至五段。同属于一段中的物品列为同一级，依照固定或分区分类储存的原则，给每一级的物品指定储存区域。周转率高的物资应该选择离出入口近的货位。

2）物品相关性原则。相关性大的物品经常被同时订购，因此，应尽可能将其存放在相邻位置。按物品相关性来储存的优点是可以缩短提取路程、减少工作人员疲劳、简化清点工作等。物品相关性大小可以利用历史订单数据做分析得出。

3）物品同一性原则。物品同一性原则是指把同种物品储放于同一保管位置的原则。按照这一原则，仓储人员能够较快熟记物品保管位置，缩短存取物品的时间，方便对物品进行盘点，提高配送中心的作业效率。

4）物品类似性原则。物品类似性原则是指将类似物品储存在相邻保管位置的原则。

5）物品互补性原则。物品互补性原则是指将互补性高的物品存放于邻近位置，以便缺货时可迅速以另一种物品替代。

6）物品相容性原则。物品相容性原则是指相容性低的物品绝不可存放在一起，以免损害质量，如烟、香皂、茶叶不可放在一起。

7）先进先出原则。先进先出原则是指先入库的物品先出库。这个原则一般适用于有效期短的物品，例如感光纸、食品等。

8）堆垛原则。堆垛原则是指使用合适的托盘、货架等工具，尽可能地将物品向高处成堆码放，提高保管效率。

9）面对通道原则。面对通道原则是指将物品包装中可识别的标识号、名称面向通道，物品的码放和货架的朝向也都尽可能面向通道。这样可以方便、有效地进行物品的存放和取出。

10）物品尺寸原则。在仓库布置时，应同时考虑物品的外形尺寸及由相同的一批物品所形成的整批形状，以便能供应适当的空间满足某一特定需要。此原则的优点是：物品储存数量和位置匹配恰当，分拣发货迅速，搬运工作量及时间都能减少。

一旦未考虑储存物品的外形尺寸，将可能造成储存空间太大而浪费空间，或储存空间太小而无法存放；未考虑储存物品整批形状也可能造成整批物资形状太大无法同处存放（数量太多）或浪费储存空间（数量太少）。一般将体积大的物品存放于进出较方便的位置。

11）重量特性原则。重量特性原则是指按照物品重量的不同来决定储放物品于保管场所的高低位置。一般而言，重物应保管于地面上或货架的下层位置，而重量小的物品应保管于货架的上层位置；当以人手进行搬运作业时，人的腰部以下高度的位置用于保管重物或大型物品，而腰部以上高度的位置则用来保管重量小的物品或小型物品。这一原则对于采用货架的安全性及人手搬运的作业性有较大的意义。

12）物品特性原则。物品特性不仅涉及物品本身的危险及易腐性质，同时也可能影响其他物品。易燃物须储存在具有高度防护作用的建筑物内且安装适当防火设备的空间，最好是独立区隔放置；易腐品需要储存在冷冻、冷藏或其他特殊的设备内，且以专人作业与保管；易污损品可使用帆布套等覆盖。

另外，彼此易互相影响的物品应分开放置，如饼干和香皂，容易气味相混；而危险的化学药剂、清洁剂，也应独立隔开放置，且作业时需戴上安全护套。此原则的优点在于：能根据物品特性，运用适当的仓储设备对物品进行养护，容易管理与维护。

13）货位表示原则。货位表示原则是指用编码等方式对保管物品的货位进行明确表示的原则。此原则可以使物品存取作业简单化，并能减少操作错误。

14）明晰性原则。明晰性原则是指利用视觉，使保管场所及保管品能够容易识别的原则。此原则运用颜色看板、布条、标志符号等方式，让作业人员一目了然，且能产生联想而帮助记忆。

（6）货位指派方式

货位指派方式根据计算机使用程度可以分为三种：人工指派方式、计算机辅助指派方式和计算机全自动指派方式。

1）人工指派方式。人工指派货位所凭借的是管理者的头脑。因为人脑会受到主观驱使，加上管理者本身对货位管理的相关经验与应用程度的认知都会使货位指派情况受影响，效率会大打折扣。虽然人工指派有报表可依据行事，但此报表仍是由人来登录或读取的，因笔误或看错而搅乱货位的秩序也是常有的事。

① 人工指派方式的优点。计算机及相关事务机器投入少，费用不必投入太多；以人脑来分配货位，弹性大。

② 人工指派方式的缺点。易受作业人员情绪影响，进而影响工作效率；出错率高；效率一般较计算机化差；需要投入大量人力；过分依赖管理者的经验；执行效率差。

2）计算机辅助指派方式和计算机全自动指派方式。在货位管理中以计算机来指派货位所凭借的是控制管理技术。其优点是不受人为因素影响、效率高、资料输出/输入错误率低；缺点是设备费用高、维护困难。

① 计算机辅助指派方式。计算机辅助指派方式是利用一些图形监控软件，收集在库

货位信息后，实时地转换并显示仓库的各货位使用情况，以供货位指派决策者实时查询，作为货位指派指示参考，并由人工下达货位指派指示，故仍需调仓作业。

② 计算机全自动指派方式。计算机全自动指派方式是利用一些图形监控及货位管理软件，收集在库货位信息及其他入库指示后，通过计算机运算来下达货位指派指示，任何时段都可保持货位的理想使用，故不需要调仓作业。

2. 编号作业

规划好各储区货位后，为了方便记忆与记录，用货位编号、品名、序号、卷标记号等对其进行标识就非常重要。实际上，货位编号就如同物品在仓库中的"住址"，而物品编号就如同"姓名"，正如一封信，只有在住址、姓名都写清楚的前提下，才能迅速、准确地送到收信人手中。

（1）货位编号的要求和方法

1）货位编号的要求。货位编号要满足标志设置适宜、标志制作规范、编号顺序一致、段位间隔恰当等要求。

2）货位编号的方法。一般货位编号的方法有以下四种：

① 区段式。此种方法把保管区域分割为几个区段，再对每个区段编号。以区段为单位，每个号码所标注代表的货位区域将会很大，因此适用于容易单位化的物品，以及大量或保管周期短的物品。在 ABC 分类中的 A、B 类物品也很适合此种编号方法。物品以物流量大小来决定其所占的区段大小，以进出货频率来决定其配置顺序。

② 品种类别式。此种方法把一些相关性物品经过集合以后，区分成几个品种类别，再对每个品种类别进行编号。此种编号方法适用于比较容易分类别保管及品牌差距大的物品，例如服饰、五金方面的物品。

③ 地址式。此种方法利用保管区域中的现成参考单位，例如建筑物第几栋、区段、排、行、层、格等。由于其所标注代表的区域通常以一个货位为限，且有相对顺序性可依寻，使用起来简单方便，因此是目前物流中心使用最多的编号方法。但受其货位体积所限，地址式方法仅适合数量少或单价高的物品储存使用。

④ 坐标式。此种方法利用空间概念来编排货位。由于其对每个货位定位切割细小，在管理上比较复杂，坐标式方法对流通率很小、需要长时间存放的物品（即一些生命周期较长的物品）比较适用。

储存物品特性不同，适合采用的货位编码方式也不同，可以根据保存物品的储存量、周转率、保管空间布置及所使用的保管设备而做出选择。

（2）物品分类及编号的原则和方法

1）物品分类的原则和方法。物品分类是指为满足某种目的和需要，根据物品的特征、特性，选择适当的分类标志，将物品划分为不同类别和组别的过程。

① 物品分类的原则。物品分类应遵循科学性原则、系统性原则、实用性原则、可扩性原则、兼容性原则及唯一性原则。

② 物品分类的方法。

a. 按物品的用途分类。可将全部物品分为生产资料和生活资料两大类；若将生活资料继续按用途分类，又可分为食品、医药用品、纺织品等。

b. 按物品的原材料分类。这种分类适用于原材料的种类和质量对物品的性能和品质影响较大或起决定作用的情况。

c. 按物品的加工方法分类。生产工艺不同从而生产出的物品特性、品种也就不同的物品可使用这种分类方法。

d. 按物品的主要成分或特殊成分分类。有些物品的特性、质量、用途，往往是由其主要成分或特殊成分所决定的，这些物品可采用此种分类方法。

e. 按其他特征分类。譬如按物品的形状、尺寸、颜色、重量、产地、产季等分类。

2）物品编号的原则和方法。物品编号又称为物品货号或物品代码。它赋予物品一定规律的代表性符号。符号可以由字母、数字或特殊标记等构成。物品经过编号以后，在管理上具有可以提高物品移动的效率，防止重复订购相同的物品，可以满足先进先出的原则，并且可以节省人力、减少开支、降低成本等。

① 物品编号的原则。物品编号除应遵循唯一性、简明性、标准性、可扩性、稳定性等原则外，还应符合易记忆、适合计算机处理等要求。

② 物品编号的种类。物品编号以所用的符号类型分为四种：数字代码、字母代码、字母－数字代码、条码。其中最常用的是数字代码和条码。

③ 物品编号的方法。物品编号的方法常用的有以下三种：

a. 层次编号法。层次编号法是按照物品类目在分类体系中的层次、顺序，依次进行编号，主要采用线分类体系。

b. 平行编号法。平行编号法是以物品分类面编号的一种方法，即每个分类面确定一定数量的码位，各代码之间是并列平行的关系。编号时可全部用字母或全部用数字编号，也可同时用字母、数字进行编号。

c. 混合编号法。混合编号法是层次编号法与平行编号法的结合运用。

3.3.3　物品堆码

物品堆码是将存放的物品整齐、有规划地摆放成货垛的作业，也就是根据物品的包装外形、重量、数量、性质、特点、种类，结合地坪负荷、储存时间，将物品分别堆成各种垛形。物品堆码合理与否，对储存物品的完好、仓容利用程度及安全作业等方面都有很大影响。合理的堆码是保证物品不变形、不受损的重要条件，也是提高仓储作业效率、减少差错的必要措施。

1. 堆码的原则、要求与堆码前的准备工作

（1）堆码的原则

1）分类存放。分类存放是仓库储存规划的基本要求，是保证物品质量的重要手段，因此也是堆码需要遵循的基本原则。其具体内容包括：①不同类别的物品分类存放，甚至需要分区、分库存放；②不同规格、不同批次的物品也要分位、分堆存放；③残损物品要与原货分开；④对于需要分拣的物品，在分拣之后，应分位、分堆存放，以免混串。

此外，分类存放还包括不同流向物品、不同经营方式物品的分类分别储存。

2）选择适当的装卸搬运设备。为了减少作业时间、次数，提高仓库物流速度，应根据物品作业的要求，合理选择装卸搬运设备。对于入库存放的装卸搬运灵活性较高的物品，应注意摆放整齐，以免堵塞通道，浪费仓容。

3）面向通道，不围不堵。货垛以及存放物品的正面，尽可能面向通道，以便查看；另外，所有物品的货垛、货位都应有一面与通道相连，处在通道旁，以便能对物品进行直接作业。只有在所有的货位都与通道相通时，才能保证不围不堵。

（2）堆码操作要求

物品包装、性能、形状不同，其堆码方式也不尽相同。同时，储存条件不同，同一物品也可能需要不同的堆码方式。物品堆码操作的基本要求包括以下几点：

1）牢固。操作工人必须严格遵守安全操作规程，防止建筑物超过安全负荷量。码垛必须不偏不斜，不歪不倒，牢固坚实，与屋顶、梁柱、墙壁保持一定的距离，确保堆垛的安全和牢固。

2）合理。不同物品的性能、规格、尺寸也不相同，应采用各种不同的垛形。不同品种、产地、等级、批次、单价的物品，应分开堆码，以便收发、保管。货垛的高度要适度，不能压坏底层物品和地坪，并与屋顶、照明灯保持一定距离；货垛的间距、走道的宽度、货垛与墙面、梁柱的距离等，都要合理、适度。垛距一般为 0.5~0.8m，主要通道为 2.5~4m。

3）整齐。货垛应按一定的规格、尺寸叠放，排列整齐、规范。物品包装标志应一律向外，便于查找。

4）定量。物品储存区不应超过仓储定额，即应储存在仓库的有效面积、地坪承压能力和可用高度允许的范围内。同时，应尽量采用"五五化"堆垛方法，便于记数和盘点。

5）节约。堆垛时应注意节省空间位置，适当、合理地安排货位，以提高仓容利用率。

6）方便。堆垛时必须考虑检查、拆垛、分拣、发货等作业的方便和保证装卸作业安全，并有利于提高堆垛作业的机械化水平。

（3）堆码前的准备工作

堆码前，必须先做好准备工作，准备工作主要有：

1）设计堆码方案。堆码方案主要包括确定垛形、计算货垛占地面积以及计算垛高和底层数。

① 确定垛形。垛形是指物品堆垛的外部轮廓形状。主要的垛形包括平台垛、起脊垛、梯形垛、行列垛、井形垛、梅花形垛等，最常用的垛形是平台垛。确定垛形的原则是：牢固整齐、节约方便、合理定量。

② 计算货垛占地面积。

a. 对于箱装、规格整齐划一、计件的物品，采用平台垛的垛形进行码放时，占地面积计算方法为

$$占地面积 = \frac{总件数}{总层数} \times 每件商品的底面积$$

b. 对于计重物品，采用平台垛的垛形进行码放时，占地面积计算方法为

$$占地面积 = \frac{总重量 \times 商品的底面积}{总层数 \times 每件商品毛重}$$

公式中可堆垛总层数的确定需要综合考虑三个因素：地坪不超重、货垛不超高、不超过物品本身的包装及其强度的堆高限定。

$$可堆垛总层数 = \frac{单位面积最大负荷量}{单位货物重量} \times 每件货物的占地面积$$

③ 计算垛高和底层数。

$$垛高 = 可堆垛层数 \times 每件货物的高度$$

采用平台垛的垛形进行码放时，底层数计算方法是

$$底层数 = \frac{总件数}{总层数}$$

2）做好机械、人力、材料准备。垛底应该打扫干净，放上必备的衬垫，如需要密封保管，还需要准备密封货垛材料等。

存放单位质量大的物品时，如果不能有效分散物品对地面的压强，可能会对仓库堆码造成损伤，因此，需要在物品底部和仓库地面之间衬垫木板或钢板。衬垫物的使用数量可以采用以下公式进行计算：

$$n = \frac{Q_物}{Lwq - Q_自}$$

式中　n——衬垫物数量；

$Q_物$——物品重量；

L——衬垫物长度；

w——衬垫物宽度；

q——仓库地坪承载能力；

$Q_自$——衬垫物自重。

2. 物品堆垛存放的基本方法

（1）散堆法

散堆法适用于露天存放的无包装大宗物品，如煤炭、矿石等，也可适用于库内少量存放的谷物、碎料等散装物品。它是用铲车等工具，在确定的货位后端起，直接将物品堆高，在达到预定的货垛高度时，逐步后退堆货，后端先形成立体梯形，最后成垛。由于散货具有流动、散落性，堆货时不能堆到太靠近垛位四边，以免散落时使物品超出预定货位。

（2）堆垛法

对于有包装（如箱、桶）的物品，包括裸装的计件物品，采取堆垛的方式储存。堆垛方式储存能够充分利用仓容，做到仓库整齐、作业和保管方便。物品的堆码方式主要取决于物品本身的性质、形状、体积、包装等。一般情况下多采取平放，使重心最低，最大接触面向下，易于堆码，稳定牢固。常见的堆码方式包括重叠式、纵横交错式、仰伏相间式等。

1）重叠式堆码。这是各层排列方法一致，由下而上，逐层向上层层重叠形成的货垛。这种堆码方式适用于袋装、箱装、箩筐装物品，以及平板、片式物品等，相对占地面积较大。为了保证货垛稳定性，在一定层数后改变方向继续向上，或者长宽各减少一件继续向上堆放。该方法方便作业，但如不采取措施，记数较困难，因此码垛时，根据每层采取逢十或逢五成行交错，便于计数。此垛形是机械化作业的主要垛形之一。

2）纵横交错式堆码。这是将长短一致的物品，一层横放，一层竖放，纵横交错堆码，形成方形垛。长短一致的管材、捆装或长箱装物品均可用这种垛形。有些材料，如铸铁管、钢锭等，可采用一头大一头小、大小头错开的方法；化工、水泥等，如包装统一，可

采用"二顶三""一顶四"等方法,在同一平面纵横交叉,然后再层层纵横交错堆垛。该方法较为稳定,但操作不便。

3)仰伏相间式堆码。对上下两面有大小差别或凹凸的物品,如槽钢、钢轨等,将物品仰放一层,再反面伏放一层,仰伏相向相扣。也可以伏放几次,再仰放几层,或仰伏相间组成小组再堆码成垛。但如果角钢和槽钢是在露天仰伏相间码垛,应该一头稍高、一头稍低,以利于排水。仰伏相间式根据其排列形式又可分为连锁式、独立式和组合式。

3.3.4 盘点作业

物品储存一段时间后,由于操作不当,如库存资料记录不确实、数量清点有误或盘点出错都会产生料账不符的错误。为了计算企业的损益,评价物品管理的绩效,都需要进行盘点作业。

1. 盘点作业的步骤

(1)准备

准备工作内容如下:明确建立盘点的程序方法;配合会计决算进行盘点;培训盘点、复盘、监盘人员;让受训人员熟悉盘点用的表单;印制盘点用的表格;结清库存资料。

(2)决定盘点时间

决定盘点时间时,既要防止过久盘点对公司造成的损失,又要考虑配送中心资源有限的情况。最好能根据物品的性质制定不同的盘点时间,如对物品进行 ABC 分类后,A 类主要物品每天或每周盘点一次;B 类物品每两周或三周盘点一次;C 类较不重要物品每月盘点一次即可。盘点日期一般会选择在财务结算前夕和营业淡季进行。

(3)决定盘点方法

因盘点场合、需求不同,盘点的方法也有差异,为满足不同情况的需要,所决定的盘点方法要对盘点有利,不至于在盘点时混淆。

(4)培训盘点人员

人员的培训分为两部分:①针对所有人员进行盘点方法训练,让人员了解盘点目的以及表格和单据的填写;②针对复盘与监盘人员进行辨认物品的训练。

(5)清理储存区

这项工作具体包括:对厂商在盘点前送来的物品必须明确其数目;储存区在关闭前应通知各部门预领物品;整理储存场地,预先鉴定呆料、废品、不合格品;整理、结清账卡、单据、资料,进行自行预盘,以便提早发现问题并加以预防。

(6)盘点

在盘点时,应加强指导与监督。

(7)差异因素追查

盘点结束后,发现所得数据与账簿资料不符时,应追查差异的主因。可能出现的原因有:

1)由于记账员素质不高,使物品数目记录不准确。

2)料账处理制度有缺陷,导致物品数目不准确。

3)盘点制度的缺点导致货账不符。

4）盘点所得的数据与账簿的资料所产生的差异不在容许误差范围内。

5）盘点人员不尽责。

6）产生漏盘、重盘、错盘等情况。

（8）盘盈、盘亏的处理

物品除了盘点时产生数量的盈亏外，也可能在价格上产生增减，因此在经主管审核后，用表 3-3 所示的更正表进行更正。

表 3-3　物品盘点数量盈亏、价格增减更正表

年　　　月　　　日

物品编号	物品名称	单位	账面资料			盘点实存			数量盈亏				价格增减				差异因素	负责人	备注
			数量	单价	金额	数量	单价	金额	盘亏		盘盈		增价		减价				
									数量	金额	数量	金额	单价	金额	单价	金额			

2. 盘点的种类与方法

盘点分为账面盘点及现货盘点。账面盘点又称为永续盘点，就是把每天入库及出库物品的数量及单价，记录在计算机或账簿上，然后不断地累计加总，算出账面上的库存量及库存金额。现货盘点又称为实地盘点，也就是实际去点数调查仓库内的库存数，再依物品单价计算出实际库存金额的方法。

要得到正确的库存情况并确保盘点无误，最直接的方法就是确定账面盘点与现货盘点的结果要完全一致。

现货盘点依其盘点时间频度的不同又分为期末盘点和循环盘点。期末盘点是指在期末一起清点所有物品数量的方法；循环盘点是指在每天、每周即做少种少量的盘点，到了月末或期末则每项物品至少完成一次盘点的方法。

3. 盘点结果评估

可以通过以下六项指标来考察库存管理中存在的问题：

1）盘点数量误差 = 实际库存数 - 账面库存数。

2）盘点数量误差率 = $\dfrac{\text{盘点数量误差}}{\text{实际库存数}}$。

3）盘点品项误差率 = $\dfrac{\text{盘点误差品项数}}{\text{盘点实施品项数}}$。

4）平均每件盘差品金额 = $\dfrac{\text{盘差误差金额}}{\text{盘差总件数}}$。

5）盘差次数比率 = $\dfrac{\text{盘点误差次数}}{\text{盘点执行次数}}$。

6）平均每品项盘差次数率 $= \dfrac{盘差次数}{盘差品项数}$。

3.4　出库作业管理

3.4.1　出库作业管理的含义

出库作业管理是指仓库按照货主的调拨出库凭证或发货凭证（提货单、调拨单）所注明的物品名称、型号、规格、数量、收货单位、接货方式等条件，进行的核对凭证、备料、复核、点交、发放等一系列作业和业务管理活动。

出库业务是保管工作的结束。为了能以合理的物流成本保证出库物品按质、按量、及时、安全地发给用户，满足其生产经营的需要，仓库应主动向货主联系，由货主提供出库计划，这是仓库出库作业的依据，特别是供应异地和大批量出库的物品更应提前发出通知，以便仓库及时办理流量和流向的运输计划，完成出库任务。

1. 物品出库的基本要求

（1）贯彻先进先出、推陈"储"新的原则

出库作业应该根据物品入库时间先后，实现先进先出，以保持库存物品质量完好，尤其是对易变质、易腐蚀等物品，应加快周转，同时，对变质失效的物品不准出库。

（2）出库凭证和手续必须符合要求

虽然出库凭证的格式不尽相同，但其格式必须真实有效。出库凭证必须有效才能出库。

（3）严格遵守仓库有关出库的各项规章制度

1）物品出库必须遵守各项制度，按章办事。发出的物品必须与提货单、领料单或调拨单上所列的名称、规格、型号、单价、数量相符。

2）未验收的物品以及有问题的物品不得发放出库。

3）物品入库检验与出库检验的方法应保持一致，以避免造成人为的库存盈亏。

4）超过提货单有效期尚未办理提货手续的，不得发货。

（4）提高服务质量，满足用户需求

物品出库应做到及时、准确、保质、保量，防止差错事故发生；工作尽量一次完成，提高作业效率；为用户提货创造各种方便条件，协助用户解决实际问题。

2. 物品出库的依据

出库功能模块必须由货主的出库通知或请求驱动。不论在任何情况下，仓库都不得擅自动用、变相动用或者外借货主的库存。

货主的出库通知或出库请求的格式不尽相同，不论采用何种形式，都必须是符合财务制度要求的有法律效力的凭证，要坚决杜绝凭信誉或无正式手续的发货。

3.4.2　出库作业流程

为保证物品能快速、准确、保质、保量地出库，应严格遵守出库作业的一般程序，如图 3-2 所示。

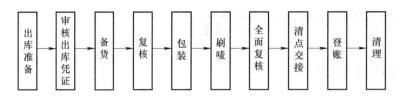

图 3-2   出库作业流程

1. 出库准备

由于出库作业比较细致复杂，工作量大，事先对出库作业合理组织，安排好作业人员和机械，保证各个环节的紧密衔接，是十分必要的。

1）发货作业的合理组织。发货作业是一项涉及人员较多、处理时间较紧、工作量较大的工作，进行合理的人员组织和机械协调安排是完成发货的必要条件。

2）待运物品的仓容及装卸设备、工具和工作人员的安排调配。物品出库时，应留出必要的理货场地，并准备必要的装卸搬运设备，以便运输人员的提货发运或装箱送箱，及时装载物品，加快发送速度。

3）包装材料、工具、用品的准备。对从事装、拼箱或改装业务的仓库，在发货前应根据性质和运输部门的要求，准备各种包装材料及相应的衬垫物，以及刷写包装标志的用具、标签、颜料、箱钉、打包工具等。

2. 审核出库凭证

物资出库凭证，不论是领料单或调拨单，都应由主管分配的业务部门签章。仓库接到出库凭证后，必须对出库凭证的以下内容进行审核：

1）审核货主开出的提货单的合法性和真实性，或审核领料单上是否有其部门主管或指定的专人签章，手续不全不予出库。

2）核对品名、型号、规格、单价、数量、收货单位、有效期等。

3）核对收货单位、到站、开户行和账号是否齐全和准确，如果是客户提货，则要核对提货单有无财务部门准许发货的签章。

审核无误后，按照出库单证上所列的物资品名、规格、数量和仓库料账再做全面核对。无误后，在料账上填写预拨数后，将出库凭证移交给仓库保管员。

3. 备货

保管员对物品会计转来的物品出库凭证复核无误后，按其所列项目内容和凭证上的批注，与编号的货位对货，核实后进行备货。备货主要包括拣货和签单两个过程。

（1）拣货

1）拣货作业的含义。拣货作业是按照客户订单的要求或出库单的要求将物品挑选出来，并放在指定位置的物流作业活动。物品的入库是批量到货，并且相同的品种存放在一起；而客户的订单包含多种不同物品品种，拣货作业就是要按照订单的要求，用最短的时间和最少的作业将物品准备好。

拣货作业是仓储活动中最耗时耗力的环节。所以，认真设计拣货作业流程，严格控制拣货作业的各项投入就显得非常重要。随着社会需求向小批量、多品种方向发展，配送物品的种类和数量将急剧增加，拣货作业在仓库作业中所占的比重越来越大，分拣系统的效率对整个仓库的作业效率和服务水平具有重要的影响，因此，各个仓库都应重视拣货作业。

2）拣货作业效率化检核要点。

① 不要等待——零闲置时间。以动作时间分析、人机时间分析方式改善。

② 不要拿取——零搬运。多利用输送带、无人搬运车，减少人力负荷。

③ 不要走动——缩短动线。采拣货工作分区，采用物至人拣取或导入自动仓库等自动化设备。

④ 不要思考——零判断业务。简化作业，不依赖熟练工，使用条码自动识别装置及自动化设备。

⑤ 不要寻找——做好货位管理。随时整理、整顿物品，货位编排异动要确实登录，拣取时以电子卷标灯号实时指示。

⑥ 不要书写——零事务作业。以计算机传输指示拣货，达到免纸张作业，避免笔误造成作业错误。

⑦ 不要检查——降低拣错率，缩短复点时间。利用条码读取，由计算机辅助检查，如无线数据通信（RFDC），或实施"无验货系统"。

⑧ 无缺货——做好物品管理、货位管理、库存管理及拣货管理。安全库存量、订购时机及补货频率等状况利用计算机随时掌握。

3）拣货方式。

① 按订单拣货。依客户订单的订货条目，以一张订单为单位进行物品的拣取作业。按订单拣货方式适用于单张订单订购品项多、同一品项在不同订单重复率不高的情形，如果采取批量拣取，会使其后的分类工作变得复杂，增加了分拣出错的风险。如果一张订单的品项过多，为加快拣货速度，可以配合订单分割的策略，即把一张订单分割成若干子订单分别拣取。

按订单拣货方式的优点是：系统在订单量增长方面的扩充性大，客户订单数的增加不致于影响设备使用的饱和性；按订单拣货方式的应用，拣货区与物品存放区可以同时共用，不必进行事后第二次分类作业；系统的作业前置时间较短等。

按订单拣货方式的缺点是：一次的拣取是以单张订单的品项进行，当品项过多时，总的行走距离加长。此外，为保证拣货的准确率，这种方法的使用必须增加核对流程。

② 批量拣货。先将某一数量的订单汇总成一批次订单，再针对该批次订单进行总量拣取，待该批量拣货完成后，再针对订单拣取品项依客户进行二次分类。批量拣货适用于多量少样的订单形态。

批量拣货方式的优点是：一次拣出订购物品的总量，可使拣货员总的行走距离缩短，单位时间的拣货量增加，尤其是在货位优化后，对生产率的提高较为明显；由于批量拣货完毕后一般会进行二次分类，如此两阶段作业间可以形成互相检查，使整体拣货作业的准确率提高。

批量拣货方式的缺点是：对于客户订单并非同时集结至物流中心的形态而言，必须累计一定数量的订单后，方可进行批次拣取，如此才能达到作业的经济效益，但相对会造成作业前置时间加长，也会给后续的作业带来一定的压力，订单履行总时间也相对较长。另外，批量拣货模式会遇到因订单数量增加而使拣货设备产能过于饱和的情况。

按订单拣货和批量拣货是两种基本的拣货策略，比较而言，按订单拣货弹性较大，临时性的产能调整较为容易，适合客户多样少量订货，订货大小差异较大，订单数量变化频繁，有季节性趋势，且物品外形体积变化较大，物品特性差异较大，分类作业较难进行的物流中心。批量拣货的作业方式通常适用于订货大小变化小，订单数量稳定，且物品外形体积较规则固定，以及流通加工必不可少的物流中心。

③ 波次拣货。波次拣货是根据订单形态特点，将订单分类拣货，结合按订单拣货和批量拣货两种方法。可以根据订单的响应时限分类，将所有紧急订单作为一个批量拣货；也可以根据订单的品项和数量特点，分为多样多量、多样少量等，再配合适合的拣货策略。

波次拣货是提高拣货效率的一种方法，它使用户将多种不同订单依据某种共性合并在一个波次中，整合为一个拣货作业。在这个拣货作业中，拣货路线按照物品库存流转规则和最有效的移动单元进行规划。

4）拣货作业的流程。拣货作业主要包含以下四个步骤：

① 确定拣货方式。根据出库物品的特性选择合适的拣货方式。

② 制定拣货清单。根据所选择的拣货方式形成不同的拣货清单。按订单拣货时，一般每一订单形成一份拣货清单；对批量拣货，一般将多张订单集合成一批，按照物品品种类别把多张订单上的物品进行加总，形成拣货清单。

③ 安排拣货路线。根据拣货清单上的物品货位，安排拣货路线，基本原则为使拣货人行走最少。

④ 分派拣货人员进行拣货。拣货人员根据拣货清单，按照事先规划好的拣货路线拣选相应物品，放在托盘或其他容器，再集中在一起与出库单放在指定位置，由出库验货人员进行检查。

同时，出库物品应附有质量证明书或抄件、磅码单、装箱单等附件。机电设备、仪器仪表等物品的说明书及合格证应随货同行。进出口物品还要有海关证明、物品检验报告等。

（2）签单

应付物品按单付讫后，保管员逐笔在出库凭证上签名和批注结存数，前者以明确责任，后者供会计人员登账时进行账目实数的核对。

4. 复核

为了保证出库物品不出差错，备货后应进行复核。出库的复核形式主要有专职复核、交叉复核和环环复核三种。除此之外，在发货作业的各道环节上，都贯穿着复核工作。例如，理货员核对单货，守护员（门卫）凭票放行，账务员（保管会计）核对账单（票）等。这些分散的复核形式起到分头把关的作用，都十分有助于提高仓库发货业务的工作质量。

复核的内容包括：品名、型号、规格、数量是否同出库单一致；机械设备等的配套是否齐全；所附技术证件是否齐全。复核人复核无误后，应在提货单上签名，以示负责。

5. 包装

仓库出库物品的包装必须完整、牢固，标记必须正确清楚，如有破损、潮湿、捆扎松散等不能保障运输中安全的，应加固整理，破包破箱不能出库。各类包装容器上若有水渍、油迹污损，也均不能出库。包装是仓库生产过程的一个组成部分。包装时，严禁互相影响或性能互相抵触的物品混合包装。

（1）包装的功能

1）包装应具有盛载功能。包装本身应具有适应所盛载物品的特性，其材料和结构造型应适于物品的性能和形态。物品在形态上有固体、液体和气体之分，固体又有粉状、粒状、块状、片状、条状之分，物品在性质上有普通物品和特种物品之分，而特种物品中的危险物品又有爆炸、易燃、有毒、腐蚀和放射性等不同的危害。因此，所选包装既要防止物品渗漏、溢出，又要防止包装材料与物品发生化学反应的可能性。例如，各种压缩气体和液化气体需要处于高压状态，不能选用普通的金属桶或罐，需用特制的耐压容器盛装。

2）包装应具有对物品的保护功能。这是包装的主要功能之一。保护物品从生产领域转移到消费者手中，直到被使用之前不受损害，物品价值也不受外来影响，具体表现在：防止物品破损变形；防止物品发生化学变化，即防止物品吸潮、变质、生锈；防止腐朽、霉变、鼠咬虫食；防止异物混入、污物污染；防止丢失、散失等。

3）包装可以起到物品信息传递的作用。包装上一般都会有相应的标志或标记，可以用来识别物品。因为物品包装物的识别通常包括制造厂名、物品名称、容器类型、个数、通用的物品代码等数字。对包装物品的识别和跟踪管理，已成为现代生产企业管理的重要组成部分。如果外包装上没有标志或标志不清，就会发生误认、错交的事故，因此，要求包装的表面要清晰印刷有关物品的名称、性能、标重、体积，以及运输装卸作业的指示标志。此外，工业包装中还要求提供有关装卸和防止货损的说明书，为专门的零部件装卸提出要求，如容器选择、温度限制、堆垛要求、潜在的自然环境要求等。

4）包装具有便于运输的功能。物品的物质形态包括气态、液态、固态。它们的理化性能各异，例如易腐蚀、易挥发、易燃、易爆等；外形上可能有棱角、刃口等会危及人身安全。只有加以合适的包装，才便于运输、携带和存放，或保证运输中的安全。同时，良好的包装还能够起到提高物流效率的作用。

5）包装具有增加利润的功能。好的包装，不仅能与好的物品相得益彰，而且能使物品增加价值，超出的价格远远超过因包装增加的附加成本，且顾客乐于接受，这在国际市场上更为明显。

6）包装具有促销功能。包装形状与构造可以吸引客户的注意力，包装的文字、图案、色彩可以刺激客户的购买欲，包装的外部形态起到宣传、介绍、推销物品的作用，精致、美观的物品包装可增强物品的美感，给客户留下美好的印象，起到无声推销员的作用。

（2）包装合理化

1）包装合理化的概念。包装合理化一方面包括包装总体的合理化，这种合理化往往用整体物流效益与微观包装效益的统一来衡量；另一方面也包括包装材料、包装技术、包装方式的合理组合及运用。

2）包装合理化的途径。

① 包装的轻薄化。由于包装只是起保护作用，对物品使用价值没有任何意义，因此，在强度、寿命、成本相同的条件下，更轻、更薄、更短、更小的包装，可以提高装卸搬运的效率。而且轻薄短小的包装价格一般比较便宜，如果用作一次性包装还可以减少废弃包装材料的浪费。

② 包装的单纯化。为了提高包装作业的效率，包装材料及规格应力求单纯化，包装规格还应标准化，包装形状和种类也应单纯化。

③ 包装的标准化。包装的规格和托盘、集装箱关系密切，也应考虑和运输车辆、搬运机械的匹配，从系统和整体的角度出发制定包装的尺寸标准。

④ 包装的机械化。为了提高作业效率和包装现代化水平，各种包装机械化技术的开发和应用是很重要的。

⑤ 包装的绿色化。绿色包装是指无害或少污染的符合环保要求的各类包装物品，主要包括纸包装、可降解塑料包装、生物包装和可食用包装等。包装绿色化是包装合理化的发展主流。

6. 刷唛

包装后，要写明收货单位、到站、发货号、本批总件数、发货单位等。字迹要清晰准确，并在相应位置印刷或粘贴条码标签。利用旧包装时，应彻底清除原有标志，避免造成混乱，导致差错。

7. 全面复核

物品备好后，为了避免和防止备货过程中可能出现的差错，工作人员应按照出库凭证上所列的内容进行逐项复核。具体包括：怕震怕潮等物资，衬垫是否稳妥，密封是否严密；包装上是否有装箱单，装箱单所列各项目是否与实物、凭证等相符；收货人、到站、箱号、危险品或防震防潮等标志是否正确、明显；是否便于装卸搬运作业；能否承受装载物的重量，能否保证物资运输装卸时不损坏，保障物资完整。

8. 清点交接

备货完毕准备出库的物品，经过全面复核无误后，即可办理出库及清点交接手续。点交是划清仓库和提货方两者责任的必要手段。对于选用哪种方式出库，要根据具体条件，由供需双方事先商定。出库方式有以下几种：

1）送货上门。仓库根据货主单位的出库通知或出库请求，通过发货作业把应发物品由交通运输部门送达收货单位或使用仓库自有车辆把物品运送到收货地点的发货形式，就是通常所称的送货制。

仓库实行送货的优点是：仓库可预先安排作业，缩短发货时间；收货单位可避免因人力、车辆等不便而发生的取货困难；在运输上，可合理使用运输工具，减少运费。

2）代办托运。代办托运是指仓库受客户的委托，为客户办理物品托运时，依据货主开具的出库凭证所列出的物品信息，办理出库手续，通过运输部门把物品发运到用户指定地方的一种出库方式。此类方式较为常用，也是仓库提供附加价值的措施之一，适用于大宗、长距离的物品运输。

3）收货人自提。这种发货形式是由收货人或其代理持取货凭证直接到库取货，仓库凭单发货。仓库发货人与提货人可以在仓库现场划清交接责任，当面交接并办理签收手续。

4）过户。过户是一种就地划拨的形式，物品实物并未出库，但是所有权已从原货主转移到新货主的账户中。仓库必须根据原货主开出的正式过户凭证，才予以办理过户手续。

5）取样。货主由于商检或样品陈列等需要，到仓库提取货样（通常要开箱拆包、分割抽取样本)。仓库必须根据正式取样凭证发出样品,并做好账务记载。

6)转仓。转仓是指货主为了业务方便或改变储存条件,将某批库存自甲库转移到乙库。仓库也必须根据货主单位开出的正式转仓单,办理转仓手续。

9. 登账

在保管员付货后,还要经过复核、放行才能登记。它要求财会人员必须做好出库单、出门证的全面控制和回笼销号,防止单证遗失。按照日账日清的原则,在登账时,逐单核对保管员批注的结存数,如与账面结存数不符,应立即通知保管员,直至查明原因。然后将出库单连同有关证件资料,及时交给货主,以便货主办理货款结算。

10. 清理

经过出库的一系列工作程序之后,实物、账目和库存档案等都发生了变化。应按以下几项工作彻底清理,使保管工作重新趋于账、物、资金相符的状态:

1)按出库单,核对结存数。

2)如果该批物品全部出库,应查实损耗数量,在规定损耗范围内的进行核销,超过损耗范围的查明原因进行处理。

3)一批物品全部出库后,可根据该批物品出入库的情况、采用的保管方法和损耗数量,总结保管经验。

4)清理现场,收集苫垫材料,妥善保管,以待再用。

5)代运物品发出后,收货单位提出数量不符时:属于重量短少而包装完好且件数不缺的,应由仓库保管机构负责处理;属于件数短少的,应由运输机构负责处理。若发出的物品品种、规格、型号不符,由保管机构负责处理;若发出物品损坏,应根据承运人出具的证明,分别由保管及运输机构处理。

6)由于提货单位任务变更或其他原因要求退货时,可经有关方同意,办理退货。退回的物品必须符合原发的数量和质量,要严格验收,重新办理入库手续。当然,未移交的物品则不必检验。

3.5 越库管理

3.5.1 越库产生的背景与定义

1. 越库产生的背景

美国邮政是越库操作最早的实践者。1872 年,蒙哥马利·沃德开始了他的首批目录邮购业务。随后,西尔斯 – 罗巴克公司迅速跟进,并极力宣传其能达到每分钟有四套西装及一只手表售出,每两分钟就有一支左轮手枪售出,每十分钟有一辆手推车售出——所有这些出货均通过可靠的包裹邮递。当时,包裹从目录邮购公司发出,通过邮局中转站时,交叉分拨,并通过铁路分别送达目的地客户。

随着信息技术的飞速发展,企业对成本的控制越来越重视。同时,客户对速度和准确性的要求也在不断提高。这一切都在促使仓储管理的变革——从一个用于缓解库存预测错误的物理设施,转变为一个以最短时间和最低成本进行物品配送的系统。物品流经这种新仓库时将几乎不需要任何存储,分拣活动被减少到最低,这就是越库战略。现在,这些邮局中转站已演变成先进的分拨设施，每天越库的包裹数以百万计。包裹在收到的当天发出，美国邮政与其他快递公司，如联合包裹（UPS）和联邦快递（FedEx），代表着越库应用的前沿。

2. 越库的定义

美国仓储教育协会（WERC）对越库做如下定义：越库是物品在作业场所和其他去向同一目的地的物品迅速集中配载，不经过长时间的存储，便尽早运出的过程。

这个定义明确了越库操作的三个核心问题：集中配载、少经存储和过程迅速。

（1）集中配载

无论是收货过程还是发货过程，物品的集结时间都必须尽可能减少。一些专家认为，如果物品在临时堆放地点存放的时间超过一天，那么就不应当考虑越库操作。当然，物品有可能需要集中等待，以适合商店每周的送货计划。发货和收货过程中出现时间延误在所难免，因此，常有一些物品在拖车上"整装待发"。实施越库的最低限是，在尽可能短的时间内方便物品从收货到发货的流动。

（2）少经存储

收货后，物品应当被直接运出，放在暂存区或者进入拣货区，而绝不应该使其成为预留库存。正因为越库使得物品在收到之后能够被立即运出，因此，对存储操作的需求大大减少。

（3）过程迅速

过程迅速意味着系统能够同时对物品和信息进行快速有效的交换。协调越库操作涉及的相关执行者，会对供应商的送货计划和配送中心发货计划给予足够关注，通过计划、调整使二者相匹配，达到物品不必长时停留的目的。理想的越库作业系统，应该能够处理不断进入的物品，甚至能够在物品到达之前，设计出合理的物品流动线路。

3.5.2 越库的优越性

1. 加速生产流程

越库使物品在供应链上的流动变得迅速。从接到物品开始，其通往最终目的地的线路就已经设定好了，物品不会以库存的形式在仓库停留等待指令。

2. 节约成本

越库对降低成本有巨大贡献。随着物品的迅速接收和发运，与之相伴的是存储过程的消除和存货的减少。因此，所有相关的操作费用和持有库存的费用也会消除或减少。

3. 经济快捷的运输路线

越库提供了一种更快、成本更低的运输路线安排策略，将同一目的地的物品从多个供应商统一发运给客户。这样就可以很容易地使用更省钱、更快速的运输模式。

4. 支持客户需求

越库允许企业能够满足并支持客户的各种特殊需求，如准时制（JIT）生产、多个供应商的共同配送、促销或其他营销手段等。

3.5.3 越库的类型

由于越库操作在整个供应链上所处的位置不同，因此越库操作通常可以采取不同的形式。

1. 制造商越库

在制造领域，制造商或为制造商提供服务的第三方实行了越库操作，将来自多家供应商预先已经确定数量的原材料或零部件，进行收货、集货并发送至生产厂。物品所需数量的零部件会在组装生产线需要的几小时前发货。正因为 JIT 本质上要求快速反应，供应商和越库中心通常位于离制造商组装工厂几公里的范围之内。

2. 经销商越库

对于经销商来说，越库需要针对多品种类别的物品。通常的应用操作是，各地的制造商向一个共同的经销商补货，这个经销商对物品进行重新组配，并码放至放有多个存货单元的托盘上，然后再把托盘运送到供应链的下一环节。

3. 运输公司越库

运输公司对包裹和托盘物品按照物品目的地的地理位置进行分类和合并拼装，通过对发往同一区域物品进行拼装，可以提高物品满载率，降低运输成本，也可以降低集货所带来的时间迟滞。一般情况下，分类合并操作需要大量人工劳动，并通常需要对整个托盘进行重新整理。而在这些包裹快递公司，自动化程度很高，包裹首先被贴上到货地的标签并预先称重以进行分拨，进入不同的处理系统。然后物品均按照地理分区，在几分钟到几小时不等的时间内发往各地。

4. 零售公司越库

许多零售公司都使用了大量的越库作业，物品在这些零售公司的配送中心被接收后，越过站台，与其他物品合并后被共同配送至商店，沃尔玛山姆会员俱乐部就是这方面的例子。一种情况是供应商会提供可直接上架的物品和已分好类的托盘物品，零售公司在短短几分钟内就可以完成托盘从接收地向发出地的转移。另一种情况则是在零售公司的配送中心进行，大量的高交易量或季节性物品在配送中心的"快速收发区"完成接收，并按照商店的订单进行拣选、贴标，然后经由一个自动化分拣系统，与同一订货门店的物品进行集装。

5. 机会型越库

上述几种越库类型通常用来作为标准的业务实践或成为固定操作的一部分，以实现公司在相对较低的成本基础上提高客户服务水平的战略目标。与此有着明显区别的是机会型越库，它强调"视需要而定"。制造商和经销商常采用机会型越库将刚收到的物品用以满足以前未能执行完毕的订单。这种情况下，预先并没有将某些物品在某特定时间内进行越库计划。在一些较复杂的操作中，制造商可以对客户 24～48h 前下达的订单进行比较。如果物品按计划到货，这些物品将以越库配送的方式送至供应链下一个节点，以满足客户48h 内的订单需求。

仓储管理信息系统（WMS）可预测订单量和到货量并提供决策支持，给出越库时机的建议。其他情况下，除了系统给出的越库报告外，工作人员也可以进入系统，确定系统中将要执行越库操作的托盘数。虽然这些机会型越库的方法可以在短期内节省经营成本，但它不能产生像其他正规的越库项目一样的长期收益。对物品和供应商的提前计划才是越库系统长期有效运行的保障。

3.5.4　越库的实施过程

越库作业对企业的条件也具有一定的要求。实施越库作业的关键在于系统地检查每项操作的各方面，然后决定是否应用越库、用在哪里以及什么时候最合适。实施越库具体需要完成以下几个步骤：

1. 评估仓储作业中实施越库的可能性

评估开始于对公司业务的全面具体审视，如供应商、物品、信息系统、运输、运作管理、库区以及库区之间用于移动物品的设备等。评估阶段对于构建由物品、供应商和信息系统等组成的网络起着决定作用，而这正是实现并维持高效的越库系统所必需的。首先选定适合越库操作的物品和供应商，选择应当基于成本效益及其他便于执行的因素，并与潜在的贸易伙伴进行协调沟通，以便共享收益和共担风险。

2. 计划和设计越库系统

不同越库系统的复杂程度各有差异。越库操作离不开运输能力、设施设备、信息系统和运作管理能力的支撑。在设计越库系统时，除完成物品和供应商选择外，还应做好与系统其他支撑因素间的匹配，并对各因素进行经济性分析，然后选择最适合的系统。

从配货时间的角度看，常见的越库系统包括预配货式的供应商集货、预配货式的越库运营商集货、后配货式的越库运营商集货、第三方越库。

配货时间是指确定物品最终目的地的时机。确定物品最终目的地的方法有两种：预配货和后配货。预配货指的是物品的最终目的地是在物品发往越库中心之前就已经被确定，后配货则指的是物品的目的地只有在从供应商那里运往越库中心之后才能确定。

如果供应商同意为越库中心合并物品（如预配货式的供应商集货），则越库系统设计只是限于为如何用移动设备将托盘从接货点搬运到发货点做出几种可选方案。如果需要越库中心分拣物品（如后配货式的越库运营商集货），则越库设计需要做出关于流动与布局、设备、自动化程度、仓储管理信息系统的设计程序以及其他变量的参数的多种组合方案。

纯粹的越库操作非常少。在现实中，往往是越库配送和传统的仓储混合进行的。在实施越库配送的最初阶段，只有少数物品进行越库配送，其他一些物品和供应商依然不会进行越库配送。但是随着越库中心对越库配送的概念越来越熟悉，其合作伙伴也逐渐意识到越库配送所能带来的潜在效益，这时越库操作应该增加，所以越库设施的设计必须有很好的灵活性。

3. 识别并衡量越库系统的建设开支和成本节约

管理层在投资之前，需要对系统设计进行成本效益定量分析。通常可以取两种方法：一种是建立以整个系统为基础的模型，计算全部的成本和收益；另一种是以物品分析为依据，计算每单元物品的利润率。通过掌握费用，越库系统的经营者可以计算出相对准确的开支和节约成本。

第一种成本模型是从整个系统的角度来比较供应链成本。该模型使用了传统的、显而易见的方法，来为每个合作伙伴计算所有受到越库操作影响的作业中心中发生的总体成本变化量。最先开始实施越库操作的公司会发现，该成本模型对确定和比较总体投资回报率非常有价值。然而，这种方法却不能确定越库操作对每个库存单元的利润所造成的影响。

第二种成本模型更专注于从每个物品的角度比较有无实施越库操作情况下的成本。该模型能使供应商、越库运营商和顾客都明白，对每个具体的库存单位而言，他们在供应链上的行为是如何对该库存单位的利润做出贡献或者造成损害的。

因为确定投资回报率和洞察一个物品的盈利能力是衡量一个战略有效性的重要手段，

企业通常是两个模型都建立。

4. 实施和维护越库系统

健康的经济效益定量分析为系统的全面实施铺平了道路。接下来的项目启动需要考虑许多方面，当心过度陷入细节将耗用大量精力，企业应当制订一个综合的实施计划，以确保关键点不会被忽视。企业可以先选择一个试点进行小规模试验，观察研究越库带来的影响。这样做的目的是在全面展开越库操作之前找出不足之处并加以改进，降低实施风险。

实施和维护越库系统的过程具体包括：①组建一个跨职能的团队并明确目标；②确定越库中心的位置和具体选址（如为新设施）；③制订实施计划表；④为必要的变革制订详细计划；⑤培训员工；⑥获取设备；⑦获取并更新信息；⑧布置越库场所；⑨实施一个试运行的越库操作；⑩实施整个越库系统；⑪定期检查越库的运行情况；⑫考虑改进和扩大越库项目；⑬总结需规避的隐患和需学习的经验。

【案例分析】

弗雷德·迈耶的越库系统

弗雷德·迈耶（Fred Meyer）是一个连锁的折扣百货商店。它希望通过组织供应商采用越库战略以降低配送中心的成本。在为 30 家供应商销售 609 种物品的过程中，该公司制定了一套越库的标准，节省了配送中心 140 万美元的仓储费用。另外，1322 种物品的 7 家供应商所拥有的物品储存能力，又为配送中心节省了 109 万美元。当家具从某家供应商成批地运到码头时，公司迅速地将它们分配给每家商店。由于这家供应商逐渐能够按商店进行包装，弗雷德·迈耶除了因越库而在库存上节省了 50 万美元外，又在配送中心节省了 20 万美元的人力成本。对于化妆品，一家供应商制订了为商店逐一拣选和包装的直流通计划，公司因此削减 450 种物品进而节省了 35 万美元的库存成本。弗雷德·迈耶与两个主要的食品供应商采用供应商管理库存策略，使库存下降了 30% ~ 40%，而服务水平提高了 98%。

由于采用准时制配送和物品种类的越库管理，仓库管理人员将物品直接放在发货区而无须存储，节省了人力成本。新的直流通配送中心只需要存储流经它的 6500 种物品中的 1500 种。原有的发货期是 3 天，而采用越库系统后在货到后的 24h 内就可以完成发货。大部分订单都预先分配到具体商店并直接进行越库作业。弗雷德·迈耶使用第三方供应商以实现最大效益，并且经常和供应商共同商定互利的流程规划。

讨论题

1. 该公司的越库属于什么类型？

2. 越库的优越性是什么？

【思考练习题】

一、选择题

1. 下列不属于物品入库环节的是＿＿＿＿＿＿。

A. 入库准备　　　　B. 物品分类　　　　C. 物品验收　　　　D. 入库交接

2. 物品入库时需进行实物验收，以下属于数量验收的是_____。

A. 外观质量验收　　　B. 检斤换算法　　　C. 检斤验收法　　　D. 理论换算法

3. 不能在一次拣货过程中实现多订单处理的方法是_____。

A. 波次拣货　　　　　B. 批量拣货　　　　C. 按订单拣货　　　D. 播种式拣货

4. 下面不属于越库优越性的是_____。

A. 物品存储时间长　　　　　　　　B. 加速生产流程

C. 经济快捷的运输路线　　　　　　D. 支持客户需求

5. 需要针对多品种类别物品的越库类型是_____。

A. 制造商越库　　B. 经销商越库　　C. 运输公司越库　　D. 零售公司越库

二、判断题

1. 仓储工作最根本的目的，就是满足用户对物品的需要。　　　　　　（　　）

2. 物品的接运是物品入库业务流程的第一道作业环节，也是物品仓库直接与外部发生的经济联系。　　　　　　　　　　　　　　　　　　　　　　　（　　）

3. 存货档案应一货一档设置，将该物品入库、保管、交付的相应单证、报表、记录、作业安排、资料等的原件、附件或复印件存档。　　　　　　　　　　（　　）

4. 按订单拣货时，拣选和运送物品的次数可以显著减少，但是发货准备时间却要延长。　　　　　　　　　　　　　　　　　　　　　　　　　　　　（　　）

5. 实施越库的最低限是，在尽可能短的时间内方便物品从收货到发货的流动。

　　　　　　　　　　　　　　　　　　　　　　　　　　　　　　（　　）

三、简答题

1. 仓储作业流程包括哪几部分？简述各部分的内容。

2. 拣货分为哪几种方式？各自的作业特点是什么？

3. 什么是越库？它的三个核心问题是什么？

4. 越库的优越性是什么？越库的类型有哪些？

5. 论述越库的实施过程。

第4章

仓储经营管理

 ✎ 【学习目标】

- 了解合同仓储与仓储招投标管理的相关知识
- 了解和把握仓储绩效评价的主要定义和指标体系
- 认识常见的几种仓储绩效评价方法
- 掌握仓储成本的主要构成及如何有效降低仓储成本
- 了解国内外与仓储相关的法律法规
- 掌握仓储合同的相关概念和法律知识
- 了解现代仓储业务（保税仓和融通仓）相关的基础知识

4.1 合同仓储与仓储招投标管理

4.1.1 合同仓储

1. 合同仓储的定义

一种正在增长的仓储经营的趋势是使用合同仓储（也称为第三方仓储）。合同仓储是一种供应商和客户之间长期互利合作的安排，为每一位客户量身定制唯一的和特别的仓储和物流服务，合同仓储供需双方共同分担操作过程中的风险。合同仓储是从公共仓储演变来的一种形式，由一家外部的公司提供传统上由该公司自己提供的仓储配送等物流服务。合同仓储经营者可以提供专门有效、经济以及准确的分拨服务。

2. 合同仓储和一般性公共仓储的区别

1）需要高水平仓储服务的公司应该使用合同仓储，这些仓储服务是按照特殊的要求来设计的。只需要一般产品仓储服务的公司则可以使用公共仓储。

2）合同仓储公司根据每位用户的特殊要求提供空间、劳力和设备等服务。合同仓储公司会为有限的仓储用户制定一套物流服务，例如，存货、集运、订单分类、现场储存、整合运送中存货、库存控制、组织运输、物流情报信息和系统以及任何附加的物流服务等来满足客户的特殊需求。

3）合同仓储公司还为客户提供支持客户公司的物流渠道所需的特定服务，而不是仅仅提供储存服务。

3. 合同仓储的优势

合同仓储与自有仓储或传统的公共仓储相比，在战略上和融资上有更大的优势，最主要的优势是降低成本：①弥补产品生产和需求的季节性，合同仓储商比自有仓储商更能有效地应对季节性产品行业销售或消费的高峰期和低潮期；②增加地理市场覆盖面，合同仓储商能通过设施网络增加公司的地理性市场覆盖面，公司可以在不同地区使用仓储场所而无须投资于众多的自有仓库设施；③探索新市场领域的获取灵活性，合同物流的灵活性能增进客户服务，需要改进现存产品或引入新产品的公司可以利用短期的合同仓储服务来考察新的市场领域对产品的需求和反应；④获取先进管理知识以及进行资源共享，将公司的物流职能交给合同仓储管理者执行，这些专家能提供创造性的仓储管理办法，减少成本的产品操作程序。

4.1.2　仓储招投标管理

1. 招投标的定义

招投标是一种有序的市场交易竞争方式，也是交易主体选择和交易合同订立的法律程序。招投标分为邀请招投标和公开招投标。邀请招投标是招标人以投标邀请书的方式邀请特定的法人或者承包人进行投标。公开招投标是招标人以招标公告的方式邀请不特定的法人或者承包人进行投标。招投标以公开、公平、公正和诚实信用为原则，具有程序性、竞争性、一次性、规范性、技术经济性、法律效力性等特性。

2. 招投标的程序

（1）招标工作时间表的制定

从招标企业以书面形式发出邀请到确定投标企业这段时间，招标小组应以时间为参照标准制订出工作计划。

（2）对投标企业的考察

招标企业发出招标邀请后，等待物流仓储企业的答复。待物流仓储企业答复后，针对给出投标答复的企业，招标企业必须对其进行资格考察。

（3）招标书的编制

招标企业若确定与物流仓储企业开展合作，就要向物流仓储企业提供产品数据、销售信息等保密资料用以制作投标书。为了保证信息的安全，双方需要签订保密协议，以维护招标企业的利益。

物流仓储企业做出保密承诺后，招标方就要向投标方发出正式的招标书。招标书的编制对于招标能否成功起着关键的作用。招标书的内容主要是对招标项目的详细介绍，包括项目的具体方案及要求、技术标准和规格、合格投标人应具备的资格条件、竣工交货或服务时间、合同的主要条款及其他与项目相关的事项。

（4）双方研究标书内容

投标企业应认真研究标书。招标企业对于投标企业提出的任何问题必须给予明确的答复，可通过电话、网络、面对面开会等方式沟通协调，在反复沟通协调的基础上记录整理交流结果。

招标方在规定的时间内接受投标方的投标书，对于超过投标时间的投标书，可采取不理会的态度，除非此投标书有利于招标方。招标企业确认收到的投标书应密封保存。等招标小组成员全部到场，共同拆开投标书，并针对投标书内容进行讨论，最后选择两家企业作为最后的投标方，评语必须在保密的情况下进行。

（5）第二轮筛选

招标企业最后会确定两家企业作为候选，这两家企业在接到招标企业的通知后，要在第一时间完善自己的投标书。

在这一轮筛选中，将会举行投标答辩会。招标方的高层领导和相关的专家都会参加答辩会，听取投标方的各项服务建议和提出的服务价格等，与此同时，对于物流仓储服务各种细节和可能发生的问题提出疑问，由投标方给出相应的解答。

（6）确定中标企业

招标小组将评价结论以书面的形式报告负责的领导。由负责项目的领导再与物流部、采购部的相关领导共同商榷并给出最后的选择。确认最终的中标单位并通知对方中标，准备签订物流仓储服务合同。

3. 当前仓储招投标过程中存在的问题

（1）法制不够完善，法律意识淡薄

市场中参与招投标活动的各方在操作中可能会以种种方法和手段逃避有关行政监管机构的管理和监督，逃避招投标的实质性规定，以获取不合理或者非法的利益。

（2）关键管控缺失

部分招标企业缺少招标失败改成谈判的规定和流程，缺少异议投诉处理的程序。个别企业的制度中甚至缺少招标方案、招标方式选择、招标文件编审、评标专家管理等关键管控环节的规定。招标过程资料缺失，如审核审批过程记录、评委独立评审表、结果报审等关键记录缺失，招标资料归档管理松散。

（3）招标方式选择存在问题

招标失败改成谈判不规范，谈判过程不规范；招标人规避招标，有的企业项目审核审批管理把关不严，审批方式不够规范，规避监管。

（4）招标操作不规范

招标文件内容不严谨、不规范，开标过程组织不规范。

（5）自行招标不规范

有些企业招标实施分散，有些从事招标实施的人员为各业务部门兼职人员，水平参差不齐，标准不统一，过程不规范。

4.2　仓储绩效评价

4.2.1　绩效评价的概念

1. 定义

绩效是指组织或个人为了实现某种目标而采取的各种行为的结果。

绩效评价是指组织依照预先确定的标准和一定的评价程序，运用科学的评价方法、按照评价的内容和标准对评价对象的工作能力、工作业绩进行定期和不定期的考核和评价。

2. 目的

1）为员工的晋升、降职、调职和离职提供依据。

2）对员工的绩效考评进行反馈。

3）对员工和团队对组织的贡献进行评估。

4）为员工的薪酬决策提供依据。

5）对招聘选择和工作分配的决策进行评估。

6）了解员工和团队的培训和教育情况。

7）对培训和员工职业生涯规划效果进行评估。

8）为工作计划、预算评估和人力资源规划提供信息。

4.2.2 仓储绩效评价的指标体系

仓储企业进行绩效评价最主要是希望通过绩效管理来实现预期的目标，为企业管理决策指明方向，并且可以用来衡量实际的绩效。仓储绩效评价常用的指标体系见表4-1，包括货物储存数量、储存质量、储存效率、储存经济性和储存安全性指标。

表4-1 仓储绩效评价常用的指标体系

评价内容	评价指标
货物储存数量指标	计划期货物吞吐量
	库房使用面积
	货场使用面积
	单位面积储存量
	职工人数
	设备数量指标
货物储存质量指标	账货相符率
	收发货差错率
	货物的损耗率
	平均保管损失
	平均收发货时间
	货物及时验收率
	设备完好率
货物储存效率指标	仓库利用率
	设备利用率
	劳动生产率
	资金使用率
	货物周转速度指标

（续）

评价内容	评价指标
货物储存经济性指标	平均储存费用
	利润总额
	资金利润率
	收入利润率
	人均实现利润
	每吨保管货物利润
货物储存安全性指标	各种事故的大小和次数

4.2.3　仓储绩效评价方法

目前针对仓储型物流企业的绩效评价方法有指标树法、平衡计分卡（BSC）法、层次分析（AHP）法、模糊综合评判法、主成分分析（PCA）法、数据包络分析（DEA）法等。

1. 指标树法

指标树法是指把指标体系进行适当扩充，然后建立更详细的一连串指标体系，通过把每个指标的综合效率加权来获得其综合效率的方法。指标可以有很多层级，每个指标的效率值通常也是用下一级指标的加权和来计算得到的。该方法的缺点是工作量大。

2. 平衡计分卡法

该方法主要是通过图、卡、表来对企业进行战略规划，主要强调的是"平衡计分"，从整体上对企业进行绩效评价分析。但是工作量比较大，且周期长，指标权重一般难以确定，整体运行起来有一定的难度。

3. 层次分析法

层次分析法是绩效评价的综合方法，它根据评价目标将指标进行分层，通过两两比较以及主观判断来构建判断矩阵，最后通过一致性检验来实现定量与定性的统一。层次分析法可以把复杂问题简单化，但是权重选取过于主观也是该法的一个缺点。

4. 模糊综合评判法

这是利用模糊数学中的综合隶属度理论把定性评价的指标转化为定量的数据，用模糊数学的相关理论对评价对象进行计算和综合分析。在实际生活中，有很多环节都是模糊的，比较难获得准确的数据，例如市场应变能力等。所以，采用模糊综合评判法对评价对象进行绩效评价是很恰当的方法。该方法也存在一定的主观性，例如在专家评分、调查问卷等方面。

5. 主成分分析法

这是一种多元统计方法，实质上就是对指标进行降维的过程，尽可能地在保证原有信息的基础上，缩减变量的个数，并最终选择几类综合指标进行绩效评价。但是，主成分分析法也有其自身的缺点，它在理论上存在一些缺陷，另外主成分假设各个成分之间无关联的观点并不能涵盖所有研究情形。

6. 数据包络分析法

数据包络分析法最早是由美国学者提出的,它主要应用于投入 – 产出的决策单元当中,它的基本思路是将实际的观测值作为包络,然后运用数学规划模型来对某个决策单元进行具体的数据分析,通过分析每个决策单元之间的相对有效性来对决策单元的整体有效性进行评估。利用 DEA 模型对决策单元评价时,根据所得到的各决策单元投入产出的数量指标,就可以判断 DEA 的有效性和无效性,并观察决策单元是否位于生产可能集前沿面上,针对无效的决策单元要分析其无效的具体原因,然后提出相应的改进措施使其成为有效的决策单元。

4.3 仓储成本管理

4.3.1 仓储成本管理的概念

1. 仓储成本的含义

仓储成本是指仓储企业在储存物品过程中,包括装卸搬运、储存保管、流通加工、收发物品等各项环节和建造、购置仓库等设施所消耗的人力、物力、财力及风险成本的总和。

2. 仓储成本的构成

仓储成本主要包括仓储持有成本和缺货成本等。仓储持有成本可以分为固定成本和变动成本两大部分。固定成本与一定限度内的仓储商品数量无关,如仓储设备折旧、仓储设备的维护费用、仓库职工工资等。变动成本与仓储数量的多少相关,如仓储物品的毁损和变质损失、挑选整理费用等,变动成本主要包括仓储维护成本、仓储运作成本和仓储管理费用。

1)仓储维护成本主要是指仓库室内照明、货架设备维修、设备折旧等所产生的费用。仓储维护成本并非一成不变,它是由库内所存商品的品种、数量以及商品的特殊储存要求决定的,如超市的餐巾纸、卫生纸等纸质材料就要放在通风干燥的地方储存。

2)仓储运作成本主要是指对购进商品进行装卸搬运、拣选分配所产生的费用。例如,超市中大批量购进的各种饮料,需要找人将饮料先从货车上卸下,然后管理人员对商品清点入账,最后才拣选分配到同种类饮料货架上。

3)仓储管理费用包括库存商品的一些管理费用(如对超市仓库虫鼠防范、货架商品整理盘点等)以及所用管理信息系统及其维护的费用。

3. 仓储成本管理的意义

仓储物流成本管理水平的高低对整个物流成本管理具有重要意义。这主要表现在:

1)仓储活动可以解决供求时间的差异。例如,有的商品是季节生产、常年消费,有的商品是常年生产、季节消费,还有的商品是季节生产、季节消费或常年生产、常年消费。无论哪种情况,产品从生产过程进入消费过程,都存在一定的时间间隔。货物通过储存过程化解了供求之间的矛盾,在时间上也创造了新的效益。

2)仓储活动可实现物品由生产地到消费地的转移。仓储活动可解决生产与消费在空间及品种、数量等方面存在的矛盾,发挥仓储活动连接生产与消费的纽带和桥梁作用;克服生产者与消费者空间上的距离；调节商品生产与消费方式上的差异；权衡运输负荷，降低运输成本，如成批生产、整箱运输，在仓储过程中进行拆分以利零售等功能。

4.3.2　仓储成本管理的内容

1. 仓储材料成本的管理

物资在储存过程中所消耗的衬垫材料成本在仓储成本中占很大比重。降低仓储成本的关键在于节约衬垫、苫盖材料费用以及有关人工费用的支出，所以，需要寻找既能节省成本的关键，又能保证管理质量的物资管理方法。例如，开展技术革新和技术改造，充分发挥设备的最大效用；在仓储成本的管理上实行分类管理，定期核算经济开销等。

2. 库内装卸搬运成本的管理

物资进出仓库主要依靠装卸搬运作业来完成。装卸搬运机械的设备折旧费用是仓库内搬运装卸成本中比重最大的。因此，仓储部门在选择机械设备时应充分考虑设备的经济性和实用性。

3. 仓储人工费用的管理

仓储人工费用的支出主要有两个方面：①仓储管理人员的工资、奖金、福利费、津贴等；②仓储生产工人的工资、奖金、津贴、福利费等。关于仓储人工费用，在管理上应尽量减少非生产工人的工资支出，因为这部分成本费用支出与仓储作业量没有直接关系。此外，还应该选择合理的劳动组织形式、工资配比等。

4.3.3　降低仓储成本的途径

降低仓储成本要在保证物流成本最低且不降低企业总体服务质量和目标的前提下进行，常见的措施如下：

1. 用"先进先出"方式，减少仓储物的保管风险

先进先出是储存管理的准则之一，它能保证仓储货物的储存期不至于过长，减少仓储物的保管风险。

2. 提高储存密度，提高仓容利用率

其主要目的是减少储存设施的投资，提高单位储存面积的利用率，从而降低成本。

3. 采用有效的储存定位系统，提高仓储作业效率

储存定位的含义是被储存物位置的确定。如果定位系统准确可靠，就能大大节约寻找、存放、取出的时间，节约不少物化劳动及活劳动，能防止差错，便于清点及实行订货点等管理方式。储存定位系统可采取先进的计算机管理，也可采取一般的人工管理。

4. 采用有效的清点方式，降低仓储作业的难度

对储存物资数量和质量的监测有利于掌握仓储货物的基本情况，也有利于进行科学的库存控制。因为在实际操作中稍有差错，就会导致账物不符，所以必须及时、准确地掌握实际的储存情况。经常进行盘点，确保仓储物资的完整性，是人工管理或计算机管理必不可少的环节。此外，还应经常监测仓储物的状态。

5. 加速周转，提高单位仓容产出

储存现代化的重要课题是将静态储存变为动态储存，提高周转速度会带来一系列的好处：资本周转快、资本效益高、货损货差小、仓库吞吐能力增加、成本下降等。具体做法是采用单元集合存储，建立快速分拣系统，这样有利于实现快进快出、大进大出。

6. 采取多种经营，盘活资产

仓储设施和设备的投入，只有在充分利用的情况下才能获得收益，如果不能投入使用或只是低效率使用，只会增加成本。仓储企业应及时做出决策，采取出租、借用、出售等多种经营方式盘活这些资产，提高资产设备的利用率。

7. 加强劳动管理

工资是仓储成本的重要组成部分，需合理分配劳动力。我国是具有劳动力优势的国家，应充分利用劳动力。但对劳动力也需要进行有效管理，避免人浮于事、出工不出力或效率低下。

8. 降低经营管理成本

经营管理成本是企业经营活动和管理活动的费用支出，包括管理费、业务费、交易成本等。加强该类成本管理，减少不必要的费用支出，也能降低成本。

4.4 仓储法规

4.4.1 仓储的法律特征

从仓储制度产生和发展的历史来看，仓储制度是由于其经营规则中的个性成分越来越多而逐渐从一般保管中脱离出来的。仓储制度的目的依然在于对仓储物的保管，只不过仓储是一种物的堆积保管而已。仓储合同在本质上也可视为一种特殊类型的保管合同，《中华人民共和国民法典》第九百一十八条规定，对于仓储合同，法律未加规定的事项可以适用保管合同的有关规定。尽管与保管制度有很多的共性，但是，仓储制度仍不失为一类独立的制度体系，有其独立的制度价值。仓储具有其与一般保管相区别的显著的法律特征：

1. 仓储保管人必须是拥有仓储设备并具有从事仓储业务资格的人

仓储合同区别于一般保管合同的一个最重要的标志就在于仓储合同主体的特殊性，即仓储合同中为存货人保管货物的一方必须是仓库营业人。仓库营业人既可以是法人，也可以是个体工商户、合伙、其他组织等，但必须具备一定的要件才能取得营业资格：①必须具备必要的仓储设备，即用于储存和保管仓储的必要设施；②必须取得必要的法律形式要件，即必须取得从事仓储业务的资格。在我国，一个民事主体想要成为仓库营业人，不仅应当具备必需的仓储设备，还要获得国家工商行政管理部门的审查核准，并颁布经营许可证。

2. 仓储物必须是动产

在仓储合同中，存货人应当将仓储物交付给保管人，由保管人按照合同的约定进行储存和保管，因此，依合同性质而言，存货人交付的仓储物必须是动产，不动产不能成为仓储合同的标的物。作为仓储物的动产，既可以是一定数量的特定物，也可以是一定品质、数量的种类物。若为特定物，则仓储期限届满或依存货人的请求返还仓储物时须采取原物返还的方式；若为种类物，则只需返还该种类的相同品质、相同数量的替代物。当然，就较为普遍的情况而言，采取的是原物返还的方式。

3. 仓储营业的营利性

营利性是仓储制度最大的特征。仓库营业人作为商人，营利性是其天然属性。仓库营业人为存货人提供仓储物的储存和保管服务，就要有相应的对价，存货人必须为仓库营业人的上述行为支付报酬——仓储费，并同时给付储存与保管的各种费用。仓储营业的营利性决定了仓储合同的有偿性。仓储合同本身就是有偿合同，保管人取得报酬乃合情合理。《中华人民共和国民法典》第九百零四条规定："仓储合同是保管人储存存货人交付的仓储物，存货人支付仓储费的合同。"仓储营业的营利性还决定了仓储合同应为诺成合同，仓储合同中为存货人保管货物的一方必须是具有专业性和营利性的仓库营业人，在仓储物实际交付给保管人之前，保管人可能已经为履行合同支出了一定的成本，也有可能因此而拒绝其他潜在的存货人的要约。

4. 存货人货物的交付或返还请求权的行使以仓单为凭证

仓单是保管人在收到仓储物时向存货人签发的表示已经收到一定数量的仓储物的法律文书。存货人按照约定将仓储物交付给仓储保管人时，保管人应当签发仓单并且具有见单交货的义务。因此，仓单既是存货人已经交付仓储物的凭证，又是存货人或仓单持有人提取仓储物的凭证。同时，仓单经过存货人的背书和保管人的签章后可以依法转让，任何持有仓单的人都有向保管人请求给付仓储物的权利。因此，仓单是一种以给付一定物品为标的的有价证券，其性质是一种记名的物权凭证，即仓单实际上是仓储物所有权的一种凭证。

4.4.2　国外仓储立法例

就立法例而言，各国的仓储立法大致分为三种：①采取民商分立的体例，将仓储合同立法规定在独立的商法典中，如日本、德国、意大利等，不过，德国已于 1931 年另外制定了《指示仓单规则》，日本也于 1956 年制定了专门的仓库业法；②采取民商合一的立法体例，将仓储合同列于民法典中，其代表国家是瑞士，瑞士的仓储立法被纳入《瑞士债务法》；③采取制定单行法规的立法体例，将仓储合同以单行法的形式独立立法，其代表国家主要是英美法系国家，大陆法系的比利时、奥地利、法国等也采取这种立法体例。

1. 日本的仓储立法

在日本，仓储立法被称为仓库寄托，列于其商法的第九章（第 597 ~ 628 条），内容极其详细。此后，日本又先后制定了专门的仓库业法（1956 年法 12 号）、农业仓库法等相关更为细致的仓储立法。

2. 德国的仓储立法

德国也是民商分立的国家，《德国商法典》第四编第五章以专章将商事仓储单列予以规定。此外，德国还于 1931 年 12 月制定颁布了《指示仓单规则》。如果具体的仓储商事行为中所涉及的问题没有被规定在上述两个法律中，仅仅适用这两个法律规定还不足以实现其法律调整目的的，则还可以适用诸如不来梅和汉堡的《仓库条例》《德国大型货物运输中转一般仓库条例》等特别的约定或仓库规则。

3. 其他国家的仓储立法

法国的仓储立法采取的是单行法规的立法体例，于 1858 年 5 月制定颁布了《关于仓库营业寄托物品交易之法律》，共 14 条。此外，还有 1898 年和 1906 年的《农人农产物出质仓单之法律》以及 1932 年的《关于煤油进口业者储藏煤油出质仓单之法律》等。这些法律共同构成了法国仓储立法的基本构架。瑞士是民商合一的国家，《瑞士债务法》中以寄托契约统领仓储营业，将仓库营业视为寄托的一种，规定在第482～486条。瑞士仓储立法的特殊之处在于其完全以立法形式肯定了寄托的诺成性，并明确规定仓单是无记名式。

4.4.3　我国仓储的法律规范体系

1953年召开的第一届全国仓储会议做出了《关于改革仓储工作的决定》，从而进一步明确了国营商业仓库实行集中管理与分散管理相结合的仓库管理体制。1981年12月13日，第五届全国人民代表大会第四次会议通过的《中华人民共和国经济合同法》以专条形式确立了仓储保管合同的法律地位，也标志着我国仓储业开始向合同制管理转轨。1985年10月15日，商业部、对外经济贸易部、国家物资局发布了《仓储保管合同实施细则》，该细则的实施极大地推动了仓储保管业的发展，促进了货物的流通。此后，1987年2月发布了《化学危险物品安全管理条例》（2002年《危险化学品安全管理条例》施行后被废止）。同年6月，当时的商业部发布了《国家粮油仓库管理办法》（2009年《粮油仓储管理办法》施行后被废止）。1988年10月又发布了《商业仓库管理办法》等。这些立法构成了《中华人民共和国合同法》颁布实施前我国仓储立法的主要框架。1999年3月15日，第九届全国人民代表大会第二次会议通过了《中华人民共和国合同法》，其中以第二十章专章规定了仓储合同，这标志着我国仓储合同立法正逐步走向成熟和完善，为仓储业的市场化发展提供了广阔的途径，开辟了法制化基础之上的仓储营业市场运作和规范管理的美好前景。随着《中华人民共和国合同法》的颁布实施，《中华人民共和国经济合同法》同时废止，其中有关仓储合同的规定也不再具有法律效力。《中华人民共和国民法典》第三编的第二十二章专门对仓储合同进行了定义：仓储合同是保管人储存存货人交付的仓储物，存货人支付仓储费的合同。《中华人民共和国民法典》主要规定了合同成立的时间，以及在存放危险物品和易变质物品的时候，存货人和保管人需要提供的相关凭证及各自所要承担的责任。随着《中华人民共和国民法典》的颁布实施，《中华人民共和国合同法》同时废止，而原有的《仓储保管合同实施细则》《商业仓库管理办法》等法律文件，只要不和《中华人民共和国民法典》相冲突，就仍然有效，依然应当适用。通过这些年的努力，应该说我国的仓储合同立法已经初具规模，对促进我国仓储业的发展起到了不容忽视的作用。但是，仓储立法并不等于仓储合同立法，除了合同之外，仓储法律制度还应该包括有关仓库营业人的内容。

4.5　仓储合同

4.5.1　仓储合同的概念

《中华人民共和国民法典》第九百零四条规定："仓储合同是保管人储存存货人交付的仓储物，存货人支付仓储费的合同。"其中交付仓储物的一方称为存货人，负责储存保管的一方称为仓库保管人，又称仓库营业人。在仓储合同中，双方本着加速货物流通、妥善保管货物、提高经济效益等目的达成协议，存货人将需要储存的货物交付给保管人，由保管人在规定的期限内，按合同约定的方式约束存货人在合同到期后取回储存货物，并支付一定的储存费用。简单而言，仓储合同就是当事人双方约定由保管人为存货人保管储存的货物，存货人为此支付报酬的合同。

4.5.2　仓储合同的特征

就仓储合同的性质而言，它仍然是保管合同的一种形式，但又具有与一般保管合同相区别的显著特征。

1）保管人须为有仓储设备并专门从事仓储保管业务的人。

2）仓储合同的保管对象为动产。

3）仓储合同为诺成合同。

4）仓储合同为双务有偿合同、不要式合同。

5）存货人主张货物已交付或行使返还请求权应以仓单为凭证。

4.5.3　仓储合同的类型

按照物流工作的不同，可将仓储合同分为以下几种：

1. 商品储存合同

商品储存合同是保管人根据存货人的要求为其储存保管商品，存货人向保管人支付商品储存的有关费用而订立的一种合同。

2. 商品检验合同

仓库在接受商品入库时，对商品的验收一般只是清点数量、检查外观，从商品包装外观核对品名、规格、产地等相关信息，查看是否有雨淋、水湿、残损等异常情况。如果存货人要求仓库检验商品的内在质量，应当另行签订商品检验合同。

3. 商品包装合同

当存货人要求保管人进行商品包装或进行商品重新组配时，双方应当订立商品包装合同。

4. 商品养护合同

为保证商品储存过程中的质量，在储存过程中需要采用翻倒、晾晒、防霉、杀虫等养护措施时，双方应当订立商品养护合同。商品养护合同一般在储存保管合同中单列条款，与储存合同合并订立。

5. 代办运输合同

当存货人要求保管人代办提取、运送、装卸、贴标签等工作时，应当签订代办运输合同。

6. 代办保险合同

受存货人委托，保管人代向保险部门办理保险手续时，双方应签订代办保险合同。

4.5.4　仓储合同的签订

1. 原则

（1）平等的原则

当事人双方法律地位平等是合同订立的基础，是任何合同行为都需要遵循的原则。任何一方采取恃强凌弱、以大欺小或者行政命令的方式订立的合同都是无效合同。任何一方都不能采取歧视的方式选择订立合同的对象。

（2）等价有偿的原则

仓储合同是双务合同，合同双方都要承担相应的合同义务，享受相应的合同利益。保管人的利益体现在收取仓储费和劳务费两方面。在仓储过程中保管人的劳动、资源投入的多少，决定了保管人能获得多少报酬。等价有偿的原则也体现在当事人双方合同权利和义务对等上。

（3）自愿与协商一致的原则

生效合同是指当事人完全根据自身的需要和条件，通过广泛的协商，在整体上接受合同的约定时所订立的合同。采取任何胁迫、欺诈等手段订立的合同都将是无效的合同。倘若合同没有协商一致，将来在合同履行中就会发生严重的争议，甚至会导致合同无法履行。

（4）合法和不损害社会公共利益的原则

当事人在订立合同时要严格遵守相关法律法规，不得发生侵犯国家主权、危害环境、超越经营权、侵害所有权等违法行为。合同主体在合同行为中不得有扰乱社会经济秩序、妨碍人民生活、违背道德的行为。

2. 性质

仓储合同和保管合同具有很多相似之处，它们都以对特定物品的储存和保管为合同内容，都属于提供劳务的合同，都只是临时转移标的物的占有权，合同期限届满，当事人都负有返还标的物的义务，标的物一般均为特定物或特定化了的种类物，保管人均应妥善保管等。这是因为仓储合同本身也是一种特殊的保管合同。但是仓储合同与保管合同也存在以下区别：

（1）仓储合同为双务有偿合同，保管合同多为单务无偿合同

仓储合同的标的物多是大宗货物，保管人具有营利性和专业性，仓储本身就是其业务活动，因此存货人原则上应付报酬。而保管合同可以是无偿的，也可以是有偿的，有偿或无偿取决于当事人的意愿，在当事人没有约定或约定不明时，一般为无偿。

（2）合同当事人的主体资格不同

仓储合同中的保管人多为专业性和营利性的法人、其他组织、个体户和农户，经营仓储合同必须经过主管部门批准，当事人多以营利为目的。而保管合同当事人中既有经过批准登记，在从事某些服务时兼营保管业务的法人和组织，也有单独的自然人，即法律对保管合同的当事人一般不做限制，对保管人的资质条件并无特殊要求。

（3）合同的标的物不同

保管合同的标的物可以是动产，也可以是不动产，但一般数量较少，实现保管不需太多的人力、财力。而仓储合同的标的物数量较大，多为整批货物，并且仓储合同只能包括动产，对不动产不能订立仓储合同。

3. 程序

（1）仓储合同签订前的准备阶段

在签订仓储合同前，合同的当事人——存货人和保管人，需要进行充分的沟通、协商和了解，最终达到双方意思表示的真实和一致。对存货人来说，要认真了解保管人是否具

有专门从事或者兼营仓储业务的营业资格，是否具有一定规模的仓储设施、设备，自有或租用必要的货运车辆。

（2）仓储合同签订的实质阶段

根据《中华人民共和国民法典》的规定，只有存货人和保管人之间依法就仓储合同的有关内容经过要约和承诺的方式达到意思表示一致，仓储合同才算成立，这一过程就称为合同订立的实质阶段。这一阶段主要经过以下三个环节：

1）提出"要约"。由存货或保管的一方提出签约的建议，包括订约的要求和合同的主要内容。

2）"承诺"。对另一方的"要约"，表示完全同意，在此基础上签订的协议、合同即具有法律效力；如果对"要约"的内容、条件有不同的意见，必须经过充分协商，取得一致意见。

3）"签约"。由双方的法人代表签字、单位盖章。

4.5.5　仓储合同当事人的权利和义务

1. 存货人的权利和义务

（1）存货人的权利

1）提货权。存货人拥有凭仓单提取仓储物的权利。如果在合同中约定了仓储时间，存货人有权提前提取仓储物。如果在合同中没有约定仓储时间，存货人仍有随时提取仓储物的权利。

2）转让权。物品在储存期间，存货人有权将提取物品的权利转让给他人，但是必须办理仓单的背书手续。

3）检查权。物品在储存期间，存货人有权随时检查仓储物，但在检查过程中不得妨碍保管人的正常工作。

4）索赔权。因保管人的原因造成仓储物损坏、灭失的，存货人有权向其索赔。

（2）存货人的义务

1）如实告知货物情况的义务。存货人需要把储存的易燃、易爆、有毒、有放射性等危险物品或易腐烂等特殊物品的物品性质以及如何预防的方法告知存货人。

2）按约定交付货物的义务。存货人应当按照合同约定的品种、数量、质量等将货物交付给保管人保管入库，并在验收期间向保管人提供验收资料，存货人不能按此约定交付储存物的，应承担违约责任。

3）按约定支付仓储费和其他必要费用的义务。仓储费是保管人提供仓储服务应得的报酬。其他必要费用是指为了保护存货人的利益或避免损失发生而支付的费用。

4）按约定及时提取货物的义务。仓储合同期限届满，存货人应当凭仓单及时提取储存货物，提取货物后应交回仓单。

2. 保管人的权利和义务

（1）保管人的权利

1）紧急情况下对仓储物的处置权。《中华人民共和国民法典》第九百一十三条规定："保管人发现入库仓储物有变质或者其他损坏，危及其他仓储物的安全和正常保管的，应当催告存货人或者仓单持有人做出必要的处置。因情况紧急，保管人可以做出必要的处置；但是，事后应当将该情况及时通知存货人或者仓单持有人。"本条规定了保管人的催告义务以及保管人在紧急情况下对仓储物的处置权。

2）对仓储物的提货权。《中华人民共和国民法典》第九百一十六条规定了保管人对仓储物的提存权："储存期限届满，存货人或者仓单持有人不提取仓储物的，保管人可以催告其在合理期限内提取；逾期不提取的，保管人可以提存仓储物。"

3）报酬费用请求权。仓储合同是一种商事合同，保管人从事仓储业的目的就是营利，因此保管人有报酬费用请求权。例如：合同有约定期限的，存货人提前提取不减收仓储费，逾期提取应加收逾期期间的仓储费；仓储合同终止时，存货人未按约定支付仓储费的，保管人可以对存货物行使留置权。

4）留置权。仓储合同中，保管人按照合同占有仓储物，一旦存货人或仓单持有人不履行仓储合同义务，如不支付仓储费、不赔偿因违约而给保管人造成的损失等，保管人即可行使留置权。

（2）保管人的义务

1）给付仓单的义务。仓单是保管人在收到仓储物时，向存货人签发的表示已经收到一定数量的仓储物，并以此来代表相应的财产所有权的法律文书。存货人或仓单持有人将以仓单内容向保管人主张权利，保管人也将以仓单所记载的内容向存货人或仓单持有人履行义务。

2）妥善保管仓储物的义务。保管人储存危险物品或易变质物品的，应当具备相应的保管条件。危险物品是指易燃、易爆、有毒、有腐蚀性、有放射性的物品，这类物品由于性质复杂，容易发生剧烈反应而燃烧、爆炸或造成其他危险和灾害。所以对危险物品的仓储保管，要求使用特殊的仓储设备，采取特殊的仓储措施。

3）验收货物和危险通知义务。保管人在接受存货人交存的货物时，应当按照合同规定对货物进行验收，如货物的品名、规格、数量、外包装状态等。如果在仓储物储存过程中，发现仓储物有变质或其他损坏，或有发生此种变质或损坏的危险时，应及时通知存货人或仓单持有人，使其及时知道损坏的发生，从而尽早采取相应措施，避免更大的损失出现。

4）返还仓储物的义务。仓储合同约定的保管期限届满，或者因其他事由中止合同时，保管人应将储存的原物返还给存货人或仓单持有人，不得无故扣押仓储物。

4.6　现代仓储业务概述

4.6.1　保税物流

1. 保税物流的概念

保税物流特指在海关监管区域内，包括保税区、保税仓、海关监管仓等，从事物流相关业务，企业享受海关实行的"境内关外"制度以及其他税收、外汇、通关方面的特殊政策。

2. 保税物流的六大功能

1）保税仓储。可保税存放各种贸易方式的进口商品和已申报的出口商品。

2）国际物流配送。货物可自由配送给境内、境外企业，也可在国内其他海关监管特定区域内进行转移。

3）简单加工和增值服务。可从事不改变货物化学性质和不超过海关规定增值率的简单加工。

4）进出口贸易和转口贸易。可与境外自由开展进出口贸易和转口贸易。

5）口岸功能。实现内陆地区与港口的联动。

6）物流信息处理和咨询服务功能。物流信息包括要素信息、管理信息、运作信息和外部信息。要素信息包括流体、载体、流向、流量、流程五个要素，涉及物流全局；管理信息包括物流企业或企业物流部门人、财、物等信息，涉及物流组织内部的各种信息；运作信息包括功能、资源、网络、市场、客户、供应商信息等，涉及物流过程与市场的信息；外部信息则包括政策、法规、技术等涉及物流环境的信息，并且提供对外贸易咨询服务。

3. 我国保税物流的基本形式

（1）保税仓库

保税仓库是经海关核准的专门存放保税货物的专用仓库，是保税制度中应用最广泛的一种形式。

（2）保税区

海关对进出该区的货物、运输工具、个人携带物品实施监管。该区是海关监管的特定区域。

（3）保税港区

保税港区具有国际中转、采购、配送和转口贸易、商品展示、出口加工等功能，实施保税区政策和出口加工区政策，进口货物入港保税、出口货物入港退税。

（4）保税物流园区

保税物流园区实行保税区及出口加工区叠加政策；国内货物进入园区视同出口，办理报关手续，实行退税；园区货物内销按货物进口的有关规定办理报关手续，货物统一按照实际状态征税；区内货物自由流通，免征增值税和消费税。

4. 保税港区开展仓储物流业务的优势

（1）保税港区仓储物流的硬件优势

保税港区的物流枢纽功能主要体现在仓储设施的完备以及发达的交通两个方面。

（2）保税港区仓储物流的配套环境优势

仓储物流配套环境是一个较大的系统工程，包括周边产业分布、商业环境、从业人员的生活条件、金融状况等，这些都会对仓储物流业的发展产生重要的影响。

（3）保税港区仓储物流的政策优势

由于保税港区具有进出口加工、国际贸易、保税仓储、商品展示等功能，享有"免证、免税、保税"政策，实行"境内关外"运作方式，是中国对外开放程度最高、运作机制最便捷、政策最优惠的经济区域之一。

（4）保税港区仓储物流的功能提升优势

完善货物配载、货物中转与仓储、国内外货物代理、多式联运、物流信息管理的功能；进一步完善进出口贸易、报送、通关、货物装卸、保税仓储、分拨配送等服务功能。

（5）保税港区仓储物流的监管高效优势

采用高科技手段，设置先进的海关监管设施和完备的企业电子账册管理系统，既保证了海关对保税港区物流的严密监管，又使货物能够快速流通。

（6）保税港区的体制创新优势

海关、检验检疫、边检等监管单位，在港区试行"一站式"申报，并与邻近港口的监管单位紧密配合，减少通关环节，提高通关效率和降低商务成本。

4.6.2　融通仓

1. 融通仓的产生背景

（1）贷款类型中国人民银行制定的《贷款通则》第九条规定，贷款分为信用贷款、担保贷款、票据贴现三种基本类型。

1）信用贷款：以借款人的信誉向银行申请的贷款。

2）担保贷款：划分为保证贷款、抵押贷款和质押贷款。

3）票据贴现：贷款人以购买借款人未到期商业票据的方式发放的贷款。

（2）金融机构开展面向中小企业的质押贷款业务面临的瓶颈

1）中小企业真正可以并愿意用于质押的动产，主要是具有较强变现能力的在一定时期内处于存储状态的原材料、产成品等动产。

2）金融机构不得从事除金融服务以外的其他领域的经营活动，要实现对动产质物的占有权，必须借助除借款人之外的第三方提供质物监管与仓管服务。

3）质物的价值评估。金融机构对质押物品的实际价值无法进行专业评估，只能委托除借款人之外的第三方进行质物的价值评估。

4）企业用于质押的物品对其产销供应链的运行影响很大，要求金融机构在实现对质物占有权的同时，尽量降低对借款人正常产销活动的影响。

2. 融通仓的概念

2002 年 2 月，复旦大学管理学院罗齐和朱道立等人提出"融通仓"的概念和运作模式，迄今仍有系列成果推出。

"融"是指金融，"通"是指物资的流通，"仓"是指物流的仓储。融通仓是一个以质押物资仓管与监管、价值评估、公共仓储、物流配送、拍卖为核心的综合性第三方物流服务平台，是以周围中小企业当作关键的服务对象，把流动商品仓储当作基础，不仅为银行和企业之间的合作构架新桥梁，而且很好地融入企业供应链体系之中，成为中小企业重要的第三方物流服务提供者。因此，融通仓是一项将物流、信息和资金联系在一起的创新。对于质物的要求有：所有权明确；用途广，易变现；价格稳定，波动小；便于保存，不易变质等。融通仓涵盖多重细化的活动，人们进行融通仓活动的方法多种多样，然而有三个最主要的方面，分别是融通物、融通平台和融通关系。

（1）融通物

融通物是指在融资方面的质押物，也就是说要融资的公司的产品或者半成品，这是公司的流动资产，在融通仓活动当中是获得融资的前提。融通物具有自然属性和社会属性。自然属性指的是物理、化学、生物属性，社会属性指的是质押物的价值。

（2）融通平台

融通平台是要把融通仓活动的机制和机构联系在一起，比如担保公司和银行、第三方物流企业和银行联系在一起，其关键性功能是展示融通仓的现状，提高融通仓活动的效率。

（3）融通关系

融通关系指的是在融通仓活动中，融资的企业、提供融通仓服务的平台（如担保机制、第三方物流企业等）、提供融资的金融机构之间的联系。

3. 融通仓的服务职能

（1）物流职能

物流职能是融通仓最基本的服务职能，具体包括生产、采购、加工、运输、仓储、装卸、配送等方面。在企业日常的运营活动中，一旦某个环节出现资金缺口，可利用融通仓的服务职能来协助解决企业部分的融资问题；当融资风险出现时，物流职能可以通过对实物的有效监管来防范资金提供者（银行）的潜在风险。

（2）资金结算服务职能

在融通仓的交易过程中，经常涉及第三方物流企业、银行、融资需求企业等，其结算和支付过程较为复杂。融通仓的资金结算服务功能能够提供专业高效的资金结算方式，直接或间接地提供金融结算、资金划拨等一系列的配套服务，为融通仓的交易提供保障。

（3）风险管理服务职能

在融通仓的交易运作中，风险几乎伴随着交易过程的每个环节，包括包装、运输、装卸搬运、仓储、流通加工等一系列过程。融通仓的风险管理服务包括一整套的风险防范及解决方案，可有效地帮助融通仓的参与者发现、防范、量化、控制和规避风险。

4. 互联网环境下的融通仓运作模式

依照交易型电子商务平台的各种交易模式和融资模式，以中国较为经典的三种交易型电子商务平台进行对比分析：以"网络联保"为主的信息平台模式；以"金银岛"为主的仓单杠杆模式；以"一达通"为主的直接授信模式。

（1）"网络联保"模式

这是一种不要求抵押物的贷款机制，由三家或者三家以上的公司联合向银行申请贷款，企业之间共同承担风险且违约成本较高，可为银行减轻一定的风险。然而，这种模式具有一定的缺点。"网络联保"贷款服务的主要对象是承担对外贸易的中小公司，因为在这些中小公司进行网络联保之前要对其考核，所以无法快速处理资金短缺、交易成本过高的问题。且由于联保体员工也具有相互联系资金流通信息的可能，可能会造成联保体内集体大量逃脱债务的情况。

（2）"金银岛"模式

"金银岛"网上商品平台就是为石油、冶金、钢铁等大量原料企业的客户提供涵盖沟通平台、融资平台和供应链平台的电子商务处理方案。这种模式通过给客户提供关键性的行业信息，使得企业在获得部分资金之后，可以在交易平台上匿名购物，可以进行贷款买货、以货换钱的全方面融资服务。这种模式完全打破了经典的 B2B 电子商务"线上商谈，线下支付"的模式，极大地降低了公司的违约风险。然而这种方式也有弊端，如在交易贷款方面的了解、产品质量的认证以及在交易的过程当中需承担风险等问题上，想要处理协调好还有一定的难度，所以仍然具有一定的风险。

（3）"一达通"模式

这是一种面对外贸企业的虚拟服务平台，把散布在不同行业、不同地域的中小企业联合在一起，为它们提供"询问＋交易＋物流＋贸易"的全方位的服务。面对第三方，因为"一达通"借助的是企业在这个平台上实际的资金信息和经营状况，能够通过了解企业的资金流通来明确其偿债能力，进而及时地评估贷款风险。然而这种融资模式也需要承担一定的风险，因为"一达通"提供服务的中小企业不需要抵押物。

5. 基于参与各方相互关系的融通仓运作模式

（1）委托模式

所谓委托模式融通仓，是指银行把动产质押过程中不擅长的一部分业务委托给第三方物流（3PL）来处理，如质押物的价值评估、仓储、监管、拍卖等。3PL利用专业的技术手段、丰富的专业知识和便利的存储条件处理这些业务要优于银行自己去做，这样可以减少银行的交易成本，提高银行信贷的积极性和运作效率。该模式适用于以下情况，即银行具有较强识别和管理借款人信用风险的能力，但缺乏储存、监控及处理质物风险的能力，而3PL的参与又可降低对于银行而言的质押物风险，只要这种风险的降低带来的收益大于银行为此支付的委托代理费，就可采用委托的三方契约模式。委托模式融通仓基本运作流程如图4-1所示。

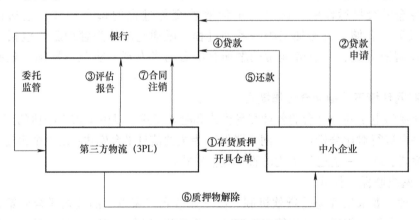

图4-1　委托模式融通仓基本运作流程

（2）统一授信模式

银行选择一些规模较大、收益较好、较有实力的3PL，给予它们一定的信贷额度，然后由3PL与中小企业直接接触、谈判。至于要选择哪些中小企业及要给予多少信贷，主要是由3PL来决定。银行只是到期收取本息，无须插手具体业务过程，银行和3PL仅是业务合作或信贷关系。在此模式下，银行风险将得到有效控制，因为3PL对银行的贷款承担责任。统一授信模式相较于委托模式而言，更好地利用了物流企业的信息优势，一般适用于物流企业的信息能力相较于银行来说更有优势，而银行对物流企业的监控成本过高的情况。统一授信模式融通仓基本运作流程如图4-2所示。

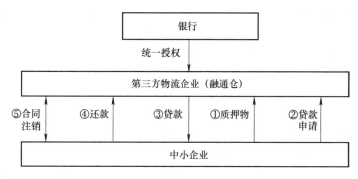

图4-2　统一授信模式融通仓基本运作流程

（3）共同委托模式

共同委托是指在同一业务中，利益相关或不相关的两个不同委托人委托同一个代理人做相同或相似业务的行为。在融通仓业务中，物流企业是连接中小企业和银行的桥梁，既是银行的代理人，代其监控仓库中的质押物，同时也是中小企业的代理人，代其保管仓库中的质押物。不过这种模式只适合某些质押物，这些质押物对中小企业的生产经营或销售影响较大，质押物的丢失、损耗等都会给中小企业造成很大的损失，如生产中断、延误，近而错失市场机会等。中小企业为了减少潜在的损失，可与银行结成联盟，共同确保质押物的安全。不过在保护质押物安全的过程中，银行和中小企业对物流企业要求的侧重点有所不同，银行希望物流企业确保质押物的价值稳定、变现容易等，其目的是控制风险。而中小企业则希望物流企业能够保护质押物的完好，不要丢失、变质、损毁等，其目的是不影响生产或销售。共同委托模式融通仓基本运作流程如图4-3所示。

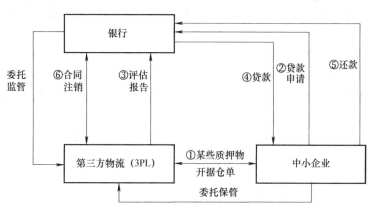

图4-3　共同委托模式融通仓基本运作流程

（4）联盟模式（银行和物流企业）

这是一种较高级的运作模式，银行和物流企业之间不再是委托代理关系，而是一种联营或合作的关系。金融机构兼物流企业、物流企业兼金融机构或双方联合组建一个新的金融服务机构来开展融通仓业务。新的融资服务机构直接同需要质押贷款的企业接触、沟通和谈判，签订质押借款合同和仓储管理服务协议。向中小企业提供质押融资的同时为企业寄存的质押物提供仓储管理和监管的一体化服务，将申请贷款和质押物监管等多项任务整合操作，提高质押贷款业务的运作效率。在这种运作模式中，融资主体不再是单一的银行或物流企业，而是由双方创建的专门的融资服务机构，该机构会根据客户的需求对质押物提供个性化的仓储和监控服务。此外，这种运作模式不仅可以开展质押信贷业务，也可以进行结算、咨询等业务，提供"一条龙"服务，使交易的实施更加便利，同时也可降低交易成本。

6. 基于供应链的融通仓运作基本模式

供应链融资是把供应链上的核心企业及其相关的上下游配套企业作为一个整体，根据供应链中企业的交易关系和行业特点制定基于物权及现金流控制的整体融资解决方案的一种融资模式。供应链融资解决了上下游企业融资难、担保难的问题，而且通过打通上下游融资瓶颈，还可以降低供应链融资成本，提高核心企业及配套企业的竞争力。在融通仓业务运作中，主要采用了以下两种模式：

（1）质押担保融资模式

质押担保融资模式的运作主要表现为：通过中小企业（融资主体）、第三方物流企业（融通媒介）、商业银行（融资对象）三方协商签订长期合作协议；中小企业在协作商业银行开设账户的同时，成为第三方物流企业融通仓的会员企业；中小企业的存货等物资进入第三方物流企业的融通仓，同时向银行提出贷款申请；第三方物流企业负责货物验收、价值评估及监管，并据此向银行出具证明文件；银行根据贷款申请和价值评估报告对中小企业发放贷款；中小企业销售其融通仓内的产品；第三方物流企业在确保其客户销售产品的收款账户为中小企业在协作银行开设的账户时才发货；银行从中小企业的账户中扣除相应资金以偿还贷款。

根据《中华人民共和国民法典》第四百二十五条，如果中小企业不履行或不能履行贷款债务，银行有权从质押物中优先受偿。质押担保融资模式的优点是：质押物由第三方物流企业进行监管，风险较小。对于银行而言，这是一种保守型的资金周转模式，对存货周转频繁、周期性强的中小企业较为适用。

（2）信用担保融资模式

信用担保融资模式的运作主要表现为银行通过对第三方物流企业经营业绩、资信状况、业务范围等要素的评价，授予第三方物流企业一定的信贷额度，第三方物流企业通过对中小企业的生产规模、市场份额、融通物价值及发展前景等因素的分析对比，分配会员企业的信用额度，并以受信企业在其融通仓内的货物价值作为信用安全的保证。信用担保融资模式的优点是简化银行信贷程序，给信用状况较好的中小企业提供更便利的信贷服务，也保证第三方物流企业的自身权益。这种模式对经营规模大、业务内容广、资信条件好的第三方物流企业较为适用。

【案例分析】

跨境电商保税仓的自动化与智能化升级

一、项目背景和需求

物流能力不足是跨境电商行业普遍的痛点，除"6·18""双11"、节假日、周年庆等大型促销外，电商一般在每月都会设有促销日，而这些大促物流订单又是其中最为棘手的难题。为最大限度缓解旺季物流状况的窘境，跨境电商卖家和企业的旺季备货越来越早，仓库人员的配备培训越来越早，海外仓货物也更早地发货。这些举措虽然能在一定程度上缓解跨境电商旺季的物流难题，但新的难题也随之出现，例如促销导致短时间内订单量暴增，人工操作速度无法满足发货的时效要求，且易忙中出错，从而给跨境电商卖家带来更多售后问题。

国内某知名电商平台 W 以自营直采模式为主，在世界各大主要城市设有分支机构，与全球近千家一线品牌和顶级供应商建立深度合作，已成为全国最大的跨境电商自营平台。为满足业务发展需要和提升跨境物流能力，W 电商平台计划建立具有高标准、专业化、自动化的新一代跨境电商物流运营中心。针对 W 电商平台的需求，凯乐士科技集团在对现场环境和条件进行精确研究后，经过全面数据分析，通过对电商业态发展趋势和业务量的理性预测，同时根据各业态作业需求进行大量的设备选型比较后，形成最终设计方案。保税仓主要为客户提供定制化的跨境电商物流服务，其存储的商品主要为洗护、母婴、食品等商超类。项目分为两期，项目一期已在 2018 年 6 月上线，主要为传统作业模式——全人工作业，面积达 10 000m² 的 7 号库库区。项目二期在一期的基础上进行改造升级，同时新增 10 000m² 的 5 号自动化库。其中，穿梭车库和输送线主要在 5 号自动化库，横梁货架主要在 7 号库。区域设置为高位货架区、堆垛区、穿梭车库区、货到人拣选区、播种区、出库分拣区。设备主要分为穿梭车库、输送线、横梁货架、存储设备四部分。输送线共约 1.3km，穿梭车库包括穿梭车、提升机以及有 20 000 多个货位的密集存储货架，横梁货架包含 5000 多个托盘货位，存储设备包括 20 000 多个料箱和 7000 个托盘。

二、项目亮点

由凯乐士科技集团为其提供全面的智慧物流建设一站式服务，引入了包括四向穿梭车、高速提升机、高位货架、输送分拣线、高速分拣机等在内的各种智能装备，以及凯乐士科技集团自主研发的物流管理软件（WCS、WMS）等系统构建内部智能物流系统，建立了具有行业示范标准的全自动化专业穿梭车仓库，仓库面积达约 1500m²，存储能力达 3 万箱，实现日均订单 2 万件、高峰订单 5 万件的设计产能，预计年订单量超过 700 万个。该项目为国内跨境电商产业发展带来极大的示范和拉动效应。

1. 开发电商物流管理系统解决方案

在穿梭车仓库的货架上，各类商品按照不同的 SKU[⊖] 编码对号入座。当客户下单后，系统第一时间将商品数据传送至自动仓，由此启动自动化分拣任务。周转箱带着客户所需商品在拣选和回库滑道上来回穿梭，直至把不同订单的货物逐个分拣出来，传送至播种区（多品种）或单品区，以便做好出库前的最后"打扮"，如复核、打包、贴面单等，最后出库。本项目通过无线终端与自动化流水线和仓库信息管理系统的无缝集成，实现智能化仓库作业管理。便捷高效的自动化分拣配货，可减少仓库配货人工成本，提升作业效率。

2. 智能穿梭车的高效应用

传统的分拣方式需要人员登梯爬到每一个货架上取货，如今有了智能穿梭车和高速提升机等自动化设备，可以通过巷道将货物逐一送到作业人员面前。凯乐士科技集团自主研发的智能穿梭车系统具有高效、高可靠性等特点。穿梭车最高速度可达 4m/s，最大加速

⊖　SKU 直译为最小存货单位，定义为保存库存控制的最小可用单位。

度达 $2m/s^2$，定位精度达 ±1mm，大大提高了进出货效率。它使用先进的超级电容供电方式，充电 10s 可满足穿梭车 3 min 的使用需求，极大提高了设备对能源的利用率。在传统的多层穿梭车系统中，一旦提升机发生故障，整个巷道作业都会受到影响，而四向穿梭车系统则可以重新规划路径，通过其他提升机继续完成作业，使系统作业能力几乎不受影响。

三、实施效果

该项目实现了货到人、集货、播种、分拨等功能，尤其在穿梭车库与输送线的货到人拣选方案中，创新开发出异常处理模块，有效解决了货到人的流量调度问题。相较于传统平库拆零货架的存储能力，穿梭车库的存储密度提升了近 13 倍，货物分拣效率提升了 20 倍。自动化仓库每班 8h 可分拣 1.8 万单，24h 可分拣 5.4 万单，跨境商品最快可以当天送达，从而为当地保税港区的跨境电商领域向自动化、智能化、高端化升级提供了助力。

讨论题

1. 结合资料，讨论我国跨境电商的行业特点及物流环节存在的不足。
2. 保税仓自动化和智能化升级为当地跨境电商带来哪些实际意义？

【思考练习题】

一、选择题

1. 合同仓储不包括_____。
A. 专有性　　　　　B. 量身定制服务　　　C. 风险分担　　　　D. 利益共享
2. 下列属于仓储管理固定成本的是_____。
A. 货品损坏成本　　　　　　　　　B. 设备维修费用
C. 设备设施折旧　　　　　　　　　D. 临时人员工资
3. 仓储管理变动成本包括_____。
A. 货损成本　　　　B. 库房租金　　　　C. 设备折旧　　　　D. 固定工资
4. 仓储合同订立的原则不包括_____。
A. 平等原则　　　　　　　　　　　B. 等价有偿原则
C. 自愿与协商一致原则　　　　　　D. 临时性原则
5. 保税制度中应用最广泛的一种形式，经海关核准的专门存放保税货物的是_____。
A. 保税区　　　　　B. 保税港　　　　　C. 保税仓库　　　　D. 保税物流园区

二、填空题

1. 仓储绩效评价常用的指标体系包括_____、_____、_____、_____和_____指标。
2. 仓储持有成本可以分为_____和_____两大部分。
3. 保税物流的六大功能是_____、_____、_____、____、_____和_____。
4. 我国保税物流的基本形式是_____、_____、_____和_____。

5．融通仓涵盖多重细化的活动，人们进行融通仓活动的方法多种多样，然而有三个最主要的方面，分别是＿＿＿＿＿＿、＿＿＿＿＿＿、＿＿＿＿＿＿。

三、简答题

1．简述合同仓储和一般性公共仓储的区别。

2．目前针对仓储型物流企业的绩效评价方法有哪些？

3．仓储成本管理的意义是什么？如何降低仓储成本？

4．仓储合同中保管人的权利和义务是什么？

5．论述互联网环境下的融通仓运作模式。

第 5 章

仓储安全管理与物品养护

【学习目标】

- 了解仓库治安保卫管理的定义、管理制度和治安保卫工作的内容
- 掌握仓库火灾的知识，以及防火、灭火的方法
- 了解物品养护的概念与任务
- 掌握库存物品的变化及损耗，以及库存物品的养护方法；熟悉特殊物品的保管
- 理解危险品仓库类型，掌握危险品仓库管理
- 掌握危险品储存的基本要求

5.1 仓库安全管理

仓库是物品高度集中的重要基地，也是广大仓储人员进行各种仓储作业的场所。仓库安全管理就是要及时发现并消除火灾、被盗、物品霉烂变质等安全隐患，在发生事故、安全问题时，能够采取有效措施降低损失的程度，保证仓储的正常、安全运作。因而做好仓库的安全管理工作直接影响到企业的生存和发展，是仓储工作的首要任务，也是每个工作人员的基本职责。

5.1.1 仓库治安保卫管理

1. 仓库治安保卫管理的定义

仓库治安保卫管理是仓库为了防范、制止恶性侵权行为、意外事故对仓库及仓储财产的侵害和破坏，并维护仓储环境的稳定，保证仓储生产经营的顺利开展所进行的管理工作。

2. 治安保卫管理制度

治安保卫管理必须贯彻预防为主、确保重点、打击犯罪、保障安全的方针，治安保卫工作的顺利开展必须有完善的制度保障。为此，仓储部门应建立一系列治安保卫管理制度。

（1）安全岗位责任制度

仓储部门或企业应根据收发、保管、养护等具体业务特点，确定每个岗位的安全责

任，并与奖惩挂钩。通过认真贯彻执行安全岗位责任制度来加强员工的责任感，堵塞工作中的漏洞，保证仓储工作秩序有条不紊，确保仓库安全。

（2）门卫、值班、巡逻、守护制度

门卫是仓库的咽喉，必须严格人员、货物的出入管理。传达室人员及值班警卫人员要坚守岗位，尽职尽责，对外来人员必须进行验证、登记，及时报告可疑情况，以防意外发生。

（3）仓储设施管理制度

仓储设施管理是进行仓储工作的必要条件。完善的仓储设施管理制度能保证仓储业务活动的正常进行，避免意外事故的发生，也有利于仓储经营取得最大的经济效益。

（4）重要物品安全管理制度

从安全角度看，危险品、价值极高的物资应重点防护、认真对待，以免造成人身伤亡和巨大的经济损失。

（5）机动车辆安全管理制度

机动车辆安全管理也是治安保卫管理的一个重要方面。外单位的车辆不得随意进入，因业务需要必须进入的，应履行必要的手续，且必须做好防火、防爆等保护措施。严格加强仓库自有车辆的使用制度，做到安全用车，避免灾害事故的发生。

（6）实现安全监控电子化

计算机技术和电子技术的发展促进了仓库安全管理的科学化和现代化，仓库安全管理必将突破传统的经验管理模式，增加安全管理的科技含量，依靠科技手段，推广应用仓储安全监控技术，提高仓储安全水平。

（7）治安防范的奖惩制度

认真落实治安防范的奖惩工作直接关系到安全岗位责任制度能否有效运行。因此，有必要建立完善的治安防范奖惩制度，对治安防范工作做得好的给予表扬、奖励，对工作不负责任而发生事故和问题的给予批评或处罚。

3. 治安保卫工作的内容

（1）出入口和要害部位

仓库大门是仓库与外界的连接点，是仓库地域范围的象征，也是仓储承担货物保管责任的分界线。大门守卫是维持仓库治安的第一道防线，大门守卫负责开关大门，限制无关人员、车辆进入，接待入库办事人员并实施身份核实和登记，禁止入库人员携带火源、易燃易爆物品入库，检查入库车辆的防火条件，指挥车辆安全行驶、停放，登记入库车辆，检查出库车辆，核对出库货物、物品放行条和实物，并收存放行条，查问和登记出库人员携带的物品，特殊情况下查扣物品、封闭大门。

对于危险品仓、贵重物品仓、特殊品储存仓等特殊仓库，需要安排专职守卫看守，限制人员接近，防止危害、破坏和失窃。

（2）巡逻检查

由专职保安员不定时、不定线、经常地巡视整个仓库区域每一个位置的安全保卫工作。若巡逻检查中发现不符合治安保卫制度要求的情况，应采取相应的措施处理或者通知相应部门处理。

（3）防盗设施、设备的使用

仓库的防盗设施大至围墙、大门，小到门锁、防盗门、窗，仓库要根据法规规定和治安保管的需要来设置和安装。仓库使用的防盗设备除了专职保安员的警械外，主要有视频监控设备、自动警报设备、报警设备，仓库应按照规定使用所配置的设备，专人负责操作和管理，确保设备的有效运作。

（4）治安检查

治安责任人应经常检查治安保卫工作，督促照章办事。治安检查实行定期检查与不定期检查相结合的制度，班组每日检查、部门每周检查、仓库每月检查，及时发现治安保卫漏洞、安全隐患，并采取有效措施及时消除。

（5）治安应急

治安应急是仓库发生治安事件时，采取紧急措施，防止和减少事件造成的损失的制度。

5.1.2　仓库消防

仓库消防管理的方针是"预防为主、防治结合"。仓库的消防管理工作包括仓库建设时的消防规划、消防管理组织、岗位消防责任、消防工作计划、消防设备配置和管理、消防检查和监督、消防日常管理、消防应急、消防演习等。

1. 仓库消防管理措施

（1）普及防火知识

坚持经常性的防火宣传教育，普及消防知识，不断提高全体仓库工作人员对火灾的警惕性，使之学会基本的防火、灭火方法。

（2）遵守《建筑设计防火规范》［GB 50016—2014（2018 年版）］

新建、改建的仓库要严格遵照《建筑设计防火规范》的规定，不得擅自搭建违章建筑，也不得随意改变建筑物的使用性质。仓库的防火间距内不得堆放可燃物品，不得破坏建筑物内已有的消防安全设施、消防通道、安全门、疏散楼梯、走道，要始终保持其畅通。

（3）易燃、易爆的危险品仓库必须符合防火、防爆要求

凡是储存易燃、易爆物资的危险品仓库，进出的车辆和人员必须严禁烟火；危险品应专库专储，性能相抵触的物资必须分开储存和运输，专库须由专人管理，防止剧烈振动和撞击。易燃、易爆危险品仓库内，应选用不会产生电火花的开关。

（4）电气设备应始终符合规范的要求

仓库中的电气设备不仅安装时要符合规定要求，而且要经常检查，一旦发现绝缘损坏要及时更换，不应超负荷，不应使用不合规格的保险装置。电气设备附近不能堆放可燃物品，工作结束应及时切断电源。

（5）明火作业须经消防部门批准

若需电焊、气割、烘烤取暖、安装锅炉等，必须经有关的消防部门批准，才能动火工作。

（6）配备适量的消防设备和火灾报警装置

根据仓库的规模、性质、特点，配备一定数量的防火、灭火设备及火灾报警器，按防火灭火的要求，分别将其布置在明显和便于使用的地点，并定期进行维护和保养，使之始终保持完好状态。

2. 仓库防火

（1）储存管理 ［《仓储场所消防安全管理通则》（XF 1131—2014）］

1）仓储场所内不应搭建临时性的建筑物或构筑物；因装卸作业等确需搭建时，应经消防安全责任人或消防安全管理人审批同意，并明确防火责任人、落实临时防火措施，作业结束后应立即拆除。

2）仓储场所按储存物品的火灾危险性应按 GB 50016 的规定分为甲、乙、丙、丁、戊五类。室内储存场所不应设置员工宿舍。甲、乙类物品的室内储存场所内不应设办公室。其他室内储存场所确需设办公室时，其耐火等级应为一、二级，且门、窗应直通库外。

3）甲、乙、丙类物品的室内储存场所其库房布局、储存类别及核定的最大储存量不应擅自改变。如需改建、扩建或变更使用用途的，应依法向当地公安机关消防机构办理建设工程消防设计审核、验收或备案手续。

4）物品入库前应有专人负责检查，确认无火种等隐患后，方准入库。

5）库房储存物资应严格按照设计单位划定的堆装区域线和核定的存放量储存。

6）库房内储存物品应分类、分堆、限额存放。每个堆垛的面积不应大于 150m²。库房内主通道的宽度不应小于 2m。

7）库房内堆放物品应满足以下要求：

① 堆垛上部与楼板、平屋顶之间的距离不小于 0.3m（人字屋架从横梁算起）。

② 物品与照明灯之间的距离不小于 0.5m。

③ 物品与墙之间的距离不小于 0.5m。

④ 物品堆垛与柱之间的距离不小于 0.3m。

⑤ 物品堆垛与堆垛之间的距离不小于 1m。

8）库房内需要设置货架堆放物品时，货架应采用非燃烧材料制作。货架不应遮挡消火栓、自动喷淋系统喷头以及排烟口。

9）甲、乙类物品的储存除执行 GB 15603 的要求外，还应满足以下要求：

① 甲、乙类物品和一般物品以及容易相互发生化学反应或灭火方法不同的物品，应分间、分库储存，并在醒目处悬挂安全警示牌标明储存物品的名称、性质和灭火方法。

② 甲、乙类桶装液体，不应露天存放。必须露天存放时，在炎热季节应采取隔热、降温措施。

③ 甲、乙类物品的包装容器应牢固、密封，发现破损、残缺，变形和物品变质、分解等情况时，应及时进行安全处理，防止跑、冒、滴、漏。

④ 易自燃或遇水分解的物品应在温度较低、通风良好和空气干燥的场所储存，并安装专用仪器定时检测，严格控制湿度与温度。

10）室外储存应满足以下要求：

① 室外储存物品应分类、分组和分堆（垛）储存。堆垛与堆垛之间的防火间距不应小于 4m，组与组之间防火间距不应小于堆垛高度的 2 倍，且不应小于 10m。室外储存场所的总储量以及与其他建筑物、铁路、道路、架空电力线的防火间距应符合 GB 50016 的规定。

② 室外储存区不应堆积可燃性杂物，并应控制植被、杂草生长，定期清理。

11）将室内储存物品转至室外临时储存时，应采取相应的防火措施，并尽快转为室内储存。

12）物品质量不应超过楼地面的安全载荷，当储存吸水性物品时，应考虑灭火时可能吸收的水的质量。

13）储存物品与风管、供暖管道、散热器的距离不应小于0.5m，与供暖机组、风管炉、烟道之间的距离在各个方向上都不应小于1m。

14）使用过的油棉纱、油手套等沾油纤维物品以及可燃包装材料应存放在指定的安全地点，并定期处理。

（2）装运管理

1）装卸化学易燃物品，必须轻拿轻放，严防振动、撞击、重压、摩擦和倒置。不准使用能产生火花的工具，不准穿带钉子的鞋，并应当在可能产生静电的设备上安装可靠的接地装置。

2）进入易燃、可燃物品库区的蒸汽机车和内燃机车，必须装置防火罩，蒸汽机车要关闭风箱和送风器，并不得在库区停留和清炉。仓库应当由专人负责监护。

3）进入库区的汽车、拖拉机必须戴防火罩，且不准进入库房。进入库房的电瓶车、铲车，必须有防止打出火花的安全装置。运输易燃、可燃物品的车辆，一般应当将物品苫盖严密，随车人员不准在车上吸烟。

4）对散落、渗漏在车辆上的化学易燃物品，必须及时清除干净。库房、站台、货场装卸作业结束后，应当彻底进行安全检查。

5）各种机动车辆在装卸物品时，排气管的一侧不准靠近物品。各种车辆不准在库区、库房内停放和修理。

（3）电源管理

1）库房内一般不宜安装电气设备。如果需要安装，应当严格按照有关电力设计技术规范和有关规定执行，并由专业电工进行安装和维修。

2）储存化学易燃物品的库房，应当根据物品的性质，安装防爆、隔离或密封式的电气照明设备。

3）各类库房的电线主线都应当架设在库房外，引进库房的电线必须装置在金属或硬质塑料套管内，电器线路和灯头应当安装在库房通道的上方，与堆垛保持安全距离，严禁在库房屋顶架线。

4）库房内不准使用碘钨灯、荧光灯、电熨斗、电炉子、电烙铁、电钟、交流收音机和电视机等电气设备，不准用可燃材料做灯罩，不应当使用超过60W的灯泡。灯头与物品应当保持安全距离。

5）库房内不准架设临时电线。库区如需架设，必须经仓库防火负责人批准。使用临时电线的时间不应当超过半个月，到期及时拆除。

6）库区的电源应当设总闸和分闸，每个库房应当单独安装开关箱。开关箱应当设在库房外，并安装防雨、防潮等保护设施。

7）在库区及库房内使用电气机具时，必须严格执行安全操作规程。电线要架设在安全部位，免受物品的撞击、砸碰和车轮碾压。

8）电气设备除经常检查外，每年至少应当进行两次绝缘摇测，发现可能引起打火、短路、发热和绝缘不良等情况时，必须立即修理。禁止使用不合规格的保险装置。电气设备和电线不准超过安全负荷。库房工作结束时,必须切断电源。

(4) 火源管理

1) 库区内严禁吸烟、用火,严禁放烟花、爆竹和信号弹。在生活区和维修工房安装和使用火炉,必须经仓库防火负责人批准。

2) 不准用易燃液体引火。火炉附近不准堆放木片、刨花、废纸等可燃物。不准靠近火炉烘烤衣物和其他可燃物。燃着的火炉应由专人负责管理。从炉内取出的炽热灰烬,必须用水浇灭后倒在指定的安全地点。

(5) 消防设施

1) 在仓库区域内应布置消防设备和器材。消防设备包括水塔、水泵、水池、消防供水管道、消防栓、灭火器箱、消防栓箱、消防车、消防泵等。消防器材包括各类灭火器、砂箱、水桶、消防斧、消防钩、消防铣等。

2) 仓库区域内应当按照《建筑设计防火规范》[GB 50016—2014(2018 年版)]的规定,消防器材设备附近严禁堆放其他物品。仓库应当装设消防通信、信号报警设备。

3) 消防器材设备应当由专人负责管理,定期检查维修,保持完整好用。寒冷季节对消防储水池、消火栓、灭火机等消防设备采取防冻措施。

5.2　物品养护

5.2.1　物品养护的概念与任务

1. 物品养护的概念

物品养护是指物品在储存过程中进行的保养和维护。要做好物品养护工作,首先必须研究物品储存期间导致其质量变化的两个因素。第一个因素是物品本身的自然属性,即物品的结构、成分和性质,是内因;第二个因素是物品的储存环境,包括空气的温度、湿度及氧气、阳光、微生物等,是外因。

2. 物品养护的任务

物品养护是流通领域各部门不可缺少的重要工作之一。应在此过程中贯彻"以防为主、防重于治、防治结合"的方针,做到最大限度地保护物品,减少物品损失。"防"是指不使物品发生质量上的降低和数量上的减损,"治"是指物品出现问题后采取救治的方法,"防"和"治"是物品养护不可缺少的两个方面。具体要做好以下几方面的工作:

(1) 建立健全必要的规章制度

为做好物品的养护工作,应建立健全相应的规章制度,如岗位责任制等,以便明确责任,更好地按照制度的要求,完成养护工作。

(2) 加强物品的入库验收

物品入库验收时,一定要将物品的品种、规格和数量与货单核对是否相符;同时检查物品的包装是否完好,有无破损;检验物品温度与含水量是否符合入库要求;检验物品是否发生虫蛀、霉变、锈蚀、老化等质量变化。

(3) 适当安排储存场所

应按照物品的不同特性,适当安排储存场所。易霉变及易生锈物品应储存在较干燥的库房；易挥发及易燃易爆物品，应储存在低温干燥的地下或半地下库房；贵重物品要储存在楼上防潮条件优越的库房内，同时配备空调与去湿机等设备。

（4）有效地苫垫堆码

根据物品的性能、包装特点和气候条件做好苫垫堆码工作。应将物品的垛底垫高，有条件的可以用油毡纸或塑料薄膜垫隔潮层。堆放在露天货场的物品，货区四周应设有排水渠道，并将货物严密苫盖，防止积水与日晒雨淋。选择适当的堆码方式，如采用行列式、丁字形、井字形、围垛式等堆成通风垛，垛高一般不超过12层。

（5）加强仓库温湿度的管理

要想管理好温湿度，必须掌握气温变化规律，做好库内温湿度的测定工作，以便更好地对仓库的温湿度进行控制和调节。

（6）搞好环境卫生

为使物品安全储存，必须保持环境卫生。库区要铲除杂草，及时清理垃圾；库房的各个角落均应清扫干净，做好物品入库前的清仓消毒工作，将库房的清洁卫生工作持久化、制度化，杜绝虫鼠生存的可能，做好有效的防治工作。

（7）做好在库物品的检验工作

对在库物品，应根据其本身特性及质量变化规律，结合气候条件和储存环境，实行定期或不定期检查，及时掌握物品质量变化的动态，发现问题并及时解决。

5.2.2　库存物品的变化及损耗

1. 库存物品的变化

物品质量变化的形式很多，归纳起来主要有物理变化、化学变化、生理生化变化和生物学变化。同时，由于受储存时间和储存占用资金的影响，库存物品也会发生价值变化。

（1）质量变化

1）物理变化。物理变化是指物品仅改变其本身的外部形态（如气体、液体、固体"三态"之间的变化），在变化过程中没有新物质生成，而且可以反复进行变化的现象，如物品的串味、渗漏、沾污、干裂等。

① 三态变化。物品的外表形态分为气、液、固三种状态。不同形态的物品在一定的温湿度、压力条件下会发生变化，固体物品受热熔化、升华，吸水而溶解；液态物品受热挥发，受冷凝固。三态变化的结果是消耗了物品，降低了质量。

② 串味。具有吸附性的物品吸收其他异味。例如，茶叶和化妆品同处存放时彼此吸收异味，会失去使用价值。

③ 渗漏。它是指液态物品由于包装发生的渗漏现象。包装破损不仅与包装材料的性能、容器结构、包装技术的优劣有关，还受库内温度变化的影响。温度升高或降低到一定值时都会引起物品的体积膨胀、容器胀破，造成物品流失，而使数量减少。

④ 沾污。它是指物品外表沾有脏物或染有其他污秽而影响物品质量的现象。物品沾污主要是由生产、储运过程中卫生条件差或包装不严造成的。

⑤ 干裂。在储存过程中，由于环境干燥，引起制品失水，使制品干缩、开裂的现象称为干裂。例如，肥皂在干燥的环境中就会干裂，有些乐器也会干裂，从而影响使用性能与外观质量。

此外，物品在外力作用下还会发生机械变化，使物品破碎、变形、结块、脱散、划伤等。

2）化学变化。化学变化是指构成物品的物质发生变化后，不仅改变了物品本身的外观形态，也改变了本质，并有新物质生成的现象。常见的化学变化有氧化、分解、锈蚀、风化、燃烧、老化等。

① 氧化。它是指物品在空气中氧的作用下发生的化学反应。例如，棉、麻、丝等纤维制品若长期与日光接触，会使物品变色变质。又如，桐油制品中桐油被氧化而放热，使温度升高，引起自燃。

② 分解。某些物品在光、热、酸、碱以及潮湿空气的影响下，会由一种物质生成两种或两种以上新物质的反应叫分解。例如，溴化银在光的作用下生成银和溴就是一种分解反应。

③ 锈蚀。金属制品在潮湿的空气及酸、碱、盐等作用下被腐蚀的现象称为锈蚀。例如，钢铁在潮湿的空气中温度越高，锈蚀越快、越严重。

④ 风化。它是指含结晶水的物品，在一定温度和干燥的空气中，失去结晶水而使晶体崩解变成非晶态无水物质的现象。例如，$Na_2CO_3 \cdot 10H_2O$ 放置在空气中会失去结晶水，变成粉末状物质，既减少了物品的数量，也影响了物品质量。

⑤ 燃烧。物质的燃烧可分为闪燃、着火、自燃和爆炸四类。闪燃是由于固态或液态物质因蒸发、升华或分解产生的可燃气体或蒸气与空气混合后，遇明火时发生的瞬间燃烧过程。着火（点燃）是可燃物在空气中受着火源的作用而发生持续燃烧的现象。自燃是可燃物受热升温，在没有明火作用的条件下，自行着火的现象。爆炸是指物质氧化还原反应的速度急剧增加，并在极短的时间内放出大量能量的一种破坏力很大的现象。

⑥ 老化。老化是指橡胶、塑料、合成纤维等高分子材料在光、热、氧等的作用下出现发黏、变脆、龟裂、褪色等现象。老化会影响物品的使用性能。

3）生理生化变化。生理生化变化是指有机体物品（有生命力物品）在生长发育过程中，为了维持其生命活动，自身发生的一系列特有的变化。如呼吸作用、后熟作用、发芽、胚胎发育等现象，都属于自身的生理生化变化。由于这些变化使有机物品消耗了大量的营养物质，使物品发热增湿，造成微生物的繁殖，以致污染、分解物品，加速物品霉腐变质。

4）生物学变化。生物学变化是指物品在外界有害生物作用下受到破坏的现象，如虫蛀、霉变等。有些物品在温度适宜的条件下易受到虫蛀，在仓储条件较差时物品还会受到老鼠的啃咬。

（2）价值变化

1）呆滞损失。物品储存的时间过长，虽然原物品的使用价值并未变化，但市场需求发生了变化，从而使该物品的效用降低，无法按原价值继续在市场上流通，形成长期聚积在储存领域的呆滞物品，这些物品最终要进行降价处或报废处理，形成的损失为呆滞损失。

2）时间价值损失。物品储存实际也是货币储存的一种形式。储存时间越长，利息支付越多，或者储存时间越长，资金的机会投资损失越大。这是储存时不可忽视的损失。

2. 库存物品的损耗

库存物品的损耗通常表现为以下几方面：

1）物品的自然损耗。这主要为物品的干燥、风化、黏结、散失、破碎等。

2）人为因素或自然灾害造成的损失。由于仓库保管人员的失职或保管不善、水灾、地震造成的非常损失，以及包装破损而造成的漏损等。

3）装卸、搬运、上垛和磅差。物品经装卸、搬运、中转到分库验收、过磅、上垛、入库，都有可能发生损耗。磅差即物品在进出库时，由于计量工具精度的差别造成的物品数量的差异。允许磅差即物品流通各环节对物品称量允许发生的重量差别。

物品保管损耗是指在一定的期间内，保管某种物品所允许发生的自然损耗，一般以物品保管损耗率表示。物品保管损耗率即库存物品自然损耗率，是某种物品在一定的保管条件和保管期间内，其自然损耗量与该物品库存量之比，以百分数或千分数表示。物品保管损耗率低于标准为合理损耗；反之，则为不合理损耗。物品保管损耗率是考核仓库工作质量好坏的指标。

5.2.3 库存物品养护方法

1. 温湿度控制

影响仓储物品质量变化的环境因素有很多，其中最重要的是仓库的温湿度。物品对温度和湿度都有一定的适应范围，如果超过此范围就会产生不良影响，甚至会发生质的变化。过高、过低的温度和过于潮湿的空气，对物品的储存保养都是不利的。因此，物品养护的首要问题就是采用科学的方法控制与调节温湿度，使之适合于物品的储存，以保证物品完好无损。

（1）温度

温度是指物体（包括空气）冷热的程度。温度的变化可以提高或降低物品的含水量，引起某些易溶、易挥发的液体物品以及有生理机能的物品发生质量变化。为此，必须对仓库提出适合于物品长期安全储存的温度界限，即"安全温度"。对一般物品来说，只要求最高温度界限；一些怕冻物品和鲜活物品，则要求最低温度界限。

（2）湿度

湿度是指空气中水蒸气含量的多少或空气干湿的程度。空气湿度的表示方法有绝对湿度、饱和湿度、相对湿度等。

1）绝对湿度。它是指在单位体积的空气中，实际所含水蒸气的量。

2）饱和湿度。它是指在一定湿度下单位体积中最大限度能容纳水蒸气的量。以 g/m^3 为单位。空气的饱和湿度随温度的升高而增大，随温度的降低而减小。

3）相对湿度。它是指在一定湿度下，绝对湿度与饱和湿度的百分比。用公式表示如下：

$$相对湿度 = \frac{绝对湿度}{同湿度下的饱和湿度}$$

（3）露点

当含有一定数量水蒸气的空气（绝对湿度）的温度下降到一定程度时，所含水蒸气就会达到饱和（饱和湿度，即相对湿度达100%），并开始液化成水，这种现象叫结露。水蒸气开始液化成水的温度叫作露点温度（简称露点）。如果温度继续下降到露点以下，空气中的水蒸气就会凝集在物体的表面上，俗称"出汗"。

由此可见，温度的变化对空气的潮湿程度有很大影响。原来比较干燥的空气，如果温度逐渐降低，空气就会变得越来越潮湿；反之，则变得干燥。因此，仓库保管员应随时掌握温度的变化情况，控制库内温湿度。

（4）温湿度控制的方法

温湿度是影响物品质量变化的重要因素。控制与调节温湿度，必须熟悉物品的性能，了解物品质量。最常用的方法有密封、通风、吸湿等。

1）密封。密封就是将物品严密封闭，减少外界因素对物品的不良影响，切断感染途径，达到安全储存的目的。密封是温湿度管理的基础，它利用一些不透气、能隔热隔潮的材料，把物品严密地封闭起来，以隔绝空气，降低或减少空气温湿度变化对物品的影响。它要求封闭前要检验物品的含水量、温度、湿度，选择绝热防潮材料（沥青纸、塑料薄膜、芦席等），确定密封时间，封后加强管理。密封的形式可以是整库密封、整垛密封、整柜密封、整件密封。密封是进行通风、吸湿等方法的有效保证。

2）通风。它是利用库内外空气对流，达到调节库内温湿度的目的。通风既能起到降温、降潮和升温的作用，又可排除库内的污浊空气，使库内空气适宜储存物品的要求。通风有自然通风和机械通风两种。

3）吸湿。它是利用吸湿剂减少库房的水分，以降低库内湿度的一种方法。尤其在梅雨季节或阴雨天，当库内湿度过大，不宜通风散潮时，为保持库内干燥，可以放置吸湿剂。常用的吸湿剂有生石灰、氯化钙、氯化锂、硅胶、木炭、炉灰等。生石灰化学名称为氧化钙，吸湿性较强，价格便宜，使用时用木箱盛装，放于库房墙根四周，对一些怕潮物品还要将生石灰放在堆垛边。木炭和炉灰也有一些吸湿性，使用时木炭同生石灰一样，炉灰铺在墙根或堆垛下，上面可盖一层薄席，与物品隔离开来。氯化钙和硅胶吸湿能力强，但价格较高，一般只用于较贵重物品的吸湿。

2. 金属制品的养护处理

金属制品在储存期间发生锈蚀，不仅影响外观质量，造成物品陈旧，还使其机械强度下降，从而降低其使用价值，严重者甚至报废。例如，各种刀具因锈蚀使其表面形成斑点、凹陷，难以平整并保持锋利；精密量具锈蚀，可能影响其使用的精确度。因此，就要对其进行养护处理。

（1）选择适宜的保管场所

保管金属制品的场所，不论是库内库外，均应清洁干燥，不得与酸、碱、盐、气体和粉末类物品混存。不同种类的金属制品在同一地点存放时，也应有一定的间隔距离，防止发生接触性腐蚀。

（2）保持库房干燥

保持相对湿度在 60% 以下，就可以防止金属制品表面凝结水分，生成电解液层而使金属制品遭受电化学腐蚀。但相对湿度在 60% 以下较难达到，一般库房应控制在 65% ~ 70%。

（3）塑料封存

塑料封存就是利用塑料对水蒸气及空气中腐蚀性物质的高度隔离性能，防止金属制品在环境因素作用下发生锈蚀。

（4）涂油防锈

涂油防锈是金属制品防锈的常用方法。它是在金属表面涂刷一层油脂薄膜，使物品在一定程度上与大气隔离开来，达到防锈的目的。这种方法省时、省力、节约、方便且防锈性能较好。涂油防锈一般采取按垛、按包装或按件涂油密封。涂油前必须清除金属表面灰尘污垢，涂油后要及时包装封存。

（5）气相防锈

气相防锈是利用挥发性缓蚀剂，在金属制品周围挥发出缓蚀气体来阻隔腐蚀介质的腐蚀作用，以达到防锈目的。气相缓蚀剂在使用时无须涂在金属制品表面，只用于密封包装或容器中。因为它是一些挥发性物质，在很短时间内就能充满包装或容器内的各个角落和缝隙，既不影响物品外观，又不影响使用，也不污染包装。气相防锈是一种有效的防锈方法。

3. 虫害与霉变的防治

（1）虫害的防治

仓库的害虫不仅蛀食动植物物品和包装，而且还会危害塑料、化纤等化工合成物品。因此，仓库虫害的防治工作是物品养护一项十分重要的工作。

1）杜绝仓库害虫的来源。加强入库验收，将物品按具体情况分别入库，隔离存放。在物品储存期间，要定期对易染虫害的物品进行检查，做好预测预报工作；做好日常的清洁卫生，铲除库区周围的杂草，清除附近沟渠污水，同时辅以药剂进行空库消毒，在库房四周 1m 范围用药剂喷洒防虫线，以有效杜绝害虫的来源。

2）物理防治。利用物理因素（光、电、热、冷冻、原子能、超声波、远红外线、微波及高频振荡等）破坏害虫的生理机能与机体结构，使其不能生存或抑制其繁殖。常用的方法有灯光诱集、高温杀虫、低温杀虫、电离辐射杀虫、微波杀虫。此外，还可使用远红外线、高温干燥等方法进行防虫。

3）化学防治。这是利用化学药剂直接或间接毒杀害虫的方法。常用的药剂有杀虫剂、熏蒸剂、驱避剂。

（2）霉变的防治

霉变是仓储物品的主要质量变化形式，霉变产生的条件有：物品受到霉变微生物污染；其中含有可供霉变微生物利用的营养成分（如有机物构成的物品）；处在适合霉变微生物生长繁殖的环境下。霉菌往往寄生于能供给它养料的有机材料上面，如木、皮革、皮棉、麻制品等。要防治霉变，必须根据霉菌的生理特点和生长繁殖的环境条件，采取相应措施抑制或杀灭霉菌微生物。

1）常规防霉。常规防霉可以采用低温防霉法与干燥防霉法。低温防霉法就是根据物品的不同性能，控制和调节仓库温度，使物品温度降至霉菌生长繁殖的最低温度界限以下抑制其生长；干燥防霉法就是降低仓库环境中的湿度和物品本身的含水量，使霉菌得不到生长繁殖所需要的水分，达到防霉变的目的。

2）药剂防霉。药剂喷雾是将对霉变微生物具有杀灭或抑制作用的化学药品撒或喷洒到物品上，如苯甲酸及其钠盐可对食品防腐，甲基托布津可对果菜防腐保鲜，水杨酰苯胺及五氯酚钠等可对各类日用工业品及纺织品、服装鞋帽等防腐。防霉药剂能够直接干扰霉菌的生长繁殖。理想的防霉药剂应当符合"灭菌效果好，对人体毒害小"的要求。常用的防霉药剂有水杨酰苯胺、五氯酚钠、氯化钠、多菌灵、甲基托布津等。

3）气相防霉。气相防霉就是利用气相防霉剂散发出的气体，抑制或毒杀物品上的霉菌。这是一种较先进的防霉方法。用法是把挥发物放在物品的包装内或密封垛内。对已经发生霉变但可以救治的物品应立即采取措施，根据物品性质可选用晾晒、加热消毒、烘烤、熏蒸等办法，以减少损失。

5.2.4　特殊物品的保管

1. 易潮物品的保管

易潮物品吸湿性强，湿度过大会使这些物品生霉腐烂、潮解、溶化（如钾、钠、食盐等）、结块失效（如水泥）。因此，应做好易潮物品的保管工作。

（1）通风降潮

1）当库内湿度大、库外空气比较干燥时，就可以利用通风来降低库内的湿度。通风降潮时，不但要比较库内外湿度，而且要比较库内外温度，经过换算后再决定是否通风。

2）当库内湿度大，又不能采用通风方式降低湿度时，可采用吸湿剂降低库内的湿度。

（2）密封防潮

做好仓库的维护管理，保持良好的密闭性，雨季应事先清理排水沟，确保通畅；风雨大时应及时检查有无漏水和地面返潮现象。同时，要进行良好的防潮包装，密封的物品及包装必须干燥，没有任何霉变迹象。密封所使用的材料必须符合防潮要求。一旦物品受潮，应及时采取措施降潮或晾晒。

（3）通电驱潮

通电驱潮是利用某些电器通电后产生的热量驱除潮气。一般有线圈的电器物品内部受潮后，均可采取通电驱潮的方法。但要注意物品的电气性能，否则容易发生事故。

2. 易燃液体的保管

易燃液体在常温下以液体形态存在，极易挥发和燃烧。按闭杯试验闪点可将其分为低闪点液体（闪点 < -18℃，如汽油）、中闪点液体（闪点为 -18 ~ 23℃，如丙酮）和高闪点液体（闪点为 23 ~ 61℃，如二甲苯）。易燃液体有高度易燃性、挥发性、爆炸性、流动性及漂浮性、受热膨胀性等特点，应注意以下两方面：

1）易燃液体在常温下不断挥发出可燃蒸气，其蒸气一般均有毒性，有时还有麻醉性，所以在入库时必须严格检查包装是否漏损，在储存期内也应定期检查，发现问题及时解决。同时，库房必须通风，作业人员应穿戴相应的防护用品，以免发生中毒事件。

2）易燃液体受热后蒸发出的气体，增大压力使容器膨胀，严重时可使容器破裂发生爆炸事故，所以容器不可装得过满，同时库房内和库区周围应严禁烟火，加强通风。

3. 易爆物品的保管

易爆物品受到外界的影响，如高热、振动、摩擦、撞击或与酸碱等物质接触时，发生剧烈反应，产生大量气体和热量。由于气体的急剧膨胀，产生巨大压力而爆炸，据其性质，可分为点火即起爆器材（点火绳、导爆索、雷管等）、炸药及爆炸性药品［三硝基甲苯（TNT）、硝化甘油炸药、黑火药等］和其他爆炸性物品（炮弹、枪弹、礼花炮、爆竹等）。易爆物品具有爆炸威力大、起爆能量小、敏感度高等特点，应从以下几方面进行保管：

1）装卸和搬运爆炸品时，要轻拿轻放，严禁碰撞、拖拉与滚动。作业人员严禁穿带铁钉的鞋，严防工作服产生静电。

2）储存易爆物品的仓库必须远离居民区，还应与周围建筑、交通干道、输电线路保持一定的安全距离，库房一定要远离火源，必须保持通风干燥，同时还应安装避雷设备，保持适宜的温湿度。一般情况下，库温以 15～30℃ 为宜，易吸湿爆炸品库房的相对湿度不得超过 65%。仓库地面应铺垫 20cm 左右的木板。

3）盛放或携带零星易爆物品时，不能用金属容器，要用木、竹、藤制的筐或箱，以免因摩擦而发生爆炸事故。

4）易爆物品必须单独隔离，限量储存。

5）仓库内的电气设备应符合安全要求，定期检修，下班断电。

4. 其他危险品的保管

除了要对上述特种物品进行保管外，还应对压缩气体和液化气体，易燃固体、自燃物品和易燃物品，氧化剂和有机过氧化物，毒害品，放射性物品，腐蚀品等危险品进行保管。

5.3　危险品仓储安全管理

5.3.1　危险品的概念、管理制度与法规及分类

1. 危险品的概念

危险品又称为危险化学品、危险货物，是指在流通中，由于本身具有的燃烧、爆炸、腐蚀、毒害及放射性等性能，或因摩擦、振动、撞击或温湿度等外界因素的影响，能够发生燃烧、爆炸或使人畜中毒、表皮灼伤，以致危及生命、造成财产损失等危险性的物品。在运输、装卸和储存过程中，由于危险品容易造成人身伤亡和财产毁损，因此它属于需要特别防护的一类货物。

2. 危险品管理制度与法规

国家对危险品实施严格的管理，采取相应管理部门审批、发证、监督、检查的系列管理制度，包括经济贸易管理部门的经营审批，公安部门的通行证发证，质检部门的包装检验发证，环境保护部门的监督管理，铁路、民航、交通部门的运输管理，卫生行政部门的卫生监督，工商管理的经营管理等。

目前，危险品管理的相关管理标准和法律法规主要有《危险货物品名表》（GB 12268—2012）、《危险货物分类和品名编号》（GB 6944—2012）、《铁路运输危险货物包装检验安全规范》（GB 19359—2009）、《水路运输危险货物包装检验安全规范》（GB 19270—2009）、《公路运输危险货物包装检验安全规范》（GB 19269—2009）、《空运危险货物包装检验安全规范》（GB 19433—2009）、《中华人民共和国环境保护法》《中华人民共和国消防法》《危险化学品安全管理条例》和《国际海运危险货物规则》等。

3. 危险品的分类

根据《危险货物分类和品名编号》（GB 6944—2012）对危险品进行分类，见表5-1。

表 5-1　危险品分类

第 1 类：爆炸品
1.1 项：有整体爆炸危险的物质和物品
1.2 项：有迸射危险，但无整体爆炸危险的物质和物品
1.3 项：有燃烧危险并有局部爆炸危险或局部迸射危险或这两种危险都有，但无整体爆炸危险的物质和物品
1.4 项：不呈现重大危险的物质和物品
1.5 项：有整体爆炸危险的非常不敏感物质
1.6 项：无整体爆炸危险的极端不敏感物品
第 2 类：气体
2.1 项：易燃气体
2.2 项：非易燃无毒气体
2.3 项：毒性气体
第 3 类：易燃液体
第 4 类：易燃固体、易于自燃的物质、遇水放出易燃气体的物质
4.1 项：易燃固体、自反应物质和固态退敏爆炸品
4.2 项：易于自燃的物质
4.3 项：遇水放出易燃气体的物质
第 5 类：氧化性物质和有机过氧化物
5.1 项：氧化性物质
5.2 项：有机过氧化物
第 6 类：毒性物质和感染性物质
6.1 项：毒性物质
6.2 项：感染性物质
第 7 类：放射性物质
第 8 类：腐蚀性物质
第 9 类：杂项危险物质和物品，包括危害环境物质

注：类别和项别的号码顺序并不是危险程度的顺序。

（1）爆炸品

爆炸品是指固体或液体物质在外界作用下（如受热、受压、撞击等），能发生剧烈的化学反应，瞬时产生大量的气体和热量，使周围压力急剧上升发生爆炸，对周围环境造成破坏的物品，也包括无整体爆炸危险，具有燃烧、抛射及较小爆炸危险的物品。

（2）气体

这里将气体分为压缩气体和液化气体。

1）压缩气体是指在 −50℃下加压包装供运输时完全是气态的气体，包括临界温度小于或等于 −50℃的所有气体。常见的有氧气、氮气、氢气、氦气等。

2）液化气体是指压缩储存在压力容器内呈液态的气体，常见的有液氨、液氯、液化天然气、液化石油气等。

（3）易燃液体

易燃液体是指在常温下（闪点在 45℃以下的液态物质）容易燃烧的液态物质，其中不少属于石油化工产品。常见的有汽油、苯、乙醇、丙酮、甲醛、乙醚、香蕉水、煤油等。

（4）易燃固体、易于自燃的物质、遇水放出易燃气体的物质

1）易燃固体燃点低、易燃烧或爆炸，并放出有毒气体，多为化工原料及其制品。如红磷（主要用于制造火柴、农药等）。

2）易于自燃的物质到了一定条件无须外界点燃就会燃烧。例如白磷、铝粉，燃点低，能自燃且燃烧猛烈，危害性大，氧化速度快。

3）遇水放出易燃气体的物质是指遇雨水或潮湿空气能分解产生可燃气体，并释放大量热量而引起燃烧或爆炸的物质。例如碳化钙。

（5）氧化性物质和有机过氧化物

1）氧化性物质：具有强烈的氧化性，在不同条件下，遇酸、受热、受潮或接触有机物、还原剂即能分解放氧，发生氧化还原反应，这类物质本身未必燃烧，但放出氧气能引起或促使气体物质燃烧。

2）有机过氧化物：含有两价的—O—O—结构，可被认为是过氧化氢的衍生物的有机物质，其中一个或两个氢原子被有机原子团取代。有机过氧化物遇热不稳定。

（6）毒性物质和感染性物质

1）毒性物质：如误服、吸入或经皮肤接触，则易造成死亡，严重伤害或损害人类健康。

2）感染性物质：已知或有理由认为含有病原体的物质。病原体定义为：已知的或有理由相信会使人或动物患上感染性疾病的微生物或微生物的重组体。

（7）放射性物质

放射性物质是指自发不断地放射出某种类型辐射（电离辐射）的物质。这种辐射对人类健康有害，但人体感觉器官觉察不到。有 α 射线、β 射线、γ 射线、中子流四种类型。

（8）腐蚀性物质

腐蚀性物质是指通过化学作用使生物组织接触时造成严重损伤或在泄漏时会严重损害甚至毁坏其他货物或运载工具的物质。

（9）杂项危险物质和物品，包括危害环境物质

杂项危险物质和物品包括：①具有经修订的《1974 年国际海上人命安全公约》第七章 A 部分规定的危险性但未列入其他类别的物质和物品，以及运输或准备交付运输的温度大于或等于 100℃仍为液态、温度大于或等于 240℃仍为固态的物质和物品。②不适用于上述公约规定，但适用于《MARPOL73/78 公约》附则的物质。

各类危险物资的标志如图 5-1 所示。

图 5-1 各类危险物资的标志

5.3.2　危险品仓库

1. 危险品仓库的类型

《建筑设计防火规范》（GB 50016—2014（2018 年版））中规定储存物品的火灾危险性应根据储存物品的性质和储存物品中的可燃物数量等因素划分，分为甲、乙、丙、丁、戊五类，见表 5-2。

表 5-2　储存物品的火灾危险性分类

储存物品的火灾危险性类别	储存物品的火灾危险性特征
甲	1. 闪点小于 28℃ 的液体 2. 爆炸下限小于 10% 的气体 3. 常温下能自行分解或在空气中氧化能导致迅速自燃或爆炸的物质 4. 常温下受到水或空气中水蒸气的作用，能产生可燃气体并引起燃烧或爆炸的物质 5. 遇酸、受热、撞击、摩擦以及遇有机物或硫黄等易燃的无机物，极易引起燃烧或爆炸的强氧化剂 6. 受撞击、摩擦或与氧化剂、有机物接触时能引起燃烧或爆炸的物质 7. 在密闭设备内操作温度不小于物质本身自燃点的生产
乙	1. 闪点不小于 28℃，但小于 60℃ 的液体 2. 爆炸下限不小于 10% 的气体 3. 不属于甲类的氧化剂 4. 不属于甲类的易燃固体 5. 助燃气体 6. 能与空气形成爆炸性混合物的浮游状态的粉尘、纤维、闪点不小于 60℃ 的液体雾滴
丙	1. 闪点不小于 60℃ 的液体 2. 可燃固体
丁	1. 对不燃烧物质进行加工，并在高温或熔化状态下经常产生强辐射热、火花或火焰的生产 2. 利用气体、液体、固体作为燃料或将气体、液体进行燃烧作其他用的各种生产 3. 常温下使用或加工难燃烧物质的生产
戊	常温下使用或加工不燃烧物质的生产

危险化学品仓库根据存放物品的火灾危险性来进行分类，可以分为五大类，分别是甲、乙、丙、丁、戊五类。

甲类仓库的危险等级是最高的，甲类仓库在原则上来说是可以放置甲、乙、丙、丁、戊类的物质的，而乙类仓库除了不能放置甲类物质，其余类的物质都可以放置；丙类仓库不能放甲、乙类物质，但是可以放置另外三类的物质。

除此之外，还有一个重要的原则，即不同类别的物质相遇混合时，如果两者间会产生反应或者变化，也不能放在同一个仓库里。更具体详细的规定可查阅《建筑设计防火规范》［GB 50016—2014（2018 年版）］。

2. 危险品的仓库管理

危险品仓库管理的一般要求同其他货物仓储管理相同。这里仅讨论危险品仓库管理中的一些特殊要求。

（1）货物入库

仓库保管员应对货物按《危险货物道路运输规则》要求进行抽查，做好相应的记录，并在货物入库后的 2 天内对其验收完毕。货物存放应按其性质分区、分类、分库存储。对于不符合危险品保管要求的，应与货主联系拒收。

在入库验收方法上，主要是采用感官验收为主、仪器和理化验收为辅。在验收程序上，可按以下步骤进行：

1）检验货物的在途运输情况，检查是否发生过混装。

2）检查货物的外包装上是否沾有异物。

3）对货物包装、封口和衬垫物进行验查，看包装标志与运单是否一致，容器封口是否严密，衬垫是否符合该危险品运输、保管的要求。

4）货物本身质量的检查，看是否有变质、挥发、变色或成分不符等问题。

5）提出对问题的处理意见，对属于当地的货物，以书面形式提出问题和改进措施并退货。如为外地货物，无法退回的，又系一般问题不会造成危险的，可向货主提出整改意见。对于会影响库场安全的货物，则应将其置于安全地点进行观察，待问题解决后方可入库。

（2）货物保管

对于危险品货物应实行分类分堆存放，堆垛不宜过高，堆垛间应留有一定的间距，货堆与库壁间距要大于 0.7m。对怕热、怕潮、怕冻物品应按气候变化及时采取密封、通风、降温和吸潮等措施。

危险品仓库实行定期检查制度，检查间距不宜超过 5 天；对检查中发现的问题应及时以"问题物品通知单"的形式上报仓库领导。仓库保管员需要保持仓库内的整洁，特别是对残余化学物品应随时清扫。对于残损、质次、储存久的货物应及时向有关单位联系催调。

（3）货物出库

当一次提货量超过 0.5t 时，要发出场证，交运输员陪送出场。仓库保管员应按"先进先出"原则组织货物出库，并认真做好出库清点工作。

（4）送货

车辆运送时，应严格按危险品分类要求分别装运，对怕热、怕冻的货物需按有关规定办理。

5.3.3 危险品的储存

1. 危险品储存的基本要求

1）储存危险品必须遵照国家法律、法规和其他有关规定。

2）危险品必须储存在经公安部门批准设置的专门的危险品仓库中，经销部门自管仓库储存危险品及储存数量必须经公安部门批准。未经批准不得随意设置危险品储存仓库。

3）危险品露天堆放，应符合防火、防爆的安全要求，爆炸物品、一级易燃物资、遇湿易燃物品、剧毒物资不得露天堆放。

4）储存危险品的仓库必须配备有专业知识的技术人员，其库房及场所应设专人管理，管理人员必须配备可靠的个人安全防护用品。

2. 危险品储存场所的要求

储存危险品的建筑物不得有地下室或其他地下建筑，其耐火等级、层数、占地面积、安全疏散和防火间距应符合国家有关规定。

储存地点及建筑结构的设置，除了应符合国家的有关规定外，还应考虑对周围环境和居民的影响。

（1）储存场所的电气设备安装

1）危险品储存建筑物、场所消防用电设备应能充分满足消防用电的需要，并符合《建筑设计防火规范》［GB 50016—2014（2018 年版）］的有关规定。

2）危险品储存区域或建筑物内输配电线路、灯具、火灾事故照明和疏散指示标志，都应符合安全要求。

3）储存易燃、易爆危险品的建筑，必须安装避雷设备。

（2）储存场所通风或温度调节

1）储存危险品的建筑必须安装通风设备，并注意设备的防护措施。

2）储存危险品的建筑通排风系统应设有导除静电的接地装置。

3）通风管应采用非燃烧材料制作。

4）通风管道不宜穿过防火墙等防火分隔物，必须穿过时应用非燃烧材料分隔。

5）储存危险品建筑采暖的热媒温度不应过高，热水采暖不应超过 80℃，不得使用蒸汽采暖和机械采暖。

6）采暖管道和设备的保温材料必须采用非燃烧材料。

（3）储存方式

根据危险品性能分区、分类、分库储存。各类危险品不得与禁忌物资混合储存。储存化学危险品的建筑物、区域内严禁吸烟和使用明火。化学危险品储存方式分为以下三种：

1）隔离储存。隔离储存是指在同一建筑或同一区域内，不同的物资之间有一定的距离，非禁忌物资之间用通道保持空间的储存方式。

2）隔开储存。隔开储存是指在同一建筑或同一区域内，用隔板或墙将其与禁忌物资分离开的储存方式。

3）分离储存。分离储存是指在不同的建筑物或远离所有建筑的外部区域内的储存方式。

（4）储存安排及储存量限制

化学危险品储存安排取决于化学危险品分类、分项、容器类型、储存方式和消防的要求。根据《常用化学危险品储存通则》（GB 15603—1995），危险品的储存量及储存安排见表 5-3。

表 5-3　危险品的储存量及储存安排

储存要求	储存类别			
	露天储存	隔离储存	隔开储存	分离储存
平均单位面积储存量/（t/m²）	1.0～1.5	0.5	0.7	0.7
单一储存区最大储量/t	2000～2400	200～300	200～300	400～600

（续）

储存要求	储存类别			
	露天储存	隔离储存	隔开储存	分离储存
垛距限制/m	2	0.3～0.5	0.3～0.5	0.3～0.5
通道宽度/m	4～6	1～2	1～2	5
墙距宽度/m	2	0.3～0.5	0.3～0.5	0.3～0.5
与禁忌品距离/m	10	不得同库储存	不得同库储存	7～10

1) 遇火、遇热、遇潮能引起燃烧、爆炸或发生化学反应、产生有毒气体的化学危险品不在露天或潮湿、积水的建筑物中储存。

2) 受日光照射能发生化学反应引起燃烧、爆炸、分解、化合或能产生有毒气体的化学危险品应储存在一级建筑物中。其包装应采取避光措施。

3) 爆炸物资不准和其他类物品同储，必须单独隔离限量储存，仓库不准建在城镇，还应与周围建筑、交通干道、输电线路保持一定的安全距离。

4) 压缩气体和液化气体必须与爆炸物资、氧化剂、易燃物资、自燃物资、腐蚀性物资隔离储存。易燃气体不得与助燃气体、剧毒气体同储；氧气不得与油脂混合储存，盛装液化气体的容器属压力容器的，必须有压力表、安全阀、紧急切断装置，并定期检查，不得超装。

5) 易燃液体、遇湿易燃物资、易燃固体不得与氧化剂混合储存，具有还原性的氧化剂应单独存放。

6) 有毒物品应储存在阴凉、通风、干燥的场所，不要露天存放，不要接近酸性物资。

7) 腐蚀性物资，包装必须严密，不允许泄漏，严禁与液化气体和其他物资共存。

（5) 化学危险品的养护

化学危险品入库时，应严格检验物资质量、数量、包装情况、有无泄漏。化学危险品入库后应采取适当的养护措施，在储存期内，定期检查，发现其品质变化、包装破损、渗漏、稳定剂短缺等，应及时处理。库房温度、湿度应严格控制，经常检查，发现变化后及时调整。

（6) 化学危险品出入库管理

1) 储存化学危险品的仓库，必须建立严格的出入库管理制度。化学危险品出入库前均应按合同进行检查验收、登记，验收内容包括数量、包装、危险标志，经核对后方可入库、出库，当物资性质未弄清时不得入库。

2) 进入化学危险品储存区域的人员、机动车辆和作业车辆，必须采取防火措施。

3) 装卸、搬运化学危险品时应按有关规定进行，做到轻装、轻卸，严禁摔、碰、撞、击、拖拉、倾倒和滚动。

4) 装卸对人身有毒害及有腐蚀性的物资时，操作人员应根据危险性穿戴相应的防护用品。

5) 不得用同一车辆运输互为禁忌的物资。

6) 修补、换装、清扫、装卸易燃、易爆物资时，应使用不产生火花的铜制、合金制或其他工具。

（7）消防措施

1）根据危险品特性和仓库条件，必须配置相应的消防设备、设施和灭火药剂，并配备经过培训的兼职和专职的消防人员。

2）储存化学危险品的建筑物内应根据仓库条件安装自动监测和火灾报警系统。

3）储存化学危险品的建筑物内，如条件允许，应安装灭火喷淋系统（遇水燃烧化学危险品及不可用水扑救的火灾除外）。

（8）废弃物处理

1）禁止在化学危险品储存区域内堆积可燃废弃物资。

2）泄漏或渗漏危险品的包装容器应迅速移至安全区域。

3）按化学危险品特性，用化学的或物理的方法处理废弃物资，不得任意抛弃、污染环境。

（9）人员培训

1）仓库工作人员应进行培训，经考核合格后方可持证上岗。

2）对化学危险品装卸人员进行必要的教育，使其按照有关规定进行操作。

3）仓库的消防人员除了具有一般消防知识之外，还应接受危险品库工作专门培训，以熟悉各区域储存的化学危险品的种类、特性、储存地点、事故的处理程序及方法。

5.3.4　危险品的应急处理

危险品仓库内储存着大量易燃、易爆或有毒的危险品，一旦发生事故，若不及时处理，就会给国家和人民造成巨大损失。因此，从事危险品储存的企业应该使每一位员工熟练掌握如何处理危险品事故。

1. 应急措施

当发生危险品事故时，应该首先采取一些应急措施，以减少损失和人员伤害，具体内容如下：

1）迅速撤离非必要人员，隔离危险品区并禁止人员进入。

2）让人员离开低洼地，在上风口处停留。

3）拨打救助电话，请求应急支援。

4）如发生水污染，应及时通知有关单位采取措施。

2. 具体措施

现场人员要首先通过危险品标签、包装标志或依据货运票据、标签或包装箱上的名称确定危险品的名称，然后根据危险品事故的性质和处理要求采取相应的处理措施，见表5-4。

表5-4　危险品事故处理措施

危险品事故的性质和处理要求	处理措施
发生火灾	（1）小火——干化学剂、二氧化碳、喷射水枪或常规泡沫剂 （2）大火——喷射水枪、气雾剂或常规泡沫剂 （3）如无危险，则将容器移出火区 （4）面临火焰的容器，向其各边洒冷水，直至火完全熄灭 （5）对货区大面积火灾，使用无人操纵的水龙带支架或监控喷管；如不能采取此法，则撤离火区，任其燃烧

（续）

危险品事故的性质和处理要求	处理措施
发生溢流或泄漏	（1）阻断引燃源，在危险区内禁止吸烟、出现火苗及火焰 （2）可燃物（木、纸、油等）须远离溢流物 （3）切勿触及溢流物或在溢流区行走 （4）小量溢流——用沙或其他不燃的材料渗入溢流物中，将之放入容器内，以便日后处理 （5）大量溢流——在液体溢流区远方构筑围堤防护，以备日后处理
人工急救	（1）将伤员移至空气新鲜处，请求派遣急救医护人员。伤员如已停止呼吸，应进行人工呼吸；如呼吸困难，应输氧 （2）如已触及危险品，立即用流动的水冲洗皮肤或眼睛，至少15min （3）脱下在现场受污染的衣服、鞋并加以隔离 （4）使伤员保持安静和体温正常

【案例分析】

哈尔滨市"1·2"重大火灾事故

2015年1月2日13时许，位于哈尔滨市道外区太古不夜城小区内的哈尔滨市聚兴城市建设综合开发公司仓库内的红日百货批发部库房发生一起重大火灾事故，过火面积1.1万 m^2。火灾扑救过程中，起火建筑多次坍塌，坍塌面积3000 m^2，造成5名消防员牺牲、14人受伤。火灾造成379户商户和538户居民受灾，部分建筑坍塌，直接经济损失达5913.8451万元。

起火现场原本应该是消防通道的几个出入口都变成了商铺。消防车赶到现场时，曾试图从消防通道进入院内起火地点进行救援，但绕了几圈都没有找到入口，只能徘徊在楼外，眼看着火势不断蔓延。火灾最初只是近千平方米的过火范围，但是由于库房内存放的多是纸张和塑料等易燃物品，而且消防人员对货品的仓储情况和小区的结构没有足够的信息，导致了火烧连营的状态。

经调查，当天，红日百货批发部员工戴某在4号库房取货时，发现4号库房东南角分线盒处正在冒烟、打火，与分线盒连接的一段电源线绝缘层烧焦了，就让同事谢某将电闸关掉。电闸关闭后，谢某、戴某没有检查通往1号库房的电线及电线上用电设备运行情况。戴某在没有电工职业资格的情况下，对分线盒处烧焦的电源线路进行了更换。收拾工具时，发现1号库房一层和二层中间的彩条布着火了，立即喊人灭火，后续到场人员拨打了电话报警。

火灾发生后，公安部和黑龙江省公安消防总队专家现场指导了火灾调查工作。经查，认定本起火灾起火原因为私接电线，违规使用电暖器导致违规敷设的电气线路超负荷过热引燃周围可燃物。由于火灾现场存放大量可燃、易燃物品，且货物呈堆垛式摆放，又缺乏有效的防火分隔，发生火灾后，局部形成立体火灾，火势迅速蔓延。火焰外焰直接作用于柱、梁、板等结构承重构件，大量的可燃物导致火灾强度高且持续时间长，过火时间远远超过一般承重构件的耐火时限，火场持续高温引起钢筋和混凝土强度降低是导致房屋倒塌的直接原因。

根据调查报告，消防安全责任不落实是造成这起火灾的间接原因。火灾责任涉及 4 户企业：

1）哈尔滨市聚兴城市建设综合开发公司安全生产主体责任不落实。擅自将原设计的室内通道变更使用性质，改为仓库，对外出租，用于储存货物；未按规范要求对仓库设立防火分隔、建设消防水源和消防设施，导致火灾蔓延扩大；对公安机关通知采取改正措施的火灾隐患，没有及时整改，明知存在火灾隐患，仍冒险经营；堵塞消防通道，影响消防车辆通行和灭火救援行动；单位内部安全教育不到位、管理不善，致使单位员工明知仓库内不允许使用电暖器，仍将电暖器借给他人在库房中使用，导致发生火灾。

2）红日百货批发部消防安全责任不落实。违反规定在仓库设置休息室；单位内部安全教育不到位、管理不善，致使单位员工在没有电工职业资格的情况下违规私接电气线路，违规使用电暖器；对公安机关通知采取改正措施的火灾隐患，没有及时整改。

3）哈尔滨南头日杂百货有限责任公司消防安全责任不落实。未经审批在本公司与聚兴城市建设综合开发公司仓库之间的墙体上擅自扒门；消防设施未有效动作，未能阻止火灾由聚兴城市建设综合开发公司仓库向本公司内蔓延。

4）哈尔滨东泰物业管理公司消防安全责任不落实。在消防车通道口搭建库房，影响消防车辆通行和灭火救援行动。

按照消防法律法规规定，辖区公安机关、公安消防机构、当地政府及其工作部门对管辖区域范围消防安全实施监督管理。经查多部门 23 名相关工作人员实施消防安全监督管理不到位，工作失职，负有责任。经过调查取证，调查组认定了事故责任人 56 名，对相关责任人及责任单位提出了处理建议。

资料来源：https://heilongjiang.dbw.cn/system/2015/12/26/057009866.shtml。经整理加工。

讨论题

1. 分析该起火灾事故发生的原因。
2. 结合案例谈谈如何有效地实施仓库安全管理。

【思考练习题】

一、选择题

1. _____应专库专储，性能相抵触的物资必须分开储存和运输，专库须由专人管理，防止剧烈振动和撞击。

A. 危险品　　　　B. 化学品　　　　C. 特种物品　　　　D. 普通物品

2. _____是指含结晶水的物品，在一定温度和干燥的空气中，失去结晶水而使晶体崩解变成非晶态无水物质的现象。

A. 氧化　　　　B. 分解　　　　C. 风化　　　　D. 老化

二、填空题

1. _____是仓库为了防范、制止恶性侵权行为、意外事故对仓库及仓储财产的侵害和破坏，并维护仓储环境的稳定，保证仓储生产经营的顺利开展所进行的管理工作。

2. 仓库消防管理的方针是"＿＿＿＿＿＿"。

3. 物品质量变化的形式很多，归纳起来主要有＿＿＿＿＿、化学变化、＿＿＿＿＿和生物学变化。同时，由于受储存时间和储存占用资金的影响，库存物品也会发生价值变化。

4. 影响仓储物品质量变化的环境因素有很多，其中最重要的是仓库的＿＿＿＿＿。

三、简答题

1. 简述治安保卫工作的内容。

2. 仓库消防管理的具体措施有哪些?

3. 简述火源管理。

4. 简述危险品储存的基本要求。

第6章

仓储管理信息系统

![笔] 【学习目标】

- 了解仓储信息的概念及内容，理解仓储信息的利用
- 了解仓储单证的类型
- 掌握仓储管理信息系统的概念、功能，理解其在库存管理中的应用
- 理解仓储管理信息系统的构成

6.1 仓储信息概述

1. 仓储信息的概念及内容

仓储信息是反映仓储各种活动内容的知识、资料、图像、数据、文件等的总称。从狭义的概念来看，仓储信息是指与仓储活动（如入库、保管、出库、盘点等）有关的信息；从广义的概念来看，仓储信息不仅是指仓储活动信息，还应该包含与仓储活动相关的信息，如商品交易信息和市场信息等。

仓储信息主要包括仓库信息及库存商品信息，仓库设备信息，出入库信息，在途、在制以及计划用料、销售信息，库存控制信息等。

1）仓库信息及库存商品信息。实现仓储功能的场所主要是仓库，因此仓储业务中最基本的信息包括描述仓库和描述库存商品的信息。仓库信息包括仓库的地点、类型、面积、保管方式、储位信息等。库存商品信息包括存放地点、物品名称、结构、重量、形状、包装类别、数量、存储要求、入库时间、适用装卸方式等。

2）仓库设备信息。仓库设备按其用途和特征可以分为装卸搬运设备、保管设备、计量设备、养护检验设备、通风保暖照明设备、劳动防护设备以及其他用途设备和工具等。其中：装卸搬运设备用于商品的出入库、库内堆码以及翻垛作业；保管设备用于保护仓储商品质量；计量设备用于商品进出时的计量、点数，以及储存期间的盘点、检查等；养护检验设备是指商品进入仓库验收和在库内保管测试、化验以及防止商品变质、失效的机具、仪器；通风保暖照明设备根据商品保管和仓储作业的需要而设。仓库设备信息包括上述设备的种类、名称、数量、用途、操作方法等。

3）出入库信息。出入库功能是仓库的基本功能，出入库信息包括出/入库日期、库

房、出/入库人、联系电话、出/入库商品名称、规格、单位、数量等信息，出入库信息实时更新有利于维护系统库存的准确性。

4）其他信息。为了充分利用仓库资源和提高服务水平，需要完成对信息的具体分析，如出/入库频率、物品需求预测、安全库存、订货周期、订货批量、占用资金，以及主被动的各种形态的储备、超储、积压等，以便使存储进一步合理化，这就需要利用在途、在制以及计划用料、销售信息、库存控制信息等，可以帮助企业完成分析并制订相应的计划。

2. 仓储信息的利用

仓库控制是一个重要的环节，它是联系进货和销售的纽带，许多重要的进货信息通过仓库传递给销售和财务，同时销售的信息也反馈给仓库。

仓储信息起到纽带作用，是整个信息系统顺畅完整的关键。各部门都需要仓储信息来决定其运作，比如采购需要以它为基础决定订货数量和时间；销售需要以它为基础决定是否能够进行销售，来指导销售价格和交货时间；财务需要从中计算库存资金占有和资金周转时间。总之，不同的业务需要从仓储中获得不同的信息使其业务更有序地开展。同时各业务部门也会对仓储信息加以修正，改变其数据，用以指导和制约其他业务的进行。具体来说，一个系统中的采购、销售、仓库保管和财务四大业务对仓储信息的需求和修改是各不相同的，但又互相联系、互相制约。

（1）补货与订货对仓储信息的利用

无论采用哪一种补货模型，都需要准确地知道当前的库存数量。通常，进行补货时，需要了解当前的库存数量，但并不是仓库中的实际数量。在配送中，往往实际可以支配的库存数量与仓库中的实际数量不一致。这主要是由于一些货物虽然还在仓库中，但是已经被预配或销售了，这部分的库存应当从作为补货根据的库存数量中减去，称为已分配的库存。同样在采购订货时，并不是仅按仓库中的实际数量，还需要考虑已发出的订单。发出的订单上的货有时还未入库，但这部分的库存也应该从作为补货根据的库存数量中减去，防止重复订货。所以，从采购业务的角度来看，仓储信息应该是能够用以指导正确下订单的库存，由采购在单量、实际库存量和已分配的库存数量三者组成，并且由订货作业和入库作业来修改采购在单量和实际库存量。

（2）销售业务对仓储信息的利用

对销售来说，需要从仓储信息中提取可销售的数量、交货时间和采购价格三个数据。可销售的数量包括现货和订货两种。对于现货来说，交货时间可能是即时的，也可能是几天后。假设安排在三天后提货，那么，就可以动用库存中三天后到达的入库货物，而把当前的现货分配给需要即时提货的顾客。所以在记录因销售而产生的已分配库存数量时，如果能够记录需求时间，就可以实现上述的动态库存需求调配。当然，这也需要记录将入库产品的预计到货时间，并且这种预计是有保证的。使用动态库存调配后，仓储系统能够告诉销售人员的就不仅仅是可销售库存这一个简单的数字，而是当前可供应的数量，包括一天后可供应的数量、两天后可供应的数量等。

除了数量和时间以外，销售中需要知道的另一个重要信息就是价格。

当商品价格浮动较频繁时，销售价格必然要随着采购价格的变化而变化，因此，就需要知道当前销售的这些商品的采购价格的组成是什么，才能决定一个合理的销售价格。采购价格并非在采购完成后就一成不变，还会随着诸如供应商让价之类的各种因素的变化而变化。于是，在仓储信息中就需要保留货品的价格和该价格下的数量等信息。

所以，对销售业务来讲，它需要使用仓储信息中的将要入库量、实际库存量、已分配数量、库存价格来决定销售数量、交货日期和销售价格，同时销售作业又改变了库存中的已分配数量和实际库存量。

（3）仓库保管对仓储信息的利用

在有多个不同仓库的情况下，无论是采购还是销售，都可以把整个企业或者一个地区的所有仓库当成一个逻辑仓库来处理。采购业务和销售业务可以不关心最终是哪个物流仓库收货和发货。但是对于仓库保管员来说，他就需要区分每个物流仓库的库存情况，而并不关心所谓的采购在单数量和已分配的数量，只关心实际库存数量。当仓库足够大时，通常将其划分成货位。这就需要掌握货位容量和商品存量的信息，以决定收货时应该放到哪个货位，发货时应该从哪个货位取货。所以，只知道仓库存量对仓库保管员来说是不够的，他还需要更详细的货位存量的信息。商品在不同的仓库和货位之间移动的作业会影响这些数据。此外，货品的有效期也是仓库保管员所关心的数据。

（4）财务对仓储信息的利用

财务所关心的库存和业务所关心的库存有所不同，这也就是经常提到的财务库存和业务库存。对业务库存来说，主要关心的是数量。如果使用严格的库存管理方法，应该管理到每个商品的数量，而不是库存金额。只有在粗略的库存管理中，才使用金额来表示有多少库存。这个金额一般使用指定的价格来计算，这要比使用精确的价格来计算更方便。而对财务来说，更关心的是金额。可以使用售价金额，更精确的是以进价金额来计算库存。由于进价会不断地变化，同样的商品在库存中也会有不同的价格。这样，销售出库后所要减少的库存金额也不是完全一样的。这就有了使用诸如"先进先出"的方法计算库存金额和销售进价金额等核算方法。

财务所关心的和库存有关的第二件事情，是目前库存中有多少金额是开具了发票的，有多少是暂估的。开具了发票的进货在一定程度上是确定了精确的进货价格，但仍然不能排除在此之后的价格调整。未开具发票的进货，即暂估进货的金额通常不甚准确，以后需要调整。在进货价格发生变化时，财务要求库存金额随之调整，甚至销售进价金额也要随之调整。所有的这一切，都只有在仓储系统能够提供当前库存的价格结构的前提下才能实现。

还有一个财务所关心的和销售有关的数据也要从库存中得到，那就是供应商的销售业绩。在一种商品只由一个供应商供货，并且只使用经销或代销一种营销方式的情况下，销售业绩可以作为商品属性。但在实际中，一种商品同时有两个供应商，并且在经销一个供应商商品的同时代销另一个供应商的同一种商品的情况也可能出现。甚至对于同一个供应商的同一种商品，在一个时刻既有经销的库存，又有代销的库存。这个时候就需要由仓储系统提供信息，使销售能够被精确地统计到对应的供应商账户上。

一个良好的仓储系统要能够为进、销、存、财务系统及时准确地提供必要的信息，并且这些信息在本质上相容，但在表现上又是各异的。同时，对不同的系统，不同的使用者所能获取和修改的信息也要有限制，这是对仓储信息安全性的要求。

6.2 仓储单证

仓储信息的主要载体就是各种单证。仓储部门的具体职能包括仓储规划、仓储库存管理、物资验收和出入库管理、仓储盘点管理、物资流通加工管理、配送运输管理、仓储装卸搬运管理、仓储设备管理以及仓储日常管理等。围绕上述职能活动有一系列仓储单证。

6.2.1 理货单证

1. 计数单

计数单是理货在现场使用的记录簿。理货点数时不能仅依靠记忆，这样容易出现差错。应采用统一格式的计数单进行计数。对每一单元的点数进行记载，同时记载发现的残损等不良现象的货号、残损量、存位等，以便统计数量和查找残损。

2. 入库单

入库单是仓库统一设置的入库单证，一般由仓库管理部门预填入库货物信息后交付仓库，作为向仓库下达的仓库作业命令。在查验货物后，将实收货物数、存放货位填写在单上，在备注中注明货物不良情况，最后需要送货人签署。入库单一般为一式三联，一联交送货人，仓库留存一联，另一联交记账，如有需要还可以相应增加联数。

3. 送货单、交接清单

送货单或者交接清单是送货人随货提交的单证，仓库根据来单理货验收。验收完毕，理货人员签署该单据，并将验收情况，特别是短少和残损记录在单据上，并收留其中一联。

4. 现场记录

现场记录是理货员对作业现场所发生的事故、不当作业、气候突变，或者其他影响到货物质量、作业安全的事件所进行的记录。现场记录既是为了明确责任，也是仓库严格管理的需要。

6.2.2 盘点单

货物盘点是保证储存货物达到账、货、卡相符的重要措施之一。盘点作业主要采用盘点单、盘点数量盈亏及价目增减更正单、呆废料处理申请表等单据。盘点单见表6-1。

表6-1 盘点单

编号：

下达日期			执行日期		
目标仓库		负责人		回单人	
调用资源					
货源名称		负责人		备注	

（续）

<table>
<tr><td colspan="9" align="center">货品信息</td></tr>
<tr><td>区</td><td>储位</td><td>货品</td><td>型号</td><td>账面数量</td><td>实际数量</td><td>缺失数量</td><td>损坏数量</td><td>备注</td></tr>
<tr><td></td><td></td><td></td><td></td><td></td><td></td><td></td><td></td><td></td></tr>
<tr><td></td><td></td><td></td><td></td><td></td><td></td><td></td><td></td><td></td></tr>
<tr><td></td><td></td><td></td><td></td><td></td><td></td><td></td><td></td><td></td></tr>
<tr><td></td><td></td><td></td><td></td><td></td><td></td><td></td><td></td><td></td></tr>
</table>

6.2.3　出库单证

货物出口涉及的出库单证主要包括领（发）料单或调拨单、出库单、拣货单等。出库单见表 6-2。

表 6-2　出库单

提供人名称：　　　储存凭证号码：　　　出货仓库：　　　出库日期：

<table>
<tr><td>品名</td><td>规格</td><td>单位</td><td>计划数</td><td>实发数</td><td>单价</td><td>包装押金</td><td>金额小计</td></tr>
<tr><td></td><td></td><td></td><td></td><td></td><td></td><td></td><td></td></tr>
<tr><td></td><td></td><td></td><td></td><td></td><td></td><td></td><td></td></tr>
<tr><td colspan="4" align="center">总计金额（人民币大写）</td><td colspan="4"></td></tr>
</table>

主管审批：　　　审核：　　　　仓库管理员：　　　提货人：

出库单审核无误后，需要填制相应的拣货单等凭证，作为拣货的主要依据。拣货单见表 6-3。

表 6-3　拣货单

<table>
<tr><td rowspan="2">序号</td><td rowspan="2">货物名称</td><td rowspan="2">货物编号</td><td rowspan="2">储位编号</td><td colspan="3">包装部门</td><td rowspan="2">拣取数量</td><td rowspan="2">备注</td></tr>
<tr><td>托</td><td>箱</td><td>单</td></tr>
<tr><td></td><td></td><td></td><td></td><td></td><td></td><td></td><td></td><td></td></tr>
<tr><td></td><td></td><td></td><td></td><td></td><td></td><td></td><td></td><td></td></tr>
<tr><td></td><td></td><td></td><td></td><td></td><td></td><td></td><td></td><td></td></tr>
</table>

6.2.4　仓单

1. 仓单的概念

根据《中华人民共和国民法典》的规定，存货人交付仓储物的，保管人应当出具仓单、入库单等凭证，并应当在仓单上签名或者盖章。

仓单是保管人向存货人填发的表明仓储保管关系的存在，以及保管人愿意向仓单持有人履行交付仓储物义务的凭证。仓单是一种要式证券，因此，其填发必须遵循法律规定的形式。根据此规定，仓库业务部门可以凭储存凭证向存货人签发仓单。

2. 仓单的主要内容

1）存货人的名称或者姓名和地址。仓单是记名证券，因此应当记载存货人的名称或姓名和地址。

2）仓储物的品种、数量、质量、包装、件数和标记。在仓单中，有关仓储物的事项必须记载，因为这些事项与当事人的权利、义务直接相关。有关仓储物的事项包括仓储物的品种、数量、质量、包装、件数和标记等。这些事项应当记载准确、详细，以免发生争议。

3）仓储物的损耗标准。仓储物在储存过程中，由于自然因素和货物本身的自然性质可能发生损耗，如干燥、风化、挥发等，这就不可避免地会造成仓储物数量上的减少。对此，在仓单中应当明确规定仓储物的损耗标准，以免在返还仓储物时发生纠纷。

4）储存场所。储存场所是存放仓储物的地方。仓单上应当明确载明储存场所，以便存货人或仓单持有人能够及时、准确地提取仓储物。同时，也便于确定债务的履行地点。

5）储存期间。储存期间是保管人为存货人储存货物的起止时间。储存时间在仓储合同中十分重要，它不仅是保管人履行保管义务的起止时间，也是存货人或仓单持有人提取仓储物的时间界限。因此，仓单上应当明确储存时间。

6）仓储费。仓储费是保管人为存货人提供仓储保管服务而获得的报酬。仓储合同是有偿合同，仓单上应当载明仓储费的有关事项，如数额、支付方式、支付地点、支付时间等。

7）仓储物已经办理保险的，其保险金额、时间以及保险人的名称应该明确在合同中。如果存货人在交付仓储物时，已经就仓储物办理了财产保险，则应当将保险的有关情况告知保管人，由保管人在仓单上记载保险金额、保险时间以及保险公司的名称。

8）填发人、填发地点和填发时间。保管人在填发仓单时，应当将自己的名称或姓名以及填发仓单的地点和时间记载于仓单上，以便确定当事人的权利、义务。

一种简单的仓单见表6-4和表6-5。

表6-4　仓单（正面）

公司名称：	
公司地址：	
电话：	传真
账号：	批号：
存货人：	发单日期：
货主名称：	起租日期：

兹收到下列货物依本公司条款

储货条款

一、本仓库所载之货物种类、唛头、箱号等，均系按照存货人所称填写，本公司对货物内容、规格等概不负责。

二、货物在入仓交接过程中，若发现与存货人填列内容不符，我公司有权拒收。

三、本仓库不储存危险物品，客户保证入库货物绝非危险品，如果因存货人的货物品危及我公司其他货物造成损失，存货人必须承担因此而产生的一切经济赔偿责任。

四、本仓单有效期一年，过期自动失效。已提货之分仓单和提货单档案保留期亦为一年。期满尚未提清者，存货人须向本公司换领新仓单。本仓单须经我公司加盖硬印方为有效。

五、客户（存货人）凭背书之仓单或提货单提货。本公司收回仓单和提货单，证明本公司已将该项货物交付无误，本公司不再承担责任。

（续）

唛头及号码	数量	所报货物	每件收费	每月仓租	进仓费	出仓费

总件数：		经手人：	
总件数（大写）			
备注：			
核对人：			

表 6-5　仓单（背面）

存货记录

日期	提单号码	提货单位	数量	结余	备注

6.3　仓储管理信息系统概述

1. 仓储管理信息系统的概念

仓储管理信息系统（Warehouse Management System，WMS）是用于管理仓库中货品、空间资源、人力资源、设备资源等在仓库中活动的软件实施工具，能够对货品的进货、检验、上架、出货、转储、盘点及其他库内作业进行有效管理。

2. WMS 在我国的应用现状

我国仓储管理信息化相对滞后，影响了仓储作业效率。目前在我国市场上呈现出二元结构：以跨国公司或国内少数先进企业为代表的市场，其应用 WMS 的比例较高，系统也比较集中在国外基本成熟的主流品牌；以国内一般企业为代表的市场，主要应用国内开发的 WMS 产品。

从应用角度可将企业的 WMS 分为以下三类：

（1）基于典型的配送中心业务的应用系统

在销售物流中如连锁超市的配送中心，在供应物流中如生产企业的零配件配送中心，都能见到这样的案例。某医药公司的现代物流中心就是这样的一个典型。该系统的目标，一是落实国家有关医药物流的管理和控制标准《药品经营质量管理规范》（GSP）等，二是优化流程，提高效率。系统功能包括进货管理、库存管理、订单管理、拣选、复核、配送、射频（RF）终端管理、商品与货位基本信息管理等功能模块；通过网络化和数字化方式，提高库内作业控制水平和任务编排。

该系统把配送时间缩短了 50%，订单处理能力提高了一倍以上，还取得了显著的社会效益，成为医药物流的一个样板。此类系统多用于制造业或分销业的供应链管理中，也是 WMS 中最常见的一类。

（2）以仓储作业技术的整合为主要目标的系统

此类系统解决各种自动化设备信息系统之间的整合与优化的问题。武钢第二热轧厂的生产物流信息系统即属于此类，该系统主要解决原材料库（钢坯）、半成品库（粗轧中厚板）与成品库（精轧薄板）之间的协调运行问题，否则将不能保持连续作业，不仅放空生产力，还会浪费能源。

该系统的难点在于物流系统与轧钢流水线的各自动化设备系统要无缝连接，使库存成为流水线的一个流动环节，也使流水线成为仓储操作的一个组成部分。各种专用设备均有自己的信息系统，WMS 不仅要整合设备系统，也要整合工艺流程系统，还要融入更大范围的企业整体信息化系统中。此类系统涉及的流程相对规范、专业化，多出现在大型企业资源计划（ERP）系统之中，成为一个重要组成部分。

（3）以仓储业的经营决策为重点的应用系统

此类系统的鲜明特点是具有非常灵活的计费系统、准确及时的核算系统和功能完善的客户管理系统，为仓储业经营提供决策支持信息。华润物流润发仓库管理系统就是这样的一个案例。此类系统多用于一些提供公仓仓储服务的企业中，其流程管理、仓储作业的技术共性多，所以要求不高，适合对多数客户提供通用的服务。该公司采用了一套适合自身特点的 WMS，减少了人工成本，提高了仓库利用率，明显增加了经济效益。

上述三类 WMS 只是从应用角度来做的一个简单分类。第一类 WMS 比较标准，功能齐全，但目前一般企业尚不需要如此复杂的系统。第二类是企业内部物流发展进程中经常用到的，生产企业或商贸企业在推进其信息化时，物流部分往往先从自动化开始，然后与企业的其他信息系统整合起来。第三类则是传统仓储企业向现代物流业过渡的进程中经常会见到的情况。在我国物流需求还不是很成熟的发展现状下，上述各类 WMS 都有一定的应用。

3. WMS 的发展动向

1）随着物流资源的整合，在网络建设过程中，提出了在大型物流网络中，仓储管理的集中模式与分散模式的关系问题。在现实应用中既有集中管理的仓库，也有分散管理的仓库。前者如国家储备粮系统，后者如连锁超市的配送中心。分散与集中各有其市场需求，但是近年来的研究表明，自然界多数复杂系统的构成，是由简单系统采用"分布式"模式结合起来的。由此可以认为，集中总是相对的，分散却是绝对的。当构造一个大系统模型时，分布式系统才是基础。技术方案的思路也就变成了如何在分布式仓库网络基础上，解决那些需要集中管理的困难。

2）以 RFID 为代表的新技术正在深刻地影响着仓储管理和 WMS，甚至孕育着一场"物流革命"。由于种种原因，RFID 还不可能马上在所有的商品上普及，世界各地也不会很快就采用统一的物品编码标准。但是在物流环节可以通过车辆、集装箱、托盘、货架等设备应用 RFID 技术，提高物流管理水平。物流设备的 RFID 加上商品的条码可能是未来在 WMS 中探索 RFID 应用推广的一条实用之路。

3）JIT 配送将越来越成为 WMS 服务的主要市场需求。随着市场逐步成熟，仓储管理在流程中的整合作用越来越明显，传统仓库将向配送中心转化。

JIT 生产方式的普遍化也将导致 JIT 配送需求的增长。WMS 的发展要基于需求的变化趋势。与此同时，配送需求的专业化市场细分也在深入，要求 WMS 更加支持 JIT 配送的专业化。

4）商业智能（Business Intelligence，BI）技术在 WMS 中的应用将越来越多。商业智能就是利用数据挖掘技术开发积累的数据信息，使之变成可以利用的知识。例如，利用库存数据分析市场变化规律，发现市场异常现象，研究仓库作业的优化方案等。

信息的作用在于应用，在于支持决策。在低水平的应用中，往往是系统采集数据，人工进行决策。经过一定的积累，过渡到系统具有决策的功能，这标志着系统上了一个新的台阶。因此，WMS 中 BI 模块将成为一个越来越重要的组成部分，促进了 WMS 的建模理论和方法的研究，以及优化方法和算法的研究。

4. WMS 的功能

WMS 有计划和执行两个功能。计划功能包括订货管理、运送计划、员工管理和仓库面积管理等。执行功能包括进货接收、分拣配货、发货运送等。在供应链管理中，WMS 技术的作用表现为配货、发货运送等。

（1）WMS 的计划功能

"订货管理"是客户与企业物流信息系统之间联系的基本界面，通过使用 WMS 技术维护客户订货信息。客户订货或查询时，"订货管理"存取所需要的信息，并对订货信息进行分析和计算，对于可接受的订货申请进行处理，并提供有关存货的信息和交付日期等。

配送中心运送的作业涉及物料搬运、储存、订货选择等实际活动。在批量作业环境下，WMS 技术可以进行综合分析、规划，并开出一份指示清单或任务清单，来指导仓库内每一位物料搬运人员，运用诸如条码、RF 通信，以及自动搬运设备等信息导向技术交互作业，从而大大缩短决策和指令下达的时间。随着信息网络的出现，借助 WMS 技术可以高效地完成仓库的规划、组织搬运装卸等作业，将指令直接下达给基层员工，人员组织被信息技术逐步分化，从而仓储部门的组织结构也逐渐转变为扁平结构。

（2）WMS 的执行功能

1）厂商或批发商方面。对于厂商或批发商来讲，尽管以前物流中心都分散建立在经营场所附近，但随着近年来制造业和流通业物流活动的广泛开展，物流中心越来越具有集约化、综合化的倾向。伴随着订货、发货业务的开展，物资检验作业也在集约化的物流中心内进行。条码的广泛普及以及便携式终端性能的不断提高，使物流作业效率得到大幅提高。在客户订货信息的基础上，在进货物资上要求贴附条码，物资进入中心时用扫描仪读取条码信息以检验物资；或在企业发货信息的基础上，在检验发货物资时同时加贴条码，这样企业的仓库保管以及发货业务都在条码管理的基础上进行。

2）零售企业方面。随着零售企业的不断崛起，不少大型零售企业都建立了自己的配送中心，由自己的配送中心将物资直接运送到本企业的各分店或店铺。采用这种配送形态的企业，一般都在物资上贴附含有配送对象店铺名称的条码，从而在保证物资检验作业合理化的同时，实现企业配送作业的高效化。

3）单据方面。利用 WMS 技术可以事先做好销售账单、发货票等单据的制作和发送工作。即使批发商自己进行物资分拣再按订货要求配送，也都采取这种办法。与此同时，将备货清单传送到用户指定的店铺。备货作业按照不同的配送用户在物资上贴附条码，分拣时只要用扫描装置读取条码，便能自动按不同的配送场所进行分拣。

5. WMS 在库存管理中的作用

WMS 技术能精确地反映当前状况和定期活动来衡量存货水平。平稳的物流作业要求存货信息的精确度最好在99%以上。当实际存货和信息系统存货之间一致性较低时，就有必要采取缓冲存货或安全存货的方式来适应这种不确定性。

WMS 技术能及时提供快速的管理反馈。这种及时是指活动发生后，其数据能立即在信息系统中体现出来。例如，在某些情况下，系统要花费几小时或几天才能将一个新订货看作实际需求，因此该订货就不会直接进入目前的需求数据库。结果，在认识实际需求量时就出现了耽搁，这种耽搁会使计划制订的有效性降低，从而使存货量增加。

"及时性"的另一个含义是指产品从"在制品"进入"制成品"状态时存货量的更新，尽管实际存在着连续的产品流，但是，信息系统的存货状况也许是按每小时、每工班或每天进行更新的。显然，实际更新或立即更新更具及时性，但是它们也会增加记账工作量。编制条码、扫描和电子数据交换（EDI）有助于及时而有效地记录。

及时的管理控制是在还有时间采取正确的行动或使损失减少到最低程度的时候提供信息的。概括地说，及时的信息减少了不确定性并识别了种种问题，于是减少了存货量，增加了决策的精确性。此外，WMS 还有以下作用：

1）为仓储作业全过程提供自动化和全面记录的途径。

2）实现仓库随机储存，最大限度地利用库容。

3）提高发货的质量和准确性，减少断档和退货，提高顾客满意度。

4）为仓库的所有活动、资源和仓储管理提供即时的正确信息。

6.4 仓储管理信息系统的构成

WMS 主要由入库管理子系统、出库管理子系统、数据管理子系统、系统管理子系统四部分组成，见表6-6。

表6-6 WMS 的构成

入库管理子系统	1. 入库单处理（录入或转化） 2. 条码管理 3. 物资托盘化和标准化（录入） 4. 货位分配及入库指令发出 5. 货位调整 6. 入库确认 7. 入库单据打印
出库管理子系统	1. 出库单管理（录入） 2. 拣货单生成及出库指令发出 3. 容错处理 4. 出库确认 5. 出库单据打印

（续）

数据管理子系统	1. 库存管理	(1) 货位管理 (2) 物资编码查询 (3) 入库时间查询 (4) 盘点管理
	2. 数据管理	(1) 物资编码管理 (2) 安全库存量管理 (3) 供应商数据管理 (4) 使用部门数据管理 (5) 未被确认操作的查询和处理 (6) 数据库与实际不符记录的查询和处理
系统管理子系统	1. 系统管理设置 2. 数据库备份 3. 系统通信管理 4. 系统使用管理	

1. 入库管理子系统

（1）入库单处理（录入或转化）

入库单可包含多份入库分单，每份入库分单可包含多份托盘数据。入库单的基本结构是每个托盘上放一种货物，因为这样会使仓储的效率更高、流程更清晰。

（2）条码管理

条码管理的目的是避免条码的重复，以使仓库内的每一个托盘货物的条码都是唯一的。

（3）物资托盘化和标准化（录入）

WMS 可支持大批量的一次性到货入库单的录入。该管理系统的运作过程是：批量到货后，首先要分别装盘，然后进行托盘数据的登录注记。所谓托盘数据，是指对每个托盘货物分别给予一个条码标识，登录注记是将每个托盘上装载的货物种类、数量、入库单号、供应商、使用部门等信息与该唯一的条码标识联系起来。注记完成后，条码标识即成为一个在库管理的关键，可以通过扫描该条码得到该盘货物的相关库存信息及动作状态信息。

（4）货位分配及入库指令发出

托盘资料注记完成后，该托盘即进入待入库状态，系统将自动根据存储规则（如货架使用区域的区分）为每一个托盘分配一个适当的空货位，手持终端发出入库操作的要求。

（5）货位调整

当所分配的货位实际已有货时，系统会指出新的可用货位，通过手持终端指挥完成操作。

（6）入库确认

从注记完成至手持终端返回入库成功的确认信息前，该托盘的货物始终处于入库状态。当收到确认信息时，系统才会把该托盘货物状态改为正常库存，并相应地更改数据库的相关记录。

（7）入库单据打印

以上各项作业完成后，打印实际收货入库单。

2. 出库管理子系统

（1）出库单管理（录入）

出库单管理是指制作出库单的操作。每份出库单可包括多种、多数量货物，出库单分为出库单和出库分单，均由手工输入生成。

（2）拣货单生成及出库指令发出

系统可根据出库内容按一定规律（如先进先出、就近等），具体到托盘及货位，生成拣货单，发出出库指令。

（3）容错处理

当操作者通过取货位置扫描图确认物资时，如果发现物资错误或实际无货，只要将信息反馈给系统，系统就会自动生成下一个取货位置，指挥完成操作。

（4）出库确认

手持终端确认货物无误后，发出确认信息，该托盘物资即进入出库运行的状态。在出库区终端确认出库成功后，即可读取数据库中的托盘条码，并修改相应数据库的记录。

（5）出库单据打印

以上各项作业完成后，打印与托盘相对应的出库单据。

3. 数据管理子系统

（1）库存管理

1）货位管理：查询货位使用情况（空、占用、故障等）。

2）物资编码查询：查询某种物资的库存情况。

3）入库时间查询：查询以日为单位的在库情况。

4）盘点管理：进入盘点状况，实现全库盘点。

（2）数据管理

1）物资编码管理：提供与货物编码相关的信息的输入界面，包括编码、名称、所属部门、单位等。

2）安全库存量管理：提供具体到某种物资的最大库存、最小库存的参数设置，从而实现库存量的监控预警。

3）供应商数据管理：录入供应商编号、名称、联系方法，供入库单使用。

4）使用部门数据管理：录入使用部门、编号、名称等，供出库单、入库单使用。

5）未被确认操作的查询和处理：提供未被确认操作的查询、逐条核对处理的功能。

6）数据库与实际不符记录的查询和处理：逐条提供选择，决定是否更改为实际记录或手工输入记录。

4. 系统管理子系统

（1）系统管理设置

设置使用者名称、代码、密码、权限等。

（2）数据库备份

提供存储过程，每日定时备份数据库或日志。

（3）系统通信管理

若系统有无线通信部分，应提供对通信的开始和关闭操作功能。

（4）系统使用管理

提供系统登录和退出界面的相关信息。

【案例分析】

胜境 iWMS 助力中赛仓储自动化升级

杭州中赛实业有限公司（以下简称中赛）是一家零售渠道整合运营商，拥有专业自创品牌"贝贝王国"，并获得"巴布豆、迪士尼（米奇、公主、漫威、小熊维尼）、SNOOPY、天线宝宝、乐一通、崔弟、猫和老鼠"等众多国际一线儿童卡通品牌授权，其经销加盟、零售直营、电商各渠道的年销售均名列行业前茅。

中赛品牌多、SKU 多、仓库面积大，之前使用 ERP 系统管理仓库，缺乏库位管理，拣货全靠人工记忆款号存放位置，仓库作业效率低。加之中赛业务量逐年增加，仓库靠传统方式已远远不能应对日益增长的出入库管理要求，亟须一套专业的仓储管理信息系统满足大批量货品的存储、周转业务需求。同时，也迫切需要通过优化出入库作业流程，实现精益化仓储物流管理，提高作业效率，降低物流成本。

胜境智能仓储管理信息系统（iWMS）充分考虑了儿童服装企业仓储管理的特征和要求，可灵活配置上架策略、拣选策略、库内补货策略，支持波次拣货等各种高级管理功能，实现智能化仓储管理。自 2015 年中赛上线使用胜境 iWMS 后，规划了半自动化流水线，实现了线上线下一体化管理，并借助系统库位管理功能，上架、拣货、最优路径等多维度策略，梳理优化了各个环节的操作流程，极大提高了拣货效率。另外，胜境团队还针对中赛的一些特殊的业务模式进行了个性化开发，让中赛仓库更智能、更高效。

该系统应用与价值体现在以下四方面：

1. **库位管理与库存共享**

在使用 iWMS 之前，中赛没有库位管理，面对海量库存，仅凭人工认款和记忆的模式无法满足业务发展需求。iWMS 上线后，仓库实现库位管理，拣货员无须找货，大大提高了拣货的可操作性，降低了对老员工的依赖。如遇电商大促，聘请的临时工经过简单培训即可参与拣货作业。同时，通过系统来规范员工不乱放乱堆，杜绝各种不规范操作，实现仓储作业规范化管理。系统在满足了公司商品库内作业管理及收发货需求的基础上，实现了"线上线下一盘货"管理，全渠道共用库存。

2. **拼箱策略管理**

电商渠道、零售渠道、客户分店发货增加，发货订单散而小，为满足需求，采用标准箱管理，根据拼箱策略，将同一个快递公司或者单件订单集中整箱拣货。系统支持按单拣货、边拣边分/摘播同步、先拣后分/二次分拣、集货墙等多种拣货模式，根据不同订单特点制定拣货模式，大大减少了拣货行走路径，提高了拣货效率。

3. **仓库自动化应用**

通过非接触式的 RFID 技术实现批量出入库，节省了人工扫描台。使用自动化分拣设备、辊筒式输送线进行库内搬运。运用传感器和偏转轮式分拣系统自动分拣，利用自动称重机和顶扫扫描仪记录包裹运输信息与重量，使用自动分拨系统进行快递交接，完成出库。系统不仅实现了入库、出库、盘点作业需求，而且还增加了整箱入库的准确率，满足中赛日常及高峰期仓库收发作业需求，大幅提升了作业效率与库存周转率。同时，仓库削减了大量作业人员，告别了传统的人海战术，大大降低了人力成本。

4. 退货商品全检入库

入库作业是仓库数据源头，源头数据的准确至关重要。为保障退货商品合格入库，满足正常的二次销售，针对所有退货实行商品全检，将不合格商品排除在前端退货入库环节。系统支持边验货边理货，并对符合要求的商品进行分级理货上架。先按照库区分类，再按照通道、排、货架、库位分类，能有效减少退货人员的行走范围和路径，一定程度上节省理货空间。同时，为了应对退货商品杂乱、退货 SKU 数量庞大的情况，应用集中分理工作台来完成退货整理上架工作。

胜境 iWMS 的应用，极大提升了中赛的仓库作业水平，帮助中赛建立规范化、专业化、精细化的仓储管理体系，激活了智慧仓库的无限可能性。

资料来源：https://www.sohu.com/a/300658476_100237022。经整理加工。

讨论题

1. 在实施 iWMS 前，中赛在仓储管理方面存在哪些问题？
2. 中赛的仓储管理信息系统的成功应用给我们带来哪些启示？

【思考练习题】

一、选择题

1. _____是理货在现场使用的记录簿。

A. 计数单　　　　　B. 入库单　　　　　C. 交接清单　　　　　D. 现场记录

2. WMS 系统具有 WMS 的计划功能和_____。

A. WMS 的执行功能　　　　　　　　　B. WMS 的决策功能

C. WMS 的备货功能　　　　　　　　　D. WMS 的分拣功能

二、填空题

1. 仓储信息主要包括_____，仓库设备信息，出入库信息，在途、在制以及计划用料、销售信息，_____等。

2. _____是保管人向存货人填发的表明仓储保管关系的存在，以及保管人愿意向仓单持有人履行交付仓储物的义务的凭征。

3. _____是用于管理仓库中货品、空间资源、人力资源、设备资源等在仓库中活动的软件实施工具，能够对货品的进货、检验、上架、出货、转储、盘点及其他库内作业进行有效管理。

三、简答题

1. 仓储单证有哪些？
2. 简述仓单的主要内容。
3. WMS 由哪几个子系统构成？

第 7 章

现代智能仓储

✎ 【学习目标】

- 掌握智能仓储系统的定义，了解企业使用智能仓储系统的价值，理解智能仓储系统的构成
- 了解云计算的定义、特点及分类，掌握云仓配的含义，了解云仓配的行业标准、实施条件和特点，理解云仓的分类
- 理解无人仓的含义，掌握无人仓的构成，了解无人仓的主要实现形式和应用领域

7.1 仓储智能化概述

7.1.1 仓储智能化的必要性及发展历程

1. 仓储智能化的必要性

仓储是企业物资流通供应链的一个重要环节，是现代物流的核心环节，在仓库管理活动过程中，会产生大量的仓储物流信息，这种信息常伴随着仓库订货、货物入库、货物管理、货物出库的发生而产生，一般具有数据量大、数据操作频繁、信息内容复杂等特点。传统机械化仓储效率低下，而且还需要消耗大量的人力，已无法满足仓储现代化的发展，而仓储智能化则非常有效地改善了这一现状。

据不完全统计，截至 2019 年，我国拥有自动化立体仓库 500 多座，但实际投入使用的不到总数的一半，这些自动化的仓库主要集中在烟草、医药保健品、食品、通信和信息、家具制造业、机械制造业等传统优势行业。在此基础上，我国对仓库的研究也向着智能化的方向发展，但是目前我国还处于自动化仓储的推广和应用阶段。仓储物流由机械化、自动化向智能化不断升级，其原因在于：

1）电商、物流产业迅速发展，带动了智能仓储的需求，于是众多设备商积极向系统集成商转型，寻求优质客户和新的利润增长点。

2）劳动力成本高涨，加之国家政策大力支持鼓励智能仓储发展，比如出台了《关于推进物流信息化工作的指导意见》《物流业发展中长期规划（2014—2020 年)》《"互联网＋"高效物流实施意见》等政策文件。

3）制造业等外包需求的释放和仓储业战略地位的加强。

智能仓储系统是智能制造工业4.0快速发展的一个重要组成部分，具有节约用地、减轻劳动强度、避免货物损坏或遗失、消除差错、提高仓储自动化水平及管理水平、提高管理和操作人员素质、降低储运损耗、有效减少流动资金的积压、提供物流效率等诸多特点。

随着现代工业生产的发展，柔性制造系统、计算机集成制造系统和工厂自动化对自动化仓储提出了更高的要求，搬运、仓储技术要具有可靠、实时的信息，工厂和仓库中的物流必须伴随着并行的信息流。

智能仓储是物流过程中的一个环节。智能仓储的应用保证了货物仓库管理各个环节数据输入的速度和准确性，确保企业及时准确地掌握库存的真实数据，合理保持和控制企业库存，通过科学的编码，可方便地对库存货物的批次、保质期等进行管理，更可以及时掌握所有库存货物当前所在位置，有利于提高仓库管理的工作效率。

2. 仓储智能化的发展历程

纵观仓储物流发展历程，自动化技术在仓储领域的发展主要有以下几个重要阶段：

1）人工仓储技术阶段。仓储过程各环节的作业（包括货物的输送、存储、管理和控制等）主要靠人工作业来实现。

2）机械化仓储技术阶段。作业人员通过操纵堆垛机、升降机等机械设备来实现货物的装卸搬运和储存等作业活动。

3）自动化仓储技术阶段。在已有仓储技术基础上进一步引入了 AGV、自动装货、货物自动识别和自动分拣等先进设备系统。

4）集成自动化仓储技术阶段。将仓储过程各环节的作业系统集成为一个有机结合的综合系统，在仓储管理信息系统的统一控制指挥下，各子系统密切配合、有机协作，使整个仓储系统的总体效益大大超过了各自系统独立工作的效益总和。

5）智能仓储技术阶段。应用软件技术、互联网技术、RFID 等信息技术情况，系统可以自动运行，对仓储进行控制，并根据实际运行情况，自动地向人们提供许多有价值的参考信息。

7.1.2 智能仓储系统

1. 智能仓储系统的定义

智能仓储系统是指由立体货架、有轨巷道堆垛机、出入库输送系统、高速分拣系统、物流机器人系统、信息识别系统、自动控制系统、计算机监控系统、计算机管理系统以及其他辅助设备组成的智能化系统。该系统采用一流的集成化物流理念设计，通过先进的控制、总线、通信和信息技术应用，协调各类设备动作实现自动出入库作业。

2. 智能仓储系统的优缺点

（1）优点

1）采用高层货架、立体存储，能有效利用空间，大大提高仓库的单位面积利用率。

2）仓储作业全部实现机械化和自动化，货物自动存取，运行和处理速度快。

3）计算机控制，便于清点和盘库，合理有效地进行库存控制，减少了货物处理和信息处理过程的差错。

4）采用料箱或者托盘存储货物，能有效减少货物的破损，较好地满足特殊仓储环境的需要。

5）提高了作业质量，保证货物在整个仓储过程的安全运行。

6）便于实现系统的整体优化。

（2）缺点

1）仓储结构复杂，配套设备多，需要的基建和设备投资较大。

2）货架安装精度要求高，施工比较困难，而且施工周期长。

3）计算机系统是仓库的"神经中枢"，一旦出现故障，将会使整个仓库处于瘫痪状态，收发作业就要中断。

4）由于高层货架是利用标准货格进行单元储存的，因此对储存货物的种类有一定的局限性。

5）仓储实行自动化控制和管理，技术性比较强，对工作人员的技术业务素质要求比较高，必须具有一定的文化水平和专业素养，而且需要经过专门的培训才能胜任。

6）必须注意仓储设备的保管和保养，定期维护，采购备品备件。

3. 企业使用智能仓储系统的价值

（1）信息沟通

商品出入仓库都输入到智能仓储系统中，仓库的账目也可以做到实时、同步、可视，方便数据查询和期末盘点，不会造成仓储数据不全的问题，同时避免积压产生呆滞物料。通过智能仓储系统，可以让管理人员了解动态库存，及时进行响应处理，减少沟通不及时带来的效率浪费和可能会引发的仓库问题，提升效率的同时，保证仓库安全有序的运营。

（2）优化流程

通过智能仓储系统，对现有的作业流程进行优化，减少大量无效的重复作业。同时以固定的方式或有限的方式进行各项仓库作业，不仅能减少流程管理的成本，也能确保作业准确、按时完成，提升仓库运营效率。

（3）自动采集

智能仓储系统通过条码化管理，结合 RFID 手持终端设备，可实现数据采集的自动化、准确化，无须人工纸笔记录数据，也无须人工录入数据，不仅提高了效率，降低了人工成本，还能保证数据准确、实时更新、可视化，随时掌握当前仓库经营情况。

（4）数据分析

在大量仓库数据自动化采集的基础上，智能仓储系统可对这些数据进行处理、分析和深度挖掘，对仓库管理进行分析，用数据为仓库决策做支撑，能够提高仓库管理人员仓库决策的准确性。

4. 智能仓储系统的构成

智能仓储系统通过多种自动化和互联技术实现，具体包括自动化储存系统、自动化输送系统、自动化作业系统、自动化计算机系统等，见表 7-1。

表 7-1　智能仓储系统的构成

系统	构成
自动化储存系统	高架仓库、托盘单元式自动仓库、箱盒式自动仓库
自动化输送系统	滚筒式输送机、链条式输送机、AGV
自动化作业系统	机器人作业系统、自动分拣系统
自动化计算机系统	WMS、WCS
其他	手持 PDA⊖、RFID、扫描设备、智能摄像头、人脸识别设备、车牌识别设备、语音识别设备、全球定位系统（GPS）、地理信息系统（GIS）等

（1）自动化储存系统

智能仓储系统一般采取立体仓库，可分为高架仓库、托盘单元式自动仓库、箱盒式自动仓库等。

1）高架仓库。高架仓库是以高架叉车和高层货架为主组成的仓库。高架叉车向运行方向两侧进行堆垛作业时，车体无须直角转向，而使前部的门架或货叉做直角转向及侧移，这样作业通道大大减少。此外，高架叉车的起升高度比普通叉车要高，从而大大提高了仓库面积和空间利用率。

2）托盘单元式自动仓库。托盘单元式自动仓库是采用托盘集装单元方式来保管物料的自动仓库。通常所说的"自动仓库"，指的就是托盘单元式自动仓库。它一般由巷道堆垛起重机、高层货架、出入库输送机系统、自动控制系统、周边设备和仓储管理信息系统等组成。

根据高层货架与建筑物之间的关系不同，托盘单元式自动仓库可以分为：

① 整体式自动仓库。由货架顶部支撑建筑屋架，在货架边侧安装墙围，货架与建筑物成为一个整体。整体式自动仓库建筑费用低，抗震，尤其适用于高度为 15m 以上的大型自动仓库。

② 分离式自动仓库。货架与建筑无关，呈独立、分离状态。分离式自动仓库适用于车间仓库、旧库技术改造和中小型自动仓库。

3）箱盒式自动仓库。箱盒式自动仓库采用箱盒单元方式来保管物料。箱盒单元货物要比托盘单元货物外形尺寸小、重量轻，适用于存放小型物料，以及一次出入库量较少的自动仓库，如家电、医药、标准件等行业。

（2）自动化输送系统

自动化输送系统包括滚筒式输送机、链条式输送机、AGV 等。

1）滚筒式输送机。滚筒式输送机由一系列等间距排列的滚筒组成，可以严格控制物品运行状态，按规定的速度精确、平稳、可靠地输送物品。

2）链条式输送机。链条式输送机是以链条作为牵引和承载体输送物料，链条输送机的输送能力大，主要输送托盘、大型周转箱等。输送链条结构形式多样，并且有多种附件，易于实现积放输送，可用作装配生产线或作为物料的储存输送。

3）AGV。AGV 是装备有电磁或光学等自动导引装置，能够沿规定的导引路径行驶，

⊖　手持 PDA 是指个人数字助理。

具有安全保护以及各种移载功能的运输小车,是自动化物流系统中的关键设备之一。

(3) 自动化作业系统

自动化作业系统包括机器人作业系统、自动分拣系统等。

1) 机器人作业系统。自动化立体仓库系统中大量使用自动码垛机器人、拣选机器人等完成自动装箱、码垛、拆垛的工作。

自动码垛机器人能将不同外形尺寸的包装货物,整齐地、自动地码(或拆)在托盘上。

拣选机器人利用导航系统、3D 视觉识别、深度学习等技术,完成货物的智能识别与抓取。在复杂的仓储环境中,可以自动完成拣货单中货物的定位、识别和拣取,并运送到指定地点。

2) 自动分拣系统。自动分拣系统一般由控制装置、分类装置、输送装置及分拣道口组成。

① 控制装置的作用是识别、接收和处理分拣信号,根据分拣信号的要求指示分类装置按商品品种、商品送达地点或货主的类别对商品进行自动分类。

② 分类装置的作用是根据控制装置发出的分拣指示,当具有相同分拣信号的商品经过该装置时,该装置动作,使商品改变在输送装置上的运行方向,进入其他输送机或分拣道口。

③ 输送装置的主要组成部分是传送带或输送机,其主要作用是使待分拣商品鱼贯通过控制装置、分类装置。

④ 分拣道口是已分拣商品脱离主输送机(或主传送带)进入集货区域的通道,使商品从主输送装置滑向集货站台,在那里由工作人员将该道口的所有商品集中后或是入库储存,或是组配装车并进行配送作业。

以上四部分装置通过计算机网络联结在一起,配合人工控制及相应的人工处理环节构成一个完整的自动分拣系统。

(4) 自动化计算机系统

自动化计算机系统主要是指 WMS 或 WCS,这里不再赘述。

(5) 其他

1) 手持 PDA。这种手持设备在早期应用中主要集中了计算、电话、传真和网络等功能,具有数据存储及计算能力,能与其他设备进行数据通信。PDA 可支持条码扫描、RFID 读写等功能,在仓储管理方面有着广泛的应用。

2) RFID。RFID 是一种自动识别技术,可以实现无接触信息传递并通过所传递的信息达到识别目的。RFID 卡具有读写能力,可携带大量数据,防伪性高。目前 RFID 技术广泛应用于交通运输控制、身份认证、工业自动化等领域,在仓储物流管理方面已有许多成功应用。

仓储的智能化不仅是设备的自动化,更核心的是信息的智能化,主要由现代通信技术、信息技术、计算机技术、智能控制技术、人工智能技术等多项技术组成,通过信息智能化系统将物流、信息流用计算机和现代信息技术集成在一起。

智能仓储需要应用互联网、物联网、云计算、大数据、人工智能、RFID、GPS 等技术的支撑,同时,我国仓储业也正在向智能仓储与互联网平台发展,条码、智能标签、RFID

等自动识别标识技术、可视化及货物跟踪系统、自动或快速分拣技术已经在一些专业仓储企业中大量应用。

7.2 云仓配

7.2.1 云计算的概念

1. 云计算的定义

云是网络、互联网的一种比喻。过去往往用云来表示电信网，后来也用来表示互联网和底层基础设施的抽象。狭义云计算是指信息技术（IT）基础设施的交付和使用模式，即通过网络以按需、易扩展的方式获得所需资源；广义云计算是指服务的交付和使用模式，即通过网络以按需、易扩展的方式获得所需服务。这种服务可以是 IT 和软件、互联网相关的服务，也可是其他服务。它意味着计算能力也可作为一种商品通过互联网进行流通。

提供资源的网络称为"云"。"云"中的资源在使用者看来是可以无限扩展的，而且可以随时获取，按需使用，随时扩展，按使用付费。这种特性经常被称为像使用水电一样使用 IT 基础设施。通过使计算分布在大量的分布式计算机上，而非本地计算机或远程服务器中，企业数据中心的运行将与互联网更相似。这使企业能够将资源切换到需要的应用上，根据需求访问计算机和存储系统。

2. 云计算的特点

（1）超大规模

"云"具有相当大的规模。以阿里云为例，截至 2020 年 7 月，其服务器规模已经接近 200 万台。阿里云在全国已建成 5 大超级数据中心，在全球 22 个地域部署了上百个云数据中心，未来还将在全国建立 10 座以上的超级数据中心。由此可见，"云"能赋予用户前所未有的计算能力。

（2）虚拟化

云计算支持用户在任意位置、使用各种终端获取应用服务。所请求的资源来自"云"，而不是固定的和有形的实体。应用在"云"中某处运行，但实际上用户无须了解、也不用担心应用运行的具体位置。只需要一台计算机或者一部手机就可以通过网络服务来实现所需要的一切，甚至包括超级计算这样的任务。

（3）高可靠性

"云"使用了数据多副本容错、计算节点同构可互换等措施来保障服务的高可靠性，使用云计算比使用本地计算机更可靠。

（4）通用性

云计算不针对特定的应用，在"云"的支撑下可以构造出千变万化的应用，同一个"云"可以同时支持不同的应用运行。

（5）高可扩展性

"云"的规模可以动态伸缩，满足应用和用户规模增长的需要。

（6）按需服务

"云"是一个庞大的资源池，可按需购买；"云"可以像自来水、电、煤气那样计费。

（7）廉价

由于"云"的特殊容错措施，可以采用极其廉价的节点来构成"云"，"云"的自动化集中式管理使大量企业无须负担日益高昂的数据中心管理成本，"云"的通用性使资源的利用率较传统系统大幅提升，因此用户可以充分享受"云"的低成本优势，经常只要花费几百美元、几天时间就能完成以前需要数万美元、数月时间才能完成的任务。

7.2.2　云计算的分类

1. 私有云

私有云的核心特征是云端资源只供一个企事业单位内的员工使用，其他人和机构都无权租赁并使用云端计算资源。至于云端部署何处、所有权归谁、由谁负责日常管理，并没有严格的规定。

（1）私有云的分类

云端在单位内部（如机房），称为本地私有云；云端托管在别处，称为托管私有云。

1）本地私有云。由于本地私有云的云端部署在企业内部，私有云的安全及网络安全边界定义都由单位自己实现并管理，一切由其掌控，因此本地私有云适合运行单位中关键的应用。

2）托管私有云。托管私有云是把云端托管在第三方机房或者其他云端，计算设备可以自己购买，也可以租用第三方云端的计算资源，用户所在的单位一般通过专线与托管的云端建立连接，或者利用叠加网络技术在因特网上建立安全通道［虚拟专用网络（VPN）］，以便降低专线费用。托管私有云由于云端托管在单位之外，单位自身不能完全控制其安全性，因此要与信誉好、资金雄厚的托管方合作。

（2）私有云的优点

私有云的规模可大可小，小的可能只有几个或者十几个用户，大的会有数万个甚至十几万个用户。企业私有办公云现在被很多大中型单位组织采用，用云终端替换传统的办公计算机，程序和数据全部放在云端，并为每个员工创建一个登录云端的账号，账号和员工一一对应。相比于传统的计算机办公，私有云有以下优点：

1）员工可在任何云终端登录并办公，可实现移动办公。

2）有利于保护单位文档资料。

3）维护方便。终端是纯硬件，无须过度维护，重点维护好云端即可。

4）降低成本。购买费用低，使用成本低，终端使用寿命长，软件许可证费用降低。

5）稳定性高。对云端集中监控和布防，更容易监控病毒、"流氓软件"和黑客入侵。

（3）私有云的缺点

私有云的缺点体现在以下两方面：

1）财务成本。运营私有云通常比公共云的成本更高。很多企业为精细的云计算控制和可见性支付了高昂的费用。

2）管理成本。在私有云内部设计和维护网络安全工具会极大地增加管理责任和成本。

2. 社区云

社区云的核心特征是云端资源只给两个或者两个以上的特定单位组织内的员工使用，除此之外的人和机构都无权租赁和使用云端计算资源。参与社区云的单位组织具有共同的要求，如云服务模式、安全级别等。具备业务相关性或者隶属关系的单位组织建设社区云的可能性更大一些，因为这样既能降低各自的费用，又能共享信息。

与私有云类似，社区云的云端也有两种部署方法，即本地部署和托管部署。由于存在多个单位组织，因此本地部署存在三种情况：只部署在一个单位组织内部、部署在部分单位组织内部、部署在全部单位组织内部。

如果云端部署在多个单位组织，那么每个单位组织只部署云端的一部分，或者做灾备。

当云端分散在多个单位组织时，社区云的访问策略就变得很复杂。如果社区云有 N 个单位组织，那么对于一个部署了云端的单位组织来说，就存在 $N-1$ 个其他单位组织如何共享本地云资源的问题。换言之，就是如何控制资源的访问权限问题，常用的解决办法有"用户通过诸如 XACML 标准自主访问控制""遵循诸如'基于角色的访问控制'安全模型""基于属性访问控制"等。除此之外，还必须统一用户身份管理，解决用户能否登录云端的问题。其实，以上两个问题就是常见的权限控制和身份验证问题，是大多数应用系统都会面临的问题。

类似于托管私有云，托管社区云也是把云端部署到第三方，只不过用户来自多个单位组织，所以托管方还必须制定切实可行的共享策略。

3. 公共云

公共云的核心特征是云端资源面向社会大众开放，符合条件的任何个人或者单位组织都可以租赁并使用云端资源。公共云的管理比私有云的管理要复杂得多，尤其是安全防范，要求更高。国家超级计算深圳中心、亚马逊云科技、阿里云等均属于公共云。

（1）公共云的优点

1）减轻负载。大型云计算服务提供商通常会在高端网络安全工具上投入大量资金，并在其领域拥有丰富知识的员工。这使得将网络安全工具和任务从内部部署转移到第三方的云服务非常有吸引力。

2）解决网络安全技能差距。遵从云计算服务提供商安全计划的能力减少了雇用昂贵而稀缺的信息安全人才的需求。

（2）公共云的缺点

1）云计算服务提供商安全性达不到标准。在某些情况下，云计算服务提供商的网络安全工具、过程和方法可能不足以保护高度敏感的数据。

2）可见性不足。大型企业通常需要具有获取和分析直至数据包级别的日志、警报和其他数据的能力。对于云计算服务提供商来说，很多安全信息对于客户而言是不可访问的。这是因为大多数底层技术都是为了从客户的角度简化管理而抽象出来的。

4. 混合云

混合云是由两个或两个以上不同类型的云（私有云、社区云、公共云）组成的。它其实不是一种特定类型的单个云，它对外呈现出来的计算资源来自两个或两个以上的云，只不过增加了一个混合云管理层。云服务消费者通过混合云管理层租赁和使用资源，感觉就像在使用同一个云端的资源，其实内部被混合云管理层路由到真实的云端了。

（1）混合云的优点

1）结合优势。结合了公共云和私有云的最佳功能的混合云企业架构可以提供最大的安全性。

2）灵活性。混合模型使 IT 管理员能够决定应用程序和数据将驻留在何处，如云平台或内部部署数据中心。

（2）混合云的缺点

1）政策执行挑战。网络安全策略可能变得难以复制，也很难扩展到公共云和私有云以及内部部署数据中心。

2）安全性不一致。由于策略实施问题，某些应用程序和数据可能不如其他应用程序和数据安全。

3）需要更多技能。企业的安全管理员必须处理不同的方法和工具，以根据易受攻击的资源所在的位置来监视威胁并采取措施。

7.2.3　云仓配概述

1. 云仓配的含义

云仓配一体化服务，简称云仓配，是为了满足现代电商物流管理而出现的，它与传统仓储代发货的区别主要体现在信息化、智能化、自动化及服务水平与能力等方面。

云仓配能为客户提供云仓储管理、干线运输、物流配送、拣货包装等仓储物流综合类服务。其目的是找到一个仓储公司就能解决电商企业线下综合性物流问题。云仓配一体化的出现就是为电商设计的，符合电商企业的需求来设计仓储物流服务，以提高消费体验为目的，降低物流成本。

云仓配一体化服务商主要为电商企业提供仓储管理、分货、拣选、配货、包装、送货及相关的售后服务（如逆向物流、商品再生、退货管理、业务咨询、二次上架等）。

对于现代电商企业来说，仓库库存精细化管理离不开大数据分析。比如当电商大促时，如果做不好库存管理和数据分析，可能就会出现断库存的情况。云仓配使仓储物流可视化，提高了精确性和及时性，使社会资源配置得到优化，提高生产效率的同时还降低了成本。这也是传统仓储未来发展的方向。

2. 云仓配的时效性

云仓配的时效性包括发货时效和配送时效两方面。

1）发货时效是指用户下订单后，云仓从打印订单开始，经过拣货、复核、打包、称重、贴单、出库等一系列流程所用的时间。一般在下订单后 4～6h 内发货，如果超过 6h 货物还没有从仓库发出，那么用户改变主意退款的可能性就比较大。

2）配送时效是指发货后配送到消费者手中的时间。除非特殊地区，现在消费者能接受的物流时效一般是 1～3 天。

3. 云仓配行业标准

目前，对云仓配一体化效率的衡量还缺乏行业标准。比较理想的第三方仓配应满足下列指标：物流及时率在 85% 以上，这个关系到物流时效用户体验度；妥投率在 90% 以上，物流总成本在 12% 以内；商品周转天数低于 45 天；发货错误率在十万分之二以内；客户对物流层面的投诉率低于 2%；商品动销率在 85%～98%；物流整段商品破损率低于千分之三（不能承受 20kg 以上外力的挤压和撞击的商品破损率在千分之三以内；能承受的商品破损率需控制在万分之二以内）。

4. 云仓配的实施条件

首先，需要技术的支撑，即一个能连接电商信息平台的云仓储平台。当订单下达时，能够被迅速汇总并传达到云仓储平台，然后再由各仓储中心处理客户的订单需求，经过信息的汇总再下达最终的配送指令，直至抵达客户终端。其次，需要专业的仓储人员。构建平台的同时就应着手相关人员的培养或者招募。一旦平台搭建完成，即可安排到岗进行分工，使之各尽其责。再次，需要政府的大力扶持。有了政府的支持，调动相关资源，并推广宣传，使更多企业入驻云仓储平台，可以极大地降低成本，提高资源利用率。最后，需要有信息反馈和监督运行机制和组织，监控云仓储的运行和突发问题的处理协调，以及进行系统的改进。

5. 云仓的分类

目前，云仓基本分为物流快递类云仓、互联网化第三方仓储云仓、电商平台类云仓三类。

1）物流快递类云仓以百世云仓、顺丰云仓和邮政云仓为代表，它们具备规模大、自动化程度高、运营能力强、订单响应速度快、履行能力强等能力。此类由物流快递企业建立的仓储有两点值得关注：①建仓的合作伙伴，包括软件与硬件服务支持的提供商等；②云仓的布局，因为这是全网协同的形式。创新的分析加上区域战略的布局会带来新的思考。

2）互联网化第三方仓储云仓以中联网仓、易代储等企业为代表。它们深耕于电商供应链领域，以仓库为基地，为电商企业提供灵活多样的服务。

3）电商平台类云仓包括京东云仓、菜鸟云仓等。它们属于真正意义上的云仓，因为京东云仓、菜鸟云仓体系不仅会根据数据分布库存，有很强的自动化订单履行能力，还会主动以货主为单位对全渠道库存分布自动进行调拨，对库存进行集中和优化，并拉动上游供应链的补货。

6. 云仓配的特点

在我国新的物流形势下，各类云仓配发展很快，物流巨头纷纷发力进军云仓服务领域，如邮政云仓、京东云仓、苏宁云仓等。云仓配可以说是向社会开放仓储资源和配送资源的第三方物流服务模式。商家与云仓平台企业签订入仓协议，在云仓平台根据市场销售预测数据来布局库存，使用云仓平台的仓库资源，将库存布置在离消费者最近的仓库里。当顾客订单下达后，由云仓平台自动选择最优仓库拣选出货，然后由云仓平台将货品送到顾客手中，最终实现对市场需求的极速反应，提高市场竞争力。云仓配具有以下特点：

（1）缩短配送时间

在云仓模式下，通过预测销售和提前将库存布局到离消费者最近的仓库，尽量缩短配送时间，缩短"订单完成提前期"。顺丰云仓的"云仓即日""云仓次日"，京东云仓的"211限时达""次日达"，每个极致追求时效性的物流产品，都反映了"订单完成提前期"的极度重要。

（2）提高供应链反应速度

云仓体系中高效的干线运输能力缩短了从生产商到仓库的运输时间。除了仓库网点多，库存分布广、离顾客近外，还有强大、高效的仓库间的干线运输体系，顺丰云仓甚至计划在湖北建货运机场，2h覆盖全国市场，以此来提高顺丰云仓的干线运输效率。

（3）降低运营成本

云仓体系内共享各处库存也进一步降低了安全库存量，通常来说，分仓增加会提高整个供应链网络中的库存总量。但在云仓体系中，通过干线快速调拨能力和信息系统强大的订单选仓能力，使各分仓的库存实现共享，从而降低整个供应链网络中的库存量。

7.3 无人仓

1. 无人仓的含义

无人仓是指货物从入库、上架、拣选、补货到包装、检验、出库等物流作业流程全部实现无人化操作，是高度自动化、智能化的仓库。无人仓是现代信息技术应用在商业领域的创新，实现了货物从入库、存储到包装、分拣等流程的智能化和无人化。目前，海内外多家电商巨头纷纷建立无人仓，以解决货物或包裹分拣等问题。

2. 无人仓的核心技术

无人仓的目标是实现入库、存储、拣选、出库等仓库作业流程的无人化操作，这就需要具备自主识别货物、追踪货物流动、自主指挥设备执行生产任务、无须人工干预等条件；此外还要有一个"智慧大脑"，针对无数传感器感知的海量数据进行分析，精准预测未来的情况，自主决策后协调智能设备的运转，根据任务执行反馈的信息及时调整策略，形成对作业的闭环控制，即具备智能感知、实时分析、精准预测、自主决策、自动控制、自主学习的特征。

3. 无人仓的构成

无人仓的构成包括硬件与软件两大部分。

1）硬件：对应存储、搬运、拣选、包装等环节有各类自动化物流设备。其中：存储典型设备有自动化立体库；搬运典型设备有输送线、AGV、穿梭车、类 Kiva 机器人、无人叉车等；拣选典型设备有机械臂、分拣机（不算自动化设备）等；包装典型设备有自动称重复核机、自动包装机、自动贴标机等。

2）软件：主要是 WMS 和 WCS。

WMS 时刻协调存储、调拨货物、拣选、包装等各个业务环节，根据不同仓库节点的业务繁忙程度动态调整业务的波次和业务执行顺序，并把需要做的动作指令发送给 WCS，使得整个仓库高效运行。此外，WMS 记录着货物出入库的所有信息流、数据流，知晓货物的位置和状态，确保库存准确。

WCS 接收 WMS 的指令，调度仓库设备完成业务动作。WCS 需要灵活对接仓库各种类型、各种厂家的设备，并能够计算出最优执行动作，例如计算机器人最短行驶路径、均衡设备动作流量等，以此来支持仓库设备的高效运行。WCS 的另一个功能是时刻对现场设备的运行状态进行监控，出现问题立即报警提示维护人员。

此外，支撑 WMS、WCS 进行决策，让自动化设备有条不紊地运转，代替人进行各类操作（行走、抓放货物等），背后依赖的是"智慧大脑"，运用人工智能、大数据、运筹学等相关算法和技术，实现作业流、数据流和控制流的协同。"智慧大脑"既是数据中心，也是监控中心、决策中心和控制中心，从整体上对全局进行调配和统筹安排，最大化设备的运行效率，充分发挥设备的集群效应。

总之，无人仓是在整合仓库业务、设备选型定制化、软件系统定制化前提下实现仓库作业无人化的结果。理论上来说，仓库内的每个业务动作都可以用机器替代人，关键是要把所有不同业务节点的设备连通，形成一套完整高效的无人仓解决方案。

4. 无人仓的主要实现形式

无人仓虽然代表了物流技术发展趋势，但真正实现仓储作业全流程无人化并不容易，从仓储作业环节来看，当前无人仓的主要实现形式如下：

（1）自动化存储

卸货机械臂抓取货物投送到输送线，货物自动输送到机械臂码垛位置，自动码垛后，系统调度无人叉车将货物送至立体库入口，由堆垛机储存到立体库中。需要补货到拣选区域时，系统调度堆垛机从立体库取出货物，送到出库口，再由无人叉车搬运货物到拣选区域。

（2）类 Kiva 机器人拣选

类 Kiva 机器人拣选完全省去补货、拣货过程中的员工行走动作，由机器人搬运货物到指定位置，作业人员只需要在补货、拣选工作站根据电子标签灯光显示屏指示完成动作。它具有节省人力、效率高、出错少的优点。类 Kiva 机器人拣选分为"订单到人"和"货到人"两种模式。

（3）输送线自动拣选

货物在投箱口自动贴条码标签后，对接输送线投放口，由输送线调度货物到拣选工作站，在拣选工作站可通过机械臂完成无人化拣选，或者人工根据电子标签灯光显示屏进行拣货。

（4）自动复核包装分拨

拣选完成的订单箱子输送到自动包装台，通过重量 + X 射线等方式进行复核，复核成功由自动封箱机、自动贴标机进行封箱、贴面单，完成后输送到分拣机自动分拨到相应道口。

5. 无人仓的主要应用领域

随着各类自动化物流设备的快速普及应用，机器替代人的成本越来越低，各行各业对于无人仓的需求越来越强烈，尤其是具备以下几个特征的行业，对无人仓的需求更加突出：

1）劳动密集型且生产波动比较明显的行业，如电商仓储物流，对物流时效性要求不断提高，受限于企业用工成本的上升，尤其是临时用工的难度加大，采用无人技术能够有效提高作业效率，降低企业整体成本。

2）劳动强度比较大或劳动环境恶劣的行业，如港口物流、化工企业，通过引入无人技术能够有效降低操作风险，提高作业安全性。

3）物流用地成本相对较高的企业，如城市中心地带的快消品批发中心，采用密集型自动储存技术能够有效提高土地利用率，降低仓储成本。

4）作业流程标准化程度较高的行业，如烟草、汽配行业，标准化的产品更易于衔接标准化的仓储作业流程，实现自动化作业。

5）对于管理精细化要求比较高的行业，如医药行业、精密仪器，可以通过软件 + 硬件的严格管控，实现更加精准的库存管理。

其中，电商行业是无人仓落地相对较多的行业。首先，电商行业对于无人仓是刚性需求，这主要体现在随着电商物流的飞速发展，人工成本一直占据着所有成本里的最大比例，而成熟的无人仓技术可以有效降低这一成本。其次，电商行业对各类无人仓技术响应积极，电商领域是一个对创新思维相对开放的行业，一直不断进行各类新设备的引进和先进技术的创新研发。最后，电商行业也是无人仓技术的最佳实验场景，各类特征表明，如果能够解决电商领域高流量、多品类的复杂场景中的问题，则无人仓技术的全面推广就相对比较容易。

6. 无人仓存在的弊端

1）标准不规范，难以应用自动化设备。例如，商品条码全国不统一，有些商品包装上没有条码，或者与其他商品相冲突，导致要人工重新贴码，入库环节效率低，自动化设备难以适应。

2）电商企业 SKU 品类繁多，商品包装大小规格差异很大，导致智能设备很难适应。例如，同一台拆盘机器人无法适应体积规格差距很大的不同 SKU 频繁切换进行拣选拆盘，需要更换夹具，效率低。

3）智能设备柔性还需提高。例如前文讲过的夹具适应问题，还有商品图像识别技术的突破问题，如何才能达到类似人眼识别物体（大小、远近）的功能，根据件型不同进行适当抓取，而且还要达到人操作的效率，这些均需等待新研究成果的出炉。

【案例分析】

心怡科技天津自动化立体库

心怡科技天津自动化立体库实现了存储的无人化操作，可节省 80% 以上的人力；还有 500 台机器人（订单到人、货到人、叉车式 AGV 三种类型）用以实现自动化拣选，大幅减少了对拣选人员的需求，直接降低了运营、管理成本，同时提升了拣选效率，在面对订单量的突增和骤减时，可以通过增减机器人来应对，真正实现了产能的柔性化。

目前，在仓储、分拣、集货、输送环节都已经有了比较好的无人仓解决方案，但是在拆零拣选及包装环节，虽有不少自动化方案，却无法突破复杂场景的限制，还要依靠人员进行相应的操作。这也是无人仓技术的突破难点。比如对于电商行业来说，实现数万个品规商品的自动识别就是难题之一，目前利用国内外的技术尚不能通过单一的方法，而是需要通过综合的解决方案来实现，但是这样成本会很高；另外，数十台 AGV 的调度相对容易，但是成百上千台 AGV 的调度就非常复杂了，既要保障 AGV 间互不影响，还要考虑订单时效，计算量和复杂度都是呈指数级增长的。

无人仓是一个包含多个子系统的复杂工程，需要各参与方密切配合、高效协同，实现物流系统的有机集成和逐步优化。

1. 规划与硬件方面

无人仓的规划，需要在一定的建筑面积下达到产出最大化，如果设备的各项主要指标能够得到进一步提升，无人仓的坪效和人效将会相应提高，如：

1）电池。容量和充电速度的提升可以使物流设备的有效工作时间延长，一方面减少设备的使用数量，降低成本；另一方面处于工作状态的设备增多，可以提升坪效。

2）驱动。设备速度和加速度的提升、电池能量更有效的利用，都可以提高设备的搬运效率和续航能力，对空间和人员的有效利用率都有很大的提升。

3）网络设备。提升网络通信设备的覆盖范围和深度可以减少 AGV 在不同网络设备间切换的频次，减少设备的通信延迟、失位等故障，从而提高人效。

2. 技术方面

无人仓融合了物联网、人工智能、大数据等新技术，是数字化、网络化、自动化背景下的资源协同作业平台，是算法智能决策驱动下的实时自治系统。其中需要解决的难点问题包括：

1）人机协同。人和设备完美结合的背后，是各类资源的数据化，以及设备调度系统的智能决策算法。

2）集群处理。在无人仓里的每个设备都不是孤立的，而是不断产生各类数据，并及时响应外界指令，同时具备自我感知和智能决策能力的设备集群。

3）异常响应。设备也有出现故障的时候，设备间的配合更是如此，系统层面要判定并解决各类预知和未知的异常场景，并智能做出合适决策进行异常隔离，以确保系统的整体运行顺畅。

早在几年前，心怡科技就开始了无人仓建设方面的战略布局，一方面推进覆盖范围广的大型综合无人化物流中心的建设，通过智能硬件、智能系统、智能算法等手段的高效协作，实现全链路作业流程的数据化、运营决策的智慧化，优化物流作业，最终达成提升客户体验的目的。

另一方面发掘了很多复杂的场景并投入巨资研发物流机器人及其他自动化物流设备，并推进物流系统柔性化升级。接下来，将探索无人仓建设、无人仓技术与服务的产品化，期望能将部分比较成熟的无人仓方案、无人仓技术向电商行业、流通领域、制造行业等全面推广，服务更多客户，实现"让科技物流为企业创造价值"的企业愿景。

资料来源：邢琳琳．无人仓技术应用与发展趋势［J］．物流技术与应用，2018（10）：126-129。经整理加工。

讨论题

1. 案例中的无人仓有什么特点？无人仓需要哪些技术和设备？

2. 采用无人仓有什么好处？

【思考练习题】

一、选择题

1. _____以中联网仓、易代储等企业为代表。它们深耕于电商供应链领域，以仓库为基地，为电商商家提供灵活多样的服务。

A. 物流快递类云仓　　　　　　　　　B. 互联网化第三方仓储云仓

C. 电商平台类云仓　　　　　　　　　D. 电商自建云仓

2. _____是指货物从入库、上架、拣选、补货到包装、检验、出库等物流作业流程全部实现无人化操作，是高度自动化、智能化的仓库。

A. 无人仓　　　　B. 云仓配　　　　C. 智能仓储　　　　D. 自动化仓库

二、填空题

1. _____是指由立体货架、有轨巷道堆垛机、出入库输送系统、高速分拣系统、物流机器人系统、信息识别系统、自动控制系统、计算机监控系统、计算机管理系统以及其他辅助设备组成的智能化系统。该系统采用一流的集成化物流理念设计，通过先进的控制、总线、通信和信息技术应用，协调各类设备动作实现自动出入库作业。

2. 云仓配一体化服务，简称云仓配，是为了满足现代电子商务物流管理而出现的，与传统仓储代发货的区别主要体现在_____、_____、自动化及服务水平与能力等方面。

三、简答题

1. 云仓配有哪些特点？

2. 简述无人仓的主要构成。

第 8 章

库存控制概述

 【学习目标】

- 了解库存的含义及分类
- 了解库存的积极作用、弊端及合理化
- 理解库存控制的含义及目的
- 掌握库存控制的合理化和评价指标
- 了解库存控制的发展及趋势

8.1 库存概述

8.1.1 库存的含义

我国国家标准《物流术语》（GB/T 18354—2006）给"库存"下的定义是："储存作为今后按预定目的使用而处于闲置或非生产状态的物品。广义的库存还包括处于制造加工状态和运输状态的物品。"在企业生产过程中，产品的生产和消费在时间、地点、批量等方面的矛盾是客观存在的，原材料往往不能马上投入生产，产成品也不能直接消费，人们不得不采用一些必要的方法和手段应对外界变化。库存就是出于种种经济目的的考虑而设立和存在的。

美国生产与库存管理协会给"库存"下的定义是：以支持生产、维护、操作和客户服务为目的而存储的各种物料，包括原材料和在制品、维修件和生产消耗品、成品和备件等。

在制造企业里，库存以原材料、在制品、产成品等形式存在。而在流通企业里，库存则以销售的成品形式存在。库存存在的目的是防范缺货的发生，库存还具有保持生产过程连续性、分摊订货费用、快速满足用户订货需求的作用。库存在企业生产经营过程中形成停滞，在企业物流系统中起着缓冲、调节和平衡的作用，能有效克服产品的生产和消费在时间上的差异，创造时间效应。在企业的日常生产和经营活动中，特别是随着生产现代化程度的日益提高和企业间竞争的日益加剧，为了生产和经营活动的有序进行，从而在激烈竞争中立于不败之地，企业需要储备一定数量的物资。如果没有库存，各企业将无法正常运转。因此，库存在人类社会活动，特别是生产经营活动中是必不可少的。

8.1.2　库存的分类

库存的应用范围很广，分类方法多种多样，可以按照生产过程、经营过程、库存所处的状态、库存的作用和功能等几个方面进行分类。

1. 按生产过程分类

（1）原材料库存

原材料库存是指企业在储存过程中所需要的各种原料、材料，这些原料和材料必须符合企业生产所规定的要求。它的作用是用来支持企业内制造或装配。

（2）在制品库存

在制品库存是指已经经过一定的生产过程，尚未完全完工，需要进一步加工的中间产品形成的库存。由于生产产品需要一定的时间，就形成了在制品库存。

（3）维修库存

维修库存是指在维修和维护过程中经常消耗的商品或配件，如润滑油和机器零部件等。维修库存不包括产成品的维护所需要的商品或配件。

（4）包装物及低值易耗品库存

企业为了包装产品，通常需要储备各种包装容器、包装材料，从而形成库存。另外，企业还随时需要一些价值低、易损耗、不能作为固定资产的物资。

（5）产成品库存

由于生产和消费在时间和空间上是有距离的，产成品不可能在生产出来的第一时间就被消费，而企业又无法准确预测出消费者的需求量，这时就产生了产成品库存。也就决定了企业必须保有一定量的产成品库存，以满足不断变动的消费者需求。

2. 按经营过程分类

（1）经常库存

经常库存通常称为周转库存，是指企业为了维持正常的经营活动、满足日常的需要而必须持有的库存。这种库存需要不断补充，当低于某一水平（订货点）时，就要及时补充。

（2）安全库存

安全库存是一种在为了满足平均需求和平均提前期所需要的定期性库存之外补充的额外库存，其目的是防止需求异常增加或者货物超过订货提前期仍未送到时发生缺货现象。安全库存量取决于需求的波动幅度和企业的现货供应水平，精确的预测是降低安全库存水平的关键。

（3）促销库存

促销库存是指为了应对企业促销活动所产生的预期销售量的增加而建立的库存。

（4）投机库存

投机库存是指企业为了防止原材料价格上涨或者为了从产成品的价格上涨中牟利而愿意保有的库存。

（5）战略库存

战略库存是指企业为了维持整条供应链的稳定运行而持有的库存。战略库存会导致产成品积压，增加库存成本，但从整条供应链管理角度而言，却是经济、合理的。

（6）季节性库存

季节性库存是为了满足特定季节出现的特定需求而建立的库存。通常企业会对季节性出产的商品在应季的时候进行大量收购，因此产生季节性库存。

3. 按库存所处的状态分类

（1）静态库存

静态库存即狭义库存，是指长期或暂时处于储存状态的库存。这类库存往往存放于物流节点的仓库中。

（2）动态库存

动态库存即广义库存，也被称为在途库存，通常是指处于制造加工状态或者在汽车、火车、轮船、飞机等交通工具上处于运输状态的库存。

4. 按库存的作用和功能分类

（1）基本库存

基本库存是指在补给生产过程中产生的库存。由于产品在生产过程中对于各种原料、材料的需要是源源不断的，因此必须保有一定的库存，以便生产需要时随时取用。

（2）中转库存

中转库存是指正在转移或等待转移的，已经装运在汽车、火车、轮船、飞机等交通工具上的存货。中转库存是实现补给订货所必需的库存，在存货中的比例逐步增大。

8.1.3 库存的积极作用

1. 保持生产的连续性，缓解生产压力

从企业的具体生产流程来看，每个企业的生产流程都是由多个相对独立的工序构成的，而不同的工序可能有不同的生产批量。要使各工序的作业活动可以独立地运行，就需要有库存进行调节。如果企业不持有一定量的原材料安全库存，当遇到供应商延期交货的情形时，企业就面临停工待料的情况。另外，当需求急速增加时，企业的生产会面临很大的压力，面临供不应求的局面。此时，如果企业持有一定量的产成品库存，就能够缓解供需不平衡的矛盾，满足由不确定因素引发的突然增加的需求，缓解生产压力。

2. 快速满足客户需求，起到缓冲作用

库存最根本的作用就是缓冲作用，它对平衡供需关系、缓解供需矛盾起着缓冲器的作用。对于生产企业而言，生产企业如果持有一定量的产成品库存，就可以快速满足客户需求，大大缩短客户的订货提前期，提高客户的满意度，从而争取到更多的客户。

3. 满足不时之需，起到未雨绸缪的作用

库存的重要功能之一就是储备，满足不时之需。当遇到突发的灾害时，库存储备作用的重要性就得到了体现。它可以用来解决因突发因素造成的供给能力不足的问题。

4. 分摊订货费用，起到节约成本的作用

订货费用是指签订一笔订单所需要的成本。这些成本包括人工管理费、电话费、打字费、邮费、传真费、采购人员的差旅费等。企业对原材料的年需求量基本是固定的，因此，每笔订单的量越大，订货次数就越少，订货费用也就越少。为了节省、分摊订货费用，企业会保有一定的库存，避免每天都订货导致订货费用高涨。

8.1.4　库存的弊端及合理化

1. 库存的弊端

（1）占用流动资金

在企业的总资产中，库存资金占了 20% ~ 40% 。如果库存管理不当，形成积压库存，则占用的流动资金就更多。

（2）增加产品成本和管理成本

从企业运营成本来看，库存增加了企业的产品成本和管理成本，库存材料的成本增加直接导致了产品成本的增加，而且相关的库存设备、管理人员的增加也直接加大了企业的综合管理成本。

（3）掩盖企业众多的管理问题

由于库存的存在，计划不周、采购不利、生产不均衡、产品质量不稳定及市场销售不力等管理问题都被掩盖了，没有及时暴露出来。当这些问题严重到连库存都无法解决时，需要进行的管理变革就不是那么简单了。

2. 库存的合理化

（1）库存"硬件"配置合理化

各种用于库存的基础设备和设施叫作库存"硬件"配置。如果库存的基础设施和设备不足、技术落后，将会使库存作业效率降低，也会使库存物资的维护和保养无法实现有效管理；如果库存的基础设施和设备重复配置，将会使库存能力有余和浪费，从而使库存的整体效益受影响。因此，在进行库存的基础设备和设施配置时，应充分有效进行合理配置，保证库存"硬件"的配置能有效地实现库存智能化，满足生产和消费需要。

（2）库存组织管理科学化、合理化、高效化

在进行库存组织管理时，需要保证库存保持在合理的范围内，既不能过多，也不能匮乏；货物储存时间不能太长，也不能周转过快；库存组织应该尽可能做到科学化、合理化、高效化。

8.2　库存控制概述

8.2.1　库存控制的含义

所谓库存控制，是指通过对企业生产经营活动所得的各种物料进行预测分析，采用适量采购和存量控制的方法，用最低的存货成本为企业生产经营提供最佳或经济合理的供应。库存控制是库存管理的核心问题，科学的库存控制是提高企业经济效益的重要手段。库存控制做得好，可以做到不断料、不待料、不呆料、不滞料、不囤料、不积料。库存控制的中心任务就是做到供应好、周转快、损耗低、费用省，保证企业生产经营的持续进行。

库存控制的内容包括确定产品的储存数量与储存结构、订货批量与订货周期、货物消耗数量与销售周期。其任务是用最低的费用在合适的时间和合适的地点获得合适数量的原材料、消耗品、产成品及其他资源。

8.2.2　库存控制的目的

1. 在保证生产和经营需求下，使库存量保持在合理水平

企业保有库存就是为了满足日常的生产和经营需要，这是库存控制最基础的功能。如果企业通过合理的控制使得库存量处于经济合理的水平，则不仅可以提高企业的仓储利用率，而且可以降低企业仓储成本，从而提高企业的综合经济效益。

2. 掌握库存存量实时动态，合理安排订货时间和数量

通过合理的库存控制，及时准确地掌握企业库存量的信息，不仅可以加速货物的周转，提高仓储空间的综合利用率，而且可以随时掌握库存量的动态，从而保障企业的正常运转，降低因库存积压或者库存不足带来的经济损失。

3. 减少库存占用空间，降低库存总体费用

合理的库存控制可以有效减少不合理的库存空间，增加整体的库存量，提高仓储利用率，降低单位库存费用，从而降低总体的库存成本。

4. 合理控制库存资金占用，提高资金周转率

货物库存必然占用企业的流动资金，从而影响企业的整体运作。合理的库存控制可以有效控制库存资金的占用，降低企业的仓储成本，提高资金周转率，从而降低企业的整体运作成本。

8.2.3　库存控制的合理化

合理的库存控制可以有效提升企业的服务效率和服务水平，降低企业成本，从而提升企业综合竞争力，增加企业的经济效益。库存控制合理化主要包括库存量合理化、库存结构合理化、库存时间合理化和库存网络合理化。

1. 库存量合理化

库存量合理化是指在库存周期内，产品数量要保证正常供应，避免出现库存数量无法满足供应需要的情况。其影响因素有：

（1）市场需求量

库存量与市场需求量有直接关系，为了满足消费需要，企业有必要留有一定数量的商品，使企业能随时根据市场需求的变化而变化，通过调整库存的商品实现随时投放市场，以满足市场需求的变化。其他条件不变时，库存量与市场需求量成正比。

（2）再生产周期

商品的生产都需要一定的时间，企业在确定库存量的时候，需要考虑商品的再生产周期，保证商品库存量能与产品的再生产时间相适应。其他条件不变时，库存量的大小与再生产周期的长短成正比。

（3）交通运输条件

产品在供应链中流通，即由供应商到制造商，由制造商到销售商，再到消费者，需要运输工具和运输时间，不同的交通运输条件将直接影响企业库存量的决策。一般情况下，运输条件越发达的企业，库存量越少。

（4）企业自身条件

库存量的大小也受企业仓储设备、进货渠道、中间环节、进货时间等自身条件的限制。企业的管理水平和设备条件越好，相应的库存量越少。

2. 库存结构合理化

库存结构合理化是指不同品种、规格的物品之间库存量的比例关系合理，能满足市场需求。随着消费者需求的多样化，企业库存也在向多样化发展。因此，企业在储存物品时不仅要考虑物品的数量，也要考虑物品的品种和规格。企业要根据市场需求变化，调整库存结构，使库存更加合理。

3. 库存时间合理化

库存时间合理化是指库存周期的合理性。合理的库存时间可以保证物品的可用性，其影响因素有以下几种：

（1）物品消耗和销售时间

生产过程中，对某物品的消耗越多，库存时间就越短。销售过程中，客户对产品的需求越多，储存时间就越短。因此，企业要随时了解生产、销售状况，促进企业生产，扩大销售，加速周转。

（2）物品的性质

库存的时间客观上受物品物理、化学及生物性能的影响。储存的时间超过其自然属性所允许的库存时限时，物品因过度损耗而减少其使用价值。因此，库存时间应以保证物品安全以及减少损耗为前提。

4. 库存网络合理化

仓库网点的合理布局也是合理库存的重要条件之一。合理的库存网络取决于商品流通渠道的类型和生产流程的形式安排。例如，批发企业承担着某一区域的货物供应任务，出入库货物数量较多，货物储存量较大，一般设大型仓库；零售企业相对来说网点分散，销售量小，其储存量较小，一般设小型仓库。

8.2.4　库存控制的评价指标

库存是物流企业的重要组成部分，库存控制的好坏直接影响企业的经济效益。通过一系列有效的评价指标对库存控制的效率进行比较分析，找出其中隐藏的问题，可以提高企业的控制水平。

1. 库存周转次数

库存周转次数可以衡量单位库存资金用于供应的效率，反映企业的库存控制水平。企业可以通过比较各个销售渠道、销售环节的库存周转次数来找出销售的发展趋势，发现其中存在的问题。

库存周转次数的计算公式为

$$库存周转次数 = \frac{年销售额}{年平均库存} \tag{8-1}$$

2. 服务水平

服务水平一般用供应量占需求量的百分比大小来衡量，它直接表现为客户的满意程度，如客户的忠诚度、取消订货的频率、不能按时供货的次数等。对于一个企业来说，为了保证正常的供应，提高服务水平，必须设置一定量的库存，以防止各种突发事件造成的供应链中断。

服务水平的计算公式为

$$服务水平 = \frac{供应量}{需求量} \times 100\% \tag{8-2}$$

3. 缺货率

缺货率是从另一个角度衡量企业服务水平的指标。如果一个企业经常延期交货，不得不使用加班生产、加急运输的方式来弥补库存的不足，则说明这个企业库存控制的效率很低。但是当延期交货成本低于节约库存成本时，企业可以选择延期交货，这样可以使企业总成本最低。

缺货率的计算公式为

$$缺货率 = \frac{缺供用户数}{供货用户总数} \times 100\% \tag{8-3}$$

4. 平均供应费用

平均供应费用反映为供应每单位库存物资所消耗的成本。平均供应费用越高，说明其总成本越高，企业的库存效率越低。尽量降低平均供应费用，可以降低企业成本，提高企业管理效率。

平均供应费用的计算公式为

$$平均供应费用 = \frac{年库存总成本}{年供应总额} \tag{8-4}$$

8.3　库存控制的发展及趋势

人类为了生存，很久以前就学会了将物品储存起来以备不时之需，就连许多动物也知道储存粮食过冬。我国最早出现的用来储存产品的地方是"窖穴"。随着生产的发展，粮食成为主要保存的产品，人们把专门藏谷的场所叫"仓"，把专门藏兵器的地方叫"库"。后来"仓"和"库"逐渐合并成一个概念——"仓库"，是指储存和保管物资的地方，而这些地方所储存的物资则可以看成库存。

因此，人们对库存的认识首先是从物品的视角出发的，即认为库存是物品，认为库存是必需的，而且库存越大越好，也就是说，仓库里的物品越多越好。随着工业革命以及社会化大生产的发展，人们需要获取足够的生产资料，库存使采购、生产、销售等各个环节独立的经济活动成为可能，并可调节各个环节之间供求的不一致，起到了连接和润滑的作用，但这些生产资料的来源不多并且不稳定，所以人们起初认为库存是越大越好。随着时代的发展，人们对库存的认识开始逐渐由物品的视角转向财务的视角，即认为库存是要花钱买来的，是成本的一部分，从而有了降低库存的意识。

由于有降低库存或降低成本的要求，人们开始逐步展开对库存的研究。1915 年，美国的福特·哈里斯提出关于经济订货批量（EOQ）的模型，开创了现代库存理论研究的先河。在此之前，意大利的帕累托在研究世界财富分配问题时曾提出帕累托定律，后来该定律在库存管理方面也得到了运用，即 ABC 分类法。

第二次世界大战以后，运筹学和数理统计学等学科被运用到这一领域，特别是 20 世纪 50 年代以来，人们开始运用系统工程理论来研究和解决库存问题，并形成了系统储存理论。随着管理工作的科学化，库存管理的理论有了很大的发展，形成许多库存模型，应用于企业管理中并取得了显著的效果。

20 世纪 80 年代以来，人们对库存控制的研究和实践又经历了以下过程：随着计算机科学和管理科学的发展，物料需求计划（Material Requirement Planing，MRP）开始应用并普及，这对库存控制是一个质的飞跃；随着供应链的研究和发展，人们对降低库存的要求几乎到了极致，提出了"零库存"的管理思想；随着互联网的普及，ERP 也得到了长足的发展和应用，这对加强供应链管理、提高企业竞争力有很大的帮助。近年来，人们逐渐从追求"零库存"的狂热中清醒，根据实际情况认为，维持适当的库存对于保证生产经营活动平稳而有序地运行，并获得良好的经济效益和客户满意度，是十分必要的，并且提出了"合适的库存"这一理念。

库存控制是整个需求与供应链管理流程的输出，要实现库存控制的根本目的，就必须要有一个与此流程相应的合理的库存控制体系。未来，随着供应链管理流程的不断完善，库存控制将发挥越来越重要的作用，而现代生产管理思想，如 ERP、JIT 等方法将作为库存控制问题新的思路和方法。

【案例分析】

加强物资库存控制，推进清仓利库

据悉，A 公司为了进一步提升库存物资管理水平，提高资源利用效率，盘活库存资源，大力开展清仓利库工作，制订物资清仓利库工作方案，推进历史遗留的出库、账外物资清理工作，确保全年完成总库存压降 20% 的任务。

面对严峻的生产经营形势，该公司高度重视清仓利库工作，成立清仓利库领导小组和工作小组，充分发挥物资部门的牵头作用，对现有库存物资全面梳理，按照物资部门管"库"、专业部门管"仓"、项目部门管"现场"的原则，准确掌握仓库和库存物资信息，并将经审核后的清查盘点的物资导入出库物资管理系统，建立信息完备、分类明确的库存物资统计台账。随后组织专家进行库存物资技术鉴定，对鉴定可再利用物资分类建账、管理及存放，用于设备运维和应急抢修，有效提升库存物资再利用水平。

同时，该公司突出抓好平衡利库，严格遵循"可用尽用""先利库、后采购""谁产生，谁负责"的原则，坚持"讲实际、真利库"的工作导向，每周召开一次物资平衡利库会议，严把计划关，对各部门上报的物资需求计划认真梳理，参照现有库存物资明细逐项排查，对需求物资与库存不完全匹配，但物资型号、规格相近的情况，主动协调相关需求部门，采取以物资替换的方式完成利库，落实超龄物资清理计划，每周通报清理进度。

下阶段，A 公司将加大仓储信息化推进力度，通过已上线运行的智慧供应链运营平台、出库物资管理系统规范库存物资验收、出入库、保管、退库、调配、盘点管理，为系统"一本账"创造条件；建立库存物资定额管理制度，建立库存物资预警机制，有效降低库存；根据具体需求在设计、基建或生产抢修中优先考虑使用库存物资；建立物资管理详细台账，定期做好梳理核查工作；加强工作成效奖惩，确保结余物资及时有效发挥作用。

讨论题

1. 为什么该公司要如此高度重视清仓利库工作？

2. 除了案例中所提到的 A 公司的做法，还有哪些措施可以有效进行库存控制？

【思考练习题】

一、选择题

1. 已经经过一定的生产过程，尚未完全完工，需要进一步加工的中间产品形成的库存是指_____。

　　A. 原材料库存　　　B. 在制品库存　　　C. 维修库存　　　D. 产成品库存

2. 企业为了维持正常的经营活动、满足日常的需要而必须持有的库存是指_____。

　　A. 经常库存　　　B. 安全库存　　　C. 促销库存　　　D. 战略库存

3. 正在转移或等待转移的，已经装运在汽车、火车、轮船、飞机等交通工具上的存货是指_____。

　　A. 静态库存　　　B. 动态库存　　　C. 基本库存　　　D. 中转库存

4. 在库存周期内，产品数量要保证正常供应，避免出现库存无法供应需要的情况称为_____。

　　A. 库存量合理化　　B. 库存结构合理化　C. 库存时间合理化　D. 库存网络合理化

二、填空题

1. 按库存的作用和功能分类，库存可以分为两大类：_____和_____。

2. 库存的弊端为_____、_____和_____。

3. 库存的合理化包括_____和_____。

4. 库存控制的评价指标包括_____、_____、_____和_____。

三、简答题

1. 库存的概念是什么？库存的积极作用有哪些？

2. 库存的分类有哪些？

3. 库存控制的概念是什么？库存控制有什么目的？

第 9 章

独立需求库存控制决策

✎ 【学习目标】

- 了解各种预测的方法及原理
- 掌握 ABC 分类法的基本原理、实施步骤及管理策略
- 理解经济订货批量（EOQ）模型公式及推导，掌握带折扣的 EOQ 模型求解
- 掌握定量订货技术的原理、关键参数确定及特点
- 掌握定期订货技术的原理、关键参数确定及特点
- 掌握一次性订货系统的特点及决策方法

9.1 库存需求的预测控制

9.1.1 库存需求分析

库存的建立是为了满足企业生产、经营或销售需求，因而需求的性质是影响库存控制的重要因素之一。对物品的实际需求受市场上众多因素的影响，如图 9-1 所示，其中有些因素是企业通过努力可以改变的，另外一些因素则是企业无法控制的。

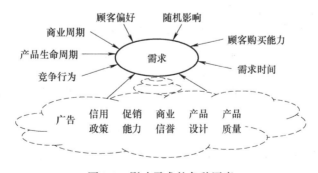

图 9-1　影响需求的各种因素

从需求的性质来看，需求可以是确定性的，如企业已接受的订单或签订的合同上的需求，也可以是不确定性的；需求可能是有规律变化的，也可能是随机变化的；需求有些是

可替代的，有些则是不可替代的；需求有时是连续的，有时则是间断的，如图9-2、图9-3所示，尽管 t_1 时间内的出库量皆为 $Q_2 - Q_1$，但两者的出库方式不同，因为图9-2中需求是间断的，图9-3中需求是连续的。

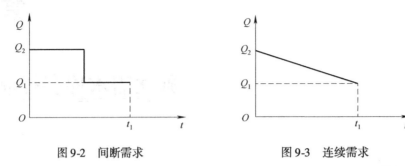

图9-2　间断需求　　　　　　　　图9-3　连续需求

针对库存控制研究需要，常把需求分为独立需求和相关需求。独立需求是指对某种物资的需求和其他物品没有关联，是完全独立的。一般来说，用户对企业产成品的需求为独立需求。相关需求是指某种物资的需求与其他需求之间有内在相关性，体现在需求时间和需求数量的关联上。一般来说，生产企业对构成最终产成品所用到原材料、零部件等的需求为相关需求，称为垂直相关需求。而随最终产品出产的说明书、图样或附件等的需求称为水平相关需求。因此，判断一种需求是独立需求还是相关需求，就要看其是否和其他需求存在关联性，如汽车轮胎的需求，对汽车制造厂而言是相关需求，对汽车维修厂来说则是独立需求。

独立需求最明显的特征是需求的对象和数量不确定，只能通过预测的方法进行估计。

9.1.2　预测及其分类

1. 预测的概念

预测是指根据过去和现在的已知因素，运用已有的知识、经验和科学方法，对事物未来的发展趋势做出估计和评价。从本质上看，预测要以变化为前提，并从变化的事物中找出变化规律，去揭示事物未来的面貌。由于未来情况有很大的不确定性和随机性，预测不可能是绝对准确的。即使是十分周密的预测也可能与未来事实不完全相符，甚至相差甚远。尽管如此，预测仍具有不可忽视的作用。

预测不仅是长期的战略性决策的重要前提，也是短期的日常经营活动的重要依据。预测为编制各部门的计划提供了基础，如物流系统的运输、仓储等各项业务的计划都是以预测资料为基础制订的。在库存管理领域，做好物资需求量和需求时间预测，有利于保持企业既定的物流服务水平，防止库存积压或短缺，使库存投资的收益最大化。

2. 预测的分类

预测按照不同的目标和特征可以分为不同的类型。

1）按时间跨度分类，可分为长期预测、中期预测和短期预测。

长期预测是指5年以上的预测，它是为企业制订长期发展规划提供决策依据的，如国民经济发展规划预测。中期预测是指对1~5年时间内的运作情况进行预测，如对未来两三年内的港口货物吞吐量进行预测，可为港口近期发展计划提供依据。短期预测是指预测的目标距现在的时间比较近，多为1年以内，也包括对未来几周的需求预测。

2）按主客观因素所起的作用分类，可分为定性预测和定量预测。

定性预测是指利用已掌握的各种信息和资料，根据预测者个人的知识、经验和能力，对事物的未来发展趋势做出估计和判断。其优点是时间短，费用省，简单易行，能综合多种因素。缺点是主观随意性较大，预测结果不够准确。定性预测方法主要包括个人判断法、市场调查法、团队共识法和德尔菲法等。

定量预测是一种运用数学工具对事物规律进行定量描述，预测其发展趋势的方法。定量预测方法主要有移动平均法、指数平滑法、趋势外推法、回归分析法、经济计量模型、投入产出分析、灰色系统模型等。实现定量预测的主要条件有三个：一是有历史数据和统计资料；二是在定性分析的基础上进行；三是要建立反映因变量和自变量变化关系的数学公式或模型。定量预测注重对事物发展变化的程度做数量上的描述，更多地依据历史统计资料，较少受主观因素的影响。其缺点在于比较机械，不易处理有较大波动的资料。定量预测必须与定性预测相结合，尤其对复杂事物的长期预测，切不可将定量预测结果绝对化。

9.1.3　定性预测方法

定性预测方法有很多种，本节主要介绍个人判断法、市场调查法、团队共识法和德尔菲法四种。

1. 个人判断法

该方法是指由专家个人对事物的未来变化趋势做出预见和判断。它完全是基于个人的认识和判断，虽能做到不受外界干扰和影响，最大限度地发挥专家的经验、知识和才能，但也包含了专家的偏差、偏见和无知等因素，在大多数情况下，由于不确定性因素太多，其预测结果并不可靠。

2. 市场调查法

市场调查法是指通过问卷调查、当面会谈或电话访问等方式，从有代表性的抽样客户那里收集数据，统计分析样本反映出的观点，再对预测问题做出判断。该方法的优点在于能获得大量的样本数据，调查对象分层次、多样化，更能反映市场需求情况。缺点在于花费较多，费时费力，难以获得对方的配合，无法确定回答的可靠性，有时很难从中分析得出有效的结论。

3. 团队共识法

团队共识法是指集中多位专家，采用会议上自由讨论的方法，直到对预测问题达成最终共识。这种方法鼓励与会专家充分发表意见，提出预测值，在操作上简单易行，不需要准备和统计历史资料，汇集了多位专家的经验与判断，比个人判断法更加可靠。但其缺点在于与会人员之间容易互相影响，权威专家的意见会左右预测结果，预测的主观性较强，预测结果来自于集体讨论，无人对其可靠与否负责。

4. 德尔菲法

德尔菲法（Delphi Method）又称专家调查法，1946 年由美国兰德公司创始实行，其本质上是一种反馈匿名函询法，其大致流程是预测组织者在对所要预测的问题征得专家的意见之后，进行整理、归纳、统计，再匿名反馈给各专家，再次征求意见，再集中，再反馈，最后汇总成专家基本一致的看法，以此作为预测的结果。

在使用德尔菲法时必须坚持三条原则。第一条是匿名性。对被选择的专家要保密，不让他们彼此通气，使之不受权威、资历等因素的影响，自由地给出预测意见。第二条是反馈性。一般的征询调查要进行三至四轮，要给专家提供充分反馈意见的机会。第三条是收敛性。经过数轮征询后，专家们的意见相对统一，趋向一致，若个别专家仍有明显的不同观点，应要求其详细说明理由。

德尔菲法吸收不同专家参与预测，充分利用专家的经验和学识；采用匿名方式征询意见，使每一位专家能独立自主地做出判断；趋于一致的预测结果一定程度上具有综合意见的客观性。其缺点在于：专家的意见没有明确的标准，预测结果缺乏严格的科学分析，趋于一致的意见仍带有"随大流"的倾向。

9.1.4 定量预测方法

定量预测方法也有很多种，本节主要介绍移动平均法、指数平滑法、回归分析法和弹性系数法四种。

1. 移动平均法

移动平均法是一种古老的时间序列预测法。它对时间数列的各项数值，按照既定的移动跨距进行逐期移动，并计算出一系列移动平均数，形成一个派生的平均数时间序列，以此削弱不规则变动的影响，显示出原数列的长期趋势。

（1）一次移动平均法

用一次移动平均法进行预测的做法是：对一组历史数据 $(X_1, X_2, \cdots, X_t)$，确定移动平均时所取移动跨距内数据点个数 N，依次计算出各移动跨距中 N 项数据的一次移动平均值 M_t，并将第 t 期的一次移动平均值 M_t 直接作为第 $(t+T)$ 期的预测值 Y_{t+T}。其预测模型为

$$Y_{t+T} = M_t \tag{9-1}$$

$$M_t = \frac{1}{N}(X_t + X_{t-1} + X_{t-2} + \cdots + X_{t-N+1}) \tag{9-2}$$

一次移动平均法的预测值是离预测期最近的 N 个历史数据平均的结果，并对这 N 个数据赋予相同的权重 $1/N$，而更早的数据权重为 0。使用移动平均法的一个重要问题就是选取适当的移动跨距 N。N 越大，对随机因素的"抹平"作用就越强，而对新数据的反应就越不灵敏。

例 9-1：某物流公司过去 12 期的实际货运量统计数据见表 9-1。当移动跨距分别为 3 和 5 时，求第 13 期的货运量预测值。

表 9-1 某物流公司货运量

（单位：t）

时间 t	货运量 X_t	$N=3$		$N=5$	
		M_t	Y_{t+1}	M_t	Y_{t+1}
1	3249				
2	3387				
3	3265	3300.3			
4	3543	3398.3	3300.3		

（续）

时间 t	货运量 X_t	$N = 3$		$N = 5$	
		M_t	Y_{t+1}	M_t	Y_{t+1}
5	3188	3332. 0	3398. 3	3326. 4	
6	3273	3334. 7	3332. 0	3331. 2	3326. 4
7	3059	3173. 3	3334. 7	3265. 6	3331. 2
8	3447	3259. 7	3173. 3	3302. 0	3265. 6
9	3366	3290. 7	3259. 7	3266. 6	3302. 0
10	3318	3377. 0	3290. 7	3292. 6	3266. 6
11	3204	3296. 0	3377. 0	3278. 8	3292. 6
12	3571	3364. 3	3296. 0	3381. 2	3278. 8
13			3364. 3		3381. 2

解：由表 9-1 中数据可知，该时间序列数据不具有持续增长或下降的趋势，而且只需做短期预测，因此可采用一次移动平均法。第 12 期的一次移动平均值直接作为第 13 期的预测值 Y_{13}，此时 $T = 1$。采用式（9-1）、式（9-2），计算结果见表 9-1。

当数据点之间包含某种持续增长或下降的趋势时，如果仍采用一次移动平均预测模型，则预测值对于实际值就会始终存在滞后偏差。所以，当数据点之间包含的趋势为线性增长或下降时，应采用二次移动平均预测模型。

（2）二次移动平均法

二次移动平均法适用于时间序列且呈线性趋势变化的预测。它是对一次移动平均数进行第二次移动平均，再以一次移动平均值和二次移动平均值为基础建立预测模型，计算预测值的方法。其预测模型为

$$Y_{t+T} = a_t + b_t T \tag{9-3}$$

$$a_t = 2M_t^{(1)} - M_t^{(2)} \tag{9-4}$$

$$b_t = \frac{2}{N-1}(M_t^{(1)} - M_t^{(2)}) \tag{9-5}$$

$$M_t^{(1)} = \frac{1}{N}(X_t + X_{t-1} + \cdots + X_{t-N+1}) \tag{9-6}$$

$$M_t^{(2)} = \frac{1}{N}(M_t^{(1)} + M_{t-1}^{(1)} + \cdots + M_{t-N+1}^{(1)}) \tag{9-7}$$

式中，Y_{t+T} 是第（$t + T$）期的预测值；a_t 是预测的起始数据；b_t 是预测线的斜率；T 是预测期到当前时刻 t 的时间间隔；$M_t^{(1)}$、$M_t^{(2)}$ 分别是第 t 期的一次移动平均值和二次移动平均值；X_t 是第 t 期的实际值；N 是移动跨距。

例 9-2：某贸易公司过去 12 期的实际销售额统计数据见表 9-2。当移动跨距 $N = 5$ 时，求第 13 期的销售额预测值。

解：从表 9-2 中的数据可知，该时间序列数据具有持续线性增长趋势，适合采用二次移动平均法。取 $t = 12$，$N = 5$ 时，由式（9-6）、式（9-7）计算得出 $M_{12}^{(1)} = 1087.6$，$M_{12}^{(2)} = 1073.1$，再由式（9-4）、式（9-5）计算得出 $a_{12} = 1102.12$，$b_{12} = 7.26$，由此建

立预测模型为

$$Y_{12+T} = 1102.12 + 7.26T$$

式中，取 $T = 1$，得第 13 期销售额预测值 $Y_{13} = 1109.38$ 万元。其他相关计算结果见表 9-2，结果表明，二次移动平均预测模型可较好地反映了线性趋势。

表 9-2　某贸易公司销售额

时间 t	销售额 X_t（万元）	$M_t^{(1)}$（万元）	$M_t^{(2)}$（万元）	a_t	b_t	Y_{t+1}（万元）
1	1024					
2	1040					
3	1051					
4	1056					
5	1060	1046.2				
6	1049	1051.2				
7	1063	1055.8				
8	1072	1060.0				
9	1085	1065.8	1055.8	1075.80	5.00	
10	1088	1071.4	1060.8	1081.96	5.28	1080.80
11	1095	1080.6	1066.7	1094.48	6.94	1087.24
12	1098	1087.6	1073.1	1102.12	7.26	1101.42
13						1109.38

当历史数据具有曲线趋势时，本应采用三次移动平均预测模型，但在实际应用中一般改用三次指数平滑预测模型，因为后者所需要的数据存储量较少。因此，本书不再介绍三次移动平均预测模型。

2. 指数平滑法

指数平滑法实际上是一种特殊的加权移动平均法，其基本思想是：对离预测期近的数据赋予较大的权重，对离预测期远的数据赋予较小的权重。这种"厚近薄远"的做法主要基于这样的认识：接近预测期的历史数据比远离它的历史数据对预测更重要，更有价值。按平滑次数不同，指数平滑法分为一次指数平滑法、二次指数平滑法和三次指数平滑法等。

（1）一次指数平滑法

当时间序列无明显的趋势变化时，可用一次指数平滑预测，其预测模型如下：

$$Y_{t+T} = S_t^{(1)} \tag{9-8}$$

$$S_t^{(1)} = \alpha X_t + (1 - \alpha) S_{t-1}^{(1)} \tag{9-9}$$

式中，Y_{t+T} 是第 $(t + T)$ 期的预测值；$S_t^{(1)}$ 是第 t 期的一次指数平滑值；X_t 是第 t 期的实际值；α 是平滑常数，取值范围为 $[0, 1]$。

对式（9-9）进行迭代递推，得到

$$S_t^{(1)} = \alpha X_t + \alpha(1 - \alpha)X_{t-1} + \alpha(1 - \alpha)^2 X_{t-2} + \cdots + \alpha(1 - \alpha)^{t-1}X_1 + (1 - \alpha)^t S_0^{(1)}$$

即指数平滑法在预测时包含有全期数据的影响，并且从近期数据 X_t 到远期数据 X_1 赋予的权值以指数形式递减，故称指数平滑法。α 越接近 1，近期数据的权值越大，远期数据对本期平滑值的影响程度下降越迅速；α 越接近 0，远期数据的影响下降越缓慢。

指数平滑法的计算中，平滑常数 α 的取值十分重要，一般可通过经验判断法和试算法来确定。一般来说，如果数据波动较大，α 值应取大一些，可以增加近期数据对预测结果的影响；如果数据波动平稳，α 值应取小一些。试算法则是指根据实践序列情况，参照经验判断法，来大致确定 α 取值范围，然后取几个 α 值进行试算，比较不同 α 值下的预测相对误差，选取相对误差最小的 α。

应用指数平滑预测模型时，要用到初始平滑值 $S_0^{(1)}$。如果历史数据点较多（在 20 个以上），可以用 X_1 的实际值来代替，即 $S_0^{(1)} \approx X_1$。因为初始值 $S_0^{(1)}$ 在经过较长的平滑环节后对 S_t 的影响很小，从而对预测值的影响也很小，可以忽略不计。如果数据点较少，则初始值的影响不能忽略，此时可以采用前几个数据的平均值作为初始值，例如 $S_0^{(1)} \approx \dfrac{X_1 + X_2 + X_3}{3}$。

例 9-3：以例 9-1 中某物流公司过去 12 期的实际货运量统计数据为例，当平滑常数 α 值分别取 0.2 和 0.8 时，求第 13 期的货运量预测值。

解：由题意可知，该时间序列数据不具有持续增长或下降的趋势，而且只需做短期预测，故可采用一次指数平滑法。第 12 期的一次指数平滑值直接作为第 13 期的预测值 Y_{13}，此时 $T = 1$。取 $S_0^{(1)} = \dfrac{X_1 + X_2 + X_3}{3} = 3300.3$，采用式（9-8）、式（9-9），计算结果见表 9-3。

表 9-3　某物流公司货运量一次指数平滑预测值

（单位：t）

时间 t	货运量 X_t	$\alpha = 0.2$		$\alpha = 0.8$	
		$S_t^{(1)}$	Y_{t+1}	$S_t^{(1)}$	Y_{t+1}
1	3249	3290.0		3259.3	
2	3387	3309.4	3290.0	3367.6	3259.3
3	3265	3300.5	3309.4	3273.9	3367.6
4	3543	3349.0	3300.5	3494.5	3273.9
5	3188	3316.8	3349.0	3220.2	3494.5
6	3273	3308.1	3316.8	3281.8	3220.2
7	3059	3258.3	3308.1	3108.8	3281.8
8	3447	3296.0	3258.3	3409.3	3108.8
9	3366	3310.0	3296.0	3352.0	3409.3
10	3318	3311.6	3310.0	3316.4	3352.0
11	3204	3290.1	3311.6	3225.5	3316.4
12	3571	3346.3	3290.1	3514.8	3225.5
13			3346.3		3514.8

（2）二次指数平滑法

在进行时间数据序列的短期预测时，如果历史数据中包含线性持续增长或下降趋势，则应采用二次指数平滑法，其预测模型为

$$Y_{t+T} = a_t + b_t T \tag{9-10}$$

$$a_t = 2S_t^{(1)} - S_t^{(2)} \tag{9-11}$$

$$b_t = \frac{\alpha}{1-\alpha}(S_t^{(1)} - S_t^{(2)}) \tag{9-12}$$

$$S_t^{(1)} = \alpha X_t + (1-\alpha)S_{t-1}^{(1)} \tag{9-13}$$

$$S_t^{(2)} = \alpha S_t^{(1)} + (1-\alpha)S_{t-1}^{(2)} \tag{9-14}$$

式中，Y_{t+T} 是第 $(t+T)$ 期的预测值；a_t、b_t 是模型参数；T 是预测期到当前时刻 t 的时间间隔；$S_t^{(1)}$、$S_t^{(2)}$ 分别是第 t 期的一次指数平滑值和二次指数平滑值；X_t 是第 t 期的实际值；α 是平滑常数。

例9-4： 以例9-2中某贸易公司过去12期的实际销售额统计数据为例，设平滑常数 $\alpha = 0.8$，求第13期的销售额预测值。

解： 由题意可知，该时间序列数据具有持续线性增长趋势，适合采用二次指数平滑预测模型。当 $\alpha = 0.8$，$S_0^{(1)} = S_0^{(2)} = \dfrac{X_1 + X_2}{2} = 1032$ 时，取 $t = 12$，由式（9-13）、式（9-14）分别计算得出 $S_{12}^{(1)} = 1097.1$，$S_{12}^{(2)} = 1096.0$，再由式（9-11）、式（9-12）分别计算得出 $a_{12} = 1098.2$，$b_{12} = 4.4$，由此建立预测模型为

$$Y_{12+T} = 1098.2 + 4.4T$$

取 $T = 1$，得第13期的销售额预测值 $Y_{13} = 1102.6$ 万元。其他相关计算结果见表9-4，结果表明，二次指数平滑预测模型较好地反映了线性趋势。

表9-4　某贸易公司销售额二次指数平滑预测值（$\alpha = 0.8$）

时间 t	销售额 X_t（万元）	$S_t^{(1)}$（万元）	$S_t^{(2)}$（万元）	a_t	b_t	Y_{t+1}（万元）
1	1024	1025.6	1026.9	1024.3	-5.2	
2	1040	1037.1	1035.1	1039.1	8.0	1019.1
3	1051	1048.2	1045.6	1050.8	10.4	1047.1
4	1056	1054.4	1052.6	1056.2	7.2	1061.2
5	1060	1058.9	1057.6	1060.3	5.2	1063.4
6	1049	1051.0	1052.3	1049.7	-5.2	1065.4
7	1063	1060.6	1058.9	1062.3	6.8	1044.5
8	1072	1069.7	1067.5	1071.9	8.8	1069.1
9	1085	1081.9	1079.0	1084.8	11.6	1080.7
10	1088	1086.8	1085.2	1088.4	6.4	1096.4
11	1095	1093.4	1091.8	1095.0	6.4	1094.8
12	1098	1097.1	1096.0	1098.2	4.4	1101.4
13						1102.6

（3）三次指数平滑法

在进行时间数据序列的短期预测时，如果历史数据中包含沿曲线持续增长或下降趋

势，则应采用三次指数平滑法，其预测模型为

$$Y_{t+T} = a_t + b_t T + c_t T^2 \tag{9-15}$$

$$a_t = 3S_t^{(1)} - 3S_t^{(2)} + S_t^{(3)} \tag{9-16}$$

$$b_t = \frac{\alpha}{2(1-\alpha)^2} \left[(6-5\alpha)S_t^{(1)} - 2\times(5-4\alpha)S_t^{(2)} + (4-3\alpha)S_t^{(3)} \right] \tag{9-17}$$

$$c_t = \frac{\alpha^2}{2(1-\alpha)^2}(S_t^{(1)} - 2S_t^{(2)} + S_t^{(3)}) \tag{9-18}$$

$$S_t^{(1)} = \alpha X_t + (1-\alpha)S_{t-1}^{(1)} \tag{9-19}$$

$$S_t^{(2)} = \alpha S_t^{(1)} + (1-\alpha)S_{t-1}^{(2)} \tag{9-20}$$

$$S_t^{(3)} = \alpha S_t^{(2)} + (1-\alpha)S_{t-1}^{(3)} \tag{9-21}$$

式中，Y_{t+T} 是第 $(t+T)$ 期的预测值；a_t、b_t、c_t 是模型参数；T 是预测期到当前时刻 t 的时间间隔；$S_t^{(1)}$、$S_t^{(2)}$、$S_t^{(3)}$ 分别是第 t 期的一次指数平滑值、二次指数平滑值和三次指数平滑值；X_t 是第 t 期的实际值；α 是平滑常数。

3. 回归分析法

（1）回归分析法概述

回归分析法是根据事物之间的因果关系对变量的未来进行预测，是一种因果预测方法。因果关系是客观事物之间普遍存在的一种联系，如进出口贸易额与港口吞吐量之间的关系。一般来说，处在一个系统中的各种变量之间的因果关系可分为两类：一类为函数关系；另一类为统计相关关系。

函数关系是指变量之间具有的完全确定的关系。例如，当销售单价 P 不变时，销售额 Y 与销售量 X 之间的关系就是一种函数关系，可用 $Y = PX$ 表示。统计相关关系是指变量之间具有的非确定性的依赖关系，这种关系不能准确地用一个函数来描述。例如，物品价格与物品需求量之间存在着明显的因果关系，即物品价格下降，需求量会上升，但却不能用确切的函数关系式来表示，而只能用统计的方法来分析出某种物品每降低 1 单位的价格，大约能增加多少需求量。

变量之间非确定性的统计相关关系不能用精确的函数关系式唯一地表达，但在统计学意义上，可以通过对大量的历史数据进行统计分析，找出各相关因素的内在规律，从而近似地构造出变量之间的函数关系，这种处理变量之间相关关系的方法就是回归分析法。例如，通过对物品价格 X 与物品需求量 Y 的多次观察，可以得到 n 组数据，将这 n 组数据画在直角坐标图上，就得到一个散点图，如图 9-4 所示。

如果能用一条曲线来拟合散点图上的数据点，即找到一条曲线 $Y = f(X)$，使得这些数据点都落在这条曲线的附近，则称这条曲线为回归曲线，这条曲线的方程为回归方程。利用回归方程进行预测，关键在于写出最佳拟合曲线的过程，这个过程也称建立回归模型。建立回归模型的基本方法是最小二乘法，即用拟合误差平方和作为拟合一条曲

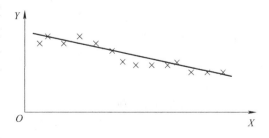

图 9-4　物品需求量与物品价格散点图

线的准则来建立回归模型的方法。

回归分析根据自变量是单变量或多变量可分为一元回归分析与多元回归分析，根据其自变量与因变量之间的关系为线性或非线性关系可分为线性回归分析和非线性回归分析。本书介绍其中最简单、最基本的一种，即一元线性回归分析。

（2）一元线性回归预测模型

一元线性回归分析预测法，是根据自变量 X 和因变量 Y 的相关关系，建立 X 与 Y 的线性回归方程进行预测的方法。由于因变量的数值往往受多种因素的影响，而并不仅仅只受一个因素影响。因此，应用一元线性回归分析预测法，必须对影响因变量的多种因素做全面分析，只有当诸多影响因素中，确实存在一个起决定性作用的主要因素时，才能选其作为自变量，应用一元线性回归分析进行预测。

一元线性回归法的预测模型为

$$\hat{Y} = a + bX \tag{9-22}$$

$$b = \frac{\sum_{i-1}^{n}(X_i Y_i) - n\overline{X}\,\overline{Y}}{\sum_{i-1}^{n}X_i^2 - n\overline{X}^2} \tag{9-23}$$

$$a = \overline{Y} - b\overline{X} \tag{9-24}$$

式中，$\hat{Y}$ 是因变量的值，X 是自变量的值，a、b 是参数。

在实际预测与分析中，事先并不能断定数据之间是否确有线性相关关系，因此，在求出回归方程后，还需对它进行统计检验，给出肯定或否定的结论。首先，应考察变量之间线性相关的密切程度，即相关性检验，如果变量之间的线性相关关系不密切，则求出的回归方程就没有意义。其次，应考察回归方程能否揭示变量之间的数量规律，即拟合程度如何，这就是回归方程与回归系数的显著性检验。最后，还应对误差和置信区间进行估计，以检验预测的精度。

本书仅讨论相关性检验的相关系数 r_{xy}，其他检验可参考有关的统计学书籍。r_{xy} 的公式为

$$r_{xy} = \frac{\sum_{i=1}^{n}(X_i Y_i) - n\overline{X}\,\overline{Y}}{\sqrt{\left(\sum_{i=1}^{n}X_i^2 - n\overline{X}^2\right)\left(\sum_{i=1}^{n}Y_i^2 - n\overline{Y}^2\right)}} \tag{9-25}$$

r_{xy} 是 X 与 Y 之间的线性相关系数，它介于 -1 和 1 之间。当 r_{xy} 为正时，称为正相关，即 Y 随 X 的增加而增加；当 r_{xy} 为负时，称为负相关，即 Y 随 X 的增加而减小；当 r_{xy} 为 0 时，表示变量之间无相关关系，称为零相关；当 r_{xy} 的绝对值为 1 时，表示变量之间存在着确定的函数关系，称为完全相关。r_{xy} 的绝对值越接近 1，说明相关性越强；r_{xy} 的绝对值越接近 0，则说明相关性越弱。

一般地，当 $r_{xy} = 0$ 时，为完全不相关；当 $0 < |r_{xy}| < 0.3$ 时，为低度相关；当 $0.3 \leqslant |r_{xy}| < 0.5$ 时，为中度相关；当 $0.5 \leqslant |r_{xy}| < 0.8$ 时，为显著相关；当 $0.8 \leqslant |r_{xy}| < 1$ 时，为高度相关；当 $|r_{xy}| = 1$ 时，为完全相关。只有当 $|r_{xy}|$ 比较大时，用直线来近似地

描述 Y 与 X 的相关关系才有实际意义。

4. 弹性系数法

弹性系数法是在对一个因素发展变化预测的基础上，通过弹性系数对另一个因素的发展变化做出预测的一种间接预测方法。弹性系数一般是指某因变量的变动率受自变量变动影响的反应程度。设当自变量 X 有一个增量 ΔX 时，因变量 Y 对应的增量为 ΔY，则 Y 对 X 的弹性系数 e 为

$$e = \frac{\Delta Y/Y}{\Delta X/X} \tag{9-26}$$

弹性系数具有以下特点：

1）当 $e > 0$ 时，表示 Y 的变动方向与 X 的变动方向相同。

2）当 $e = 0$ 时，表示 Y 不随 X 的变动而变动。

3）当 $e < 0$ 时，表示 Y 的变动方向与 X 的变动方向相反。

采用弹性系数法进行预测时，首先根据历史统计资料算出因变量 Y 对自变量 X 的弹性系数，并假设该弹性系数在未来保持不变，再根据未来自变量的变动率预测因变量的变动率。实际中，弹性系数并不是固定不变的，尤其是随着经济结构、技术水平的变化，弹性系数也将产生一定的变化。因此，该预测方法一般仅适用于短期预测。

例 9-5：设某港口吞吐量 Q 与进出口贸易额 M 的计算公式分别为

$$Q_K = Q_0 (1 + \alpha)^K$$
$$M_K = M_0 (1 + \beta)^K$$

式中，Q_K 与 Q_0 分别是第 K 年与基年的港口吞吐量；M_K 与 M_0 分别是第 K 年与基年的进出口贸易额；α 与 β 分别是从基年到第 K 年港口吞吐量和进出口贸易额的平均增长率。

设 T 年后，进出口贸易额将增加到 M_{K+T} 万元，试用弹性系数法预测第 $(K+T)$ 年的港口吞吐量。

解：先计算弹性系数，经变换得

$$\alpha = \left(\frac{Q_K}{Q_0} \right)^{\frac{1}{K}} - 1$$

$$\beta = \left(\frac{M_K}{M_0} \right)^{\frac{1}{K}} - 1$$

由式（9-26），港口吞吐量对于进出口贸易额的弹性系数 e 为

$$e = \frac{\alpha}{\beta} = \frac{\left(\dfrac{Q_K}{Q_0} \right)^{\frac{1}{K}} - 1}{\left(\dfrac{M_K}{M_0} \right)^{\frac{1}{K}} - 1}$$

再利用弹性系数进行预测，由式（9-26）可得

$$\frac{Q_{K+T} - Q_K}{Q_K} = e \frac{M_{K+T} - M_K}{M_K}$$

由上式得第 $(K+T)$ 年的港口吞吐量为

$$Q_{K+T} = Q_K \left(e \frac{M_{K+T} - M_K}{M_K} + 1 \right)$$

9.2　ABC 分类法

9.2.1　ABC 分类法的基本原理

ABC 分类法的基本思想源自意大利经济学家维尔弗雷多·帕累托发现的 80/20 法则（二八定律）。19 世纪末 20 世纪初，维尔弗雷多·帕累托在研究社会财富分布时发现，20% 的人口掌握着 80% 的社会财富，而余下 80% 的人口只拥有 20% 的财富。这种现象在其他领域也是普遍存在的，如：企业 80% 的销售额来自企业 20% 的大客户；商品价值占库存总价值 80% 的库存，而品种数往往只占总品种数的 20% 等。

由此看出，ABC 分类法的理论基础是"重要的少数和次要的多数"。因此，对企业进行库存管理时，不能一视同仁，应分清主次。ABC 分类法的基本原理为：按照不同的分类依据来判断库存的重要程度，将其分为不同的类别，并实施区别化的库存管理措施。"重要的少数"即重点库存，其一般特征体现为库存价值高，占用资金多，周转速度快，供应风险大，利润贡献大，而品种、数量却较少，应实施重点的库存管理；"次要的多数"即次要库存，其一般特征体现为库存价值低，占用资金少，周转速度慢，供应风险小，利润贡献小，而品种、数量常较多，应实施简单的库存管理。

9.2.2　ABC 分类法的分类依据

在库存管理中，ABC 分类法一般是以库存价值为基础进行分类的，但它并不能反映库存对企业利润的贡献程度，也不能反映缺货带来的损失和影响。因此，在实际运用 ABC 分类法时，分类的依据并不唯一，需具体、灵活地根据实际情况来操作。ABC 分类的目的是要把重要的物资与不重要的物资区别开来，除了库存价值外，还有库存风险、缺货影响、利润贡献度、储存期长短等判断标准。

1. 库存价值

按照存货物资的价值占比将库存分为三类：A 类库存，其商品价值占库存总价值的 60%～80%，品种数则占总品种数的 5%～15%；B 类库存，其商品价值占库存总价值的 20%～30%，品种数则占总品种数的 20%～30%；C 类库存，其商品价值占库存总价值的 5%～15%，品种数则占总品种数的 60%～80%。具体分类情况及管理方法见表 9-5。

表 9-5　依据库存价值的 ABC 分类情况及管理方法

库存类型	重要程度	占库存总价值的百分比	占库存总品种数的百分比	控制程度	存货检查频率	安全库存量
A 类	重要	60%～80%	5%～15%	严格控制	频繁	低
B 类	一般重要	20%～30%	20%～30%	一般控制	一般	较高
C 类	不重要	5%～15%	60%～80%	简单控制	较少	高

2. 库存风险

库存在满足客户需求和提高服务水平等方面有积极作用，同时也给企业经营管理带来风险。由于供应商数量和市场容量限制等原因，存货存在着供应上的风险；由于供求关系变化、汇率波动等原因，库存也存在着价格上的风险。因此，根据存货面临的风险程度将库存分为三类：A 类库存，为风险大的存货；B 类库存，为风险居中的存货；C 类库存，为风险小的存货。这种分类方法在实施过程中，需要建立合理的库存风险评估指标体系，采用科学的评估模型将风险程度值量化处理。

3. 缺货影响

如果某些物品的缺货会给企业经营运作带来严重的干扰或损失，依据缺货影响进行分类，这类库存应该获得较高的优先级别，需重点对待。而有些存货的缺失对企业影响不大，可以将其看作 C 类库存。这种分类依据同样存在量化问题。

4. 利润贡献度

依据某种存货在一段时期内产生的利润占总利润的百分比来对库存实施分类，利润贡献度大的为 A 类库存，利润贡献度小的为 C 类库存，具体实施可参照库存价值分类标准。

5. 储存期长短

某些企业的存货具有典型的时间特征，存在季节性、易变质、易过时等现象，如食品、农产品等。因此，可按储存期长短来对存货实施 ABC 分类，那些储存期短、过时过期变化更易发生的为 A 类库存，而储存期长、出入库频率低的为 C 类库存，介于二者之间的为 B 类库存。

9.2.3　ABC 分类法的实施步骤

以库存价值为分类依据，ABC 分类可按以下步骤进行：

（1）收集数据

在对库存进行分类之前，要收集各类库存商品的名称、年需求量、库存量、单价、在库平均时间等信息，以便了解库存的重要程度，为分类管理提供数据支持。

（2）处理数据

将收集来的数据资料进行汇总、整理，计算出所需的数据。如以平均库存乘以单价，计算出各种物品的平均资金占用额。

（3）绘制 ABC 分类表

ABC 分类表由九栏构成，见表 9-6。第一栏为物品名称，第二栏为品种数累计，第三栏为品种数累计百分数，第四栏为物品单价，第五栏为平均库存，第六栏为平均资金占用额，第七栏为平均资金占用额累计，第八栏为平均资金占用额累计百分数，第九栏为分类结果。

表 9-6　ABC 分类表

物品名称	品种数累计	品种数累计百分数	物品单价	平均库存	平均资金占用额	平均资金占用额累计	平均资金占用额累计百分数	分类结果
①	②	③	④	⑤	⑥ = ④×⑤	⑦	⑧	⑨

（4）确定 ABC 分类

观察 ABC 分类表中的第三栏"品种数累计百分数"和第八栏"平均资金占用额累计百分数"，参照表 9-5 中的分类断点，确定 A、B、C 三类库存商品。

（5）绘制 ABC 分类图

以品种数累计百分数为横坐标，以平均资金占用额累计百分数为纵坐标，按 ABC 分类表第三栏和第八栏所提供的数据，在坐标图上取点，并连接各点曲线，则绘制成 ABC 分类曲线图，示例如图 9-5 所示。

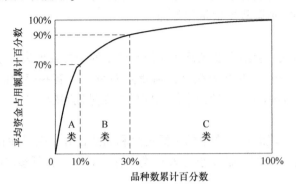

图 9-5　库存 ABC 分类示例

例 9-6：某公司仓库的库存共有 26 种商品，现要对这些库存商品进行 ABC 分类法管理，具体操作如下：

1）收集 26 种库存商品的名称、单价、平均库存量等资料。

2）整理并计算 26 种库存商品的平均资金占用额等各项数据。

3）绘制 26 种库存商品的 ABC 分类表，见表 9-7。表中第六栏的库存商品"平均资金占用额"数据须由高到低依次排序。

4）根据表 9-7 中第三栏和第八栏数据，参考表 9-5 中的分类断点，对 26 种库存商品进行分类，分类结果见表 9-7 中第九栏。

5）绘制 ABC 分类图，可参考图 9-5。

表 9-7　26 种库存商品 ABC 分类表

物品名称	品种数累计	品种数累计百分数（%）	物品单价（元/件）	平均库存（件）	平均资金占用额（元）	平均资金占用额累计（元）	平均资金占用额累计百分数（%）	分类结果
①	②	③	④	⑤	⑥＝④×⑤	⑦	⑧	⑨
××	1	3.85	48.0	380	18 240.0	18 240.0	48.02	A
××	2	7.69	25.0	258	6450.0	24 690.0	64.99	A
××	3	11.54	5.0	592	2960.0	27 650.0	72.79	A
××	4	15.38	4.5	520	2340.0	29 990.0	78.95	B
××	5	19.23	3.0	350	1050.0	31 040.0	81.71	B
××	6	23.08	4.6	200	920.0	31 960.0	84.13	B
××	7	26.92	1.5	580	870.0	32 830.0	86.42	B
××	8	30.77	1.4	560	784.0	33 614.0	88.49	B
××	9	34.62	1.1	660	726.0	34 340.0	90.40	B
××	10	38.46	0.8	840	672.0	35 012.0	92.17	B
××	11	42.31	2.1	250	525.0	35 537.0	93.55	B
××	12	46.15	2.5	156	390.0	35 927.0	94.58	C

（续）

物品名称	品种数累计	品种数累计百分数（%）	物品单价（元/件）	平均库存（件）	平均资金占用额（元）	平均资金占用额累计（元）	平均资金占用额累计百分数（%）	分类结果
××	13	50.00	0.6	552	331.2	36 258.2	95.45	C
××	14	53.85	0.3	920	276.0	36 534.2	96.17	C
××	15	57.69	0.1	2620	262.0	36 796.2	96.86	C
××	16	61.54	0.4	530	212.0	37 008.2	97.42	C
××	17	65.38	1.0	200	200.0	37 208.2	97.95	C
××	18	69.23	0.3	550	165.0	37 373.2	98.38	C
××	19	73.08	0.7	215	150.5	37 523.2	98.78	C
××	20	76.92	0.6	180	108.0	37 823.7	99.06	C
××	21	80.77	0.8	120	96.0	37 727.7	99.32	C
××	22	84.62	0.5	150	75.0	37 802.7	99.52	C
××	23	88.46	0.9	80	72.0	37 874.7	99.70	C
××	24	92.31	0.3	210	63.0	37 937.7	99.87	C
××	25	96.15	0.2	150	30.0	37 967.7	99.95	C
××	26	100.00	0.1	200	20.0	37 987.7	100.00	C

9.2.4　ABC 分类库存管理策略

将库存进行 ABC 分类，其目的在于根据分类结果对每类物品采取适宜的库存控制措施。

1. A 类库存的管理策略

A 类库存应尽可能从严控制，保持完整和精确的库存记录，给予最高的处理优先权等，具体管理措施可参照以下要求：

1）随时监控需求的动态变化，遵循按需、准时采购原则，安排物资小批量、多批次采购入库，避免库存积压或损耗，提高资金周转率。

2）增加检查和盘点次数，以提高对库存量的实时、精确掌握。

3）科学设置最低库存量、安全库存量和订货点，防止缺货发生。

4）提高货物的机动性，尽可能把货物放在便于出入库的位置上。

5）货物包装尽可能标准化，以提高仓库利用率。

2. C 类库存的管理策略

对于 C 类库存，原则上应尽量简单化控制。

1）对于低价值、数量大的货物可规定最少出库批量，以减少处理次数。

2）为防止缺货，安全库存量可设置得高一些，或减少订货次数以降低费用。

3）使用简单化订货手段，甚至不设订货点，减少盘点次数。

4）给予最低的优先作业次序

3. B 类库存的管理策略

正常控制，采用比 A 类商品相对简单的管理方法。

9.2.5　ABC 分类法的应用注意事项

将 ABC 分类法应用于企业的库存管理过程中，应致力于不断降低企业的总库存量，释放更多被占压的资金，使库存结构更加合理化，并提高企业的库存管理水平。在实际应用中，还应注意以下几点：

1）ABC 分类管理必须遵循成本 - 效益原则。对企业的各类库存物资进行分类，会消耗一定的人力、物力，产生相应的费用，因此，实施 ABC 分类管理后产生的经济效益必须高于所投入的成本，才能体现 ABC 分类法的价值和意义。

2）ABC 分类的依据并不唯一，分类的断点也只是参考值，因而分类的结果并不固定。不能绝对断定某种物品一定是 A 类库存，在不同的分类依据下，其可能被划分为 A/B/A 类，即按照库存价值分类，属于 A 类；按照缺货影响划分，属于 B 类；按照利润贡献度划分，属于 A 类。

3）ABC 分类的类别可以更多，分类断点可以更灵活。在实际应用中，可以根据企业需要或实际情况将库存分为五类甚至更多，划分时的比例应综合考虑存货特征和数据统计分析，找到适合企业自身的分类断点。

9.3　经济订货批量

9.3.1　经济订货批量概述

经济订货批量（Economic Order Quantity，EOQ）是指通过费用分析求得在库存总费用为最小时的订购批量，用以解决独立需求物品的库存控制问题，可解决企业该订货多少及何时订货的问题。

EOQ 中的库存总成本主要包括以下四种成本：

1. 储存成本

储存成本是指为了保持存货而发生的费用，通常用 C_e 表示，包括存储设施的成本、搬运费、保险费、折旧费、库存税及资金的机会成本等。储存成本与每次订货批量的大小有关，随着订货量的增加而增加。为了便于计算，以年为计算期，储存成本可用以下公式表达：

$$C_e = \overline{Q} C_1$$

式中，$\overline{Q}$ 是年平均库存量；C_1 是库存物资的年单位储存费用。

2. 订货成本

订货成本是指为完成订货所发生的费用，通常用 C_d 表示，主要包括差旅费、餐饮费、通信费、办公费及订单跟踪等费用。每次订货成本与订单上的一次订货量关系不大，但全年订货成本由于受订货次数的影响而与每次订货量发生关联。在需求量确定的情况下，每次订货批量越少，订货次数就越多，年订货成本就越大，用以下公式表示：

$$C_d = nC_2 = \frac{R}{Q} C_2$$

式中，n 是年订货次数；C_2 是每次订货费用；R 是年需求量；Q 是每次订货批量（假设每次等量订货）。

3. 购置成本

购置成本是指物品本身的价值，通常用 C_g 表示，等于物品的购买单价与购入数量的乘积。在没有价格折扣的情况下，年购置成本与每次采购批量大小没有关系，可用以下公式表示：

$$C_g = PR$$

式中，P 是物品购买单价；R 是物品年需求量。

4. 缺货成本

缺货成本是指由于存货供应中断而造成的损失，通常用 C_q 表示。在允许缺货的条件下，缺货成本主要体现为延期交付所产生的各项费用；在缺货不被接受时，缺货成本可表现为丧失交易机会所带来的利润损失，以及因信誉受损而造成的客户流失、潜在客户流失损失等。缺货成本和每次采购批量大小有密切关系，且随着订货量的增加而减少。缺货成本大多难以准确衡量和计算，为便于构建模型，可用以下公式表示：

$$C_q = \overline{Q}_s \cdot C_3$$

式中，$\overline{Q}_s$ 是年平均缺货量；C_3 是年单位缺货成本。

因此，EOQ 系统中的年度库存总成本 TC 为

$$TC = C_c + C_d + C_g + C_q \qquad (9\text{-}27)$$

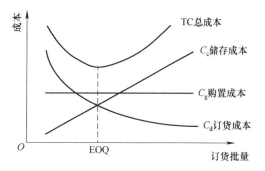

在经典的 EOQ 模型中，缺货通常不被允许且不会发生，缺货成本一般假设为零。在不考虑物品购买价格变化的情况下，其他三项成本与订货批量的关系如图 9-6 所示，可以看出，经济订货批量主要是权衡储存成本和订货成本之间的悖反关系，找到库存总成本最优时的订货批量。

图 9-6　EOQ 模型中各项成本与订货批量的关系

9.3.2　基本的经济订货批量模型

独立需求的库存控制模型根据需求量和提前期的确定与否，分为确定型和随机型两种。确定型库存控制模型是指需求量和提前期都确定条件下的库存控制模型，随机型库存控制模型是指提前期和需求量有任一可变时的库存控制模型。经济订货批量是一种典型的确定型库存控制模型，按是否允许缺货及到货模式分为以下四种基本模型：

1. 不允许缺货、瞬时到货的 EOQ 模型

模型假设条件为：

1）缺货费用无穷大，即不允许缺货。

2）货物存储量减少到零时，可以立即得到补充，即瞬时到货。

3）货物年需求量是固定的，需求是连续、均匀的，即货物消耗速率为常数。

4）订货提前期是固定的，且每次订货批量是相等的。

5）每次订货费用、年单位储存费用与货物购买单价是固定不变的，均为常数。

不允许缺货、瞬时到货的 EOQ 模型如图 9-7 所示。

图 9-7 中，Q^* 表示每次订购批量，Q_K 为订货点，即当库存量降至 Q_K 时开始订货，因提前期和需求速率是固定的，所以在库存刚好降至零时，订货批量 Q^* 瞬时补充入库形成库存。T 为周期，在该模型中，全年平均库存量等于一个周期的平均库存量，大小为 $Q^*/2$。

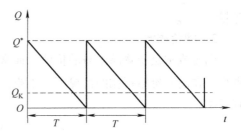

图 9-7 不允许缺货、瞬时到货的 EOQ 模型

结合式（9-27），总成本 TC 关于每次订货批量 Q^* 的函数表达式为

$$\mathrm{TC}(Q^*) = PR + \frac{R}{Q^*}C_2 + \frac{Q^*}{2}C_1 \tag{9-28}$$

式中，P 是物品单价；R 是物品年需求量；C_1 是年单位储存费用；C_2 是每次订货费用。

要使 $\mathrm{TC}(Q^*)$ 取得最小值，可令：$\dfrac{\mathrm{dTC}(Q^*)}{\mathrm{d}Q^*} = 0$

求得此时的 Q^* 即为经济订货批量：

$$\mathrm{EOQ} = \sqrt{\frac{2C_2R}{C_1}} \tag{9-29}$$

2. 不允许缺货、持时到货的 EOQ 模型

该模型的假设条件，除在到货模式上为持续入库以外，其他条件与不允许缺货、瞬时到货的 EOQ 模型相同。其模型如图 9-8 所示。在库存刚好降至零时，货物不是一次全部补充入库，而是在进货期 t_1 时段内持续到达。因此，库存量不是瞬间由 0 增至 Q^*，而是逐步增至 $Q_{\max}$，因为在进货期内库存同时被消耗。

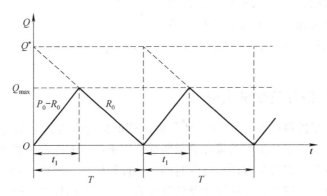

图 9-8 不允许缺货、持时到货的 EOQ 模型

图 9-8 中，P_0 为进货速率，R_0 为消耗速率，且 $P_0 > R_0$；在进货期 t_1 时段内库存以 $P_0 - R_0$ 的速率增至最高库存量 $Q_{\max}$。在该模型中，一个周期 T 的平均库存量为

$$\overline{Q} = \frac{t_1 Q_{\max}/2 + (T - t_1)Q_{\max}/2}{T} = \frac{Q_{\max}}{2}$$

最高库存量为

$$Q_{\max} = (P_0 - R_0)t_1 = (P_0 - R_0)\frac{Q^*}{P_0}$$

结合式（9-27），总成本 TC 关于每次订货批量 Q^* 的函数表达式为

$$\mathrm{TC}(Q^*) = PR + \frac{R}{Q^*}C_2 + \frac{(P_0 - R_0)Q^*}{2P_0}C_1 \tag{9-30}$$

各参数含义请参照此前描述。对式（9-30）求最小值可得经济订货批量为

$$\mathrm{EOQ} = \sqrt{\frac{2C_2R}{C_1}\frac{P_0}{P_0 - R_0}} \tag{9-31}$$

如果各参数取值相同，通过比较分析可以得到：持时到货模型要比瞬时到货模型的经济订货批量大，库存总成本更低。

3. 允许缺货、瞬时到货的 EOQ 模型

在有些情况下缺货造成的损失是可以承受的，即缺货是被允许的。允许缺货、瞬时到货的 EOQ 模型如图 9-9 所示，当库存量减少至 0 时，可以有一定时间的缺货，最高缺货量为 $Q'_{\max}$。在需求量和提前期都确定的条件下，允许缺货的原因应是延迟交付，即当库存瞬时补充时，应先交付缺货部分，剩下部分使库存达到最高值 $Q_{\max}$。此时，订货批量应为 $Q_{\max} + Q'_{\max}$。

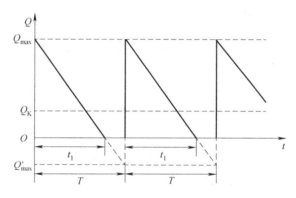

图 9-9 允许缺货、瞬时到货的 EOQ 模型

平均库存量为

$$\overline{Q} = \frac{t_1 t_1 R/2 + 0}{T} = \frac{t_1^2 R}{2T}$$

平均缺货量为

$$\overline{Q}_s = \frac{0 + (T - t_1)(T - t_1)R/2}{T} = \frac{(T - t_1)^2 R}{2T}$$

结合式（9-27），总成本 TC 关于 t_1、T 的函数表达式为

$$\mathrm{TC}(t_1, T) = PR + \frac{1}{T}C_2 + \frac{t_1^2 R}{2T}C_1 + \frac{(T - t_1)^2 R}{2T}C_3 \tag{9-32}$$

要使式（9-32）取得最小值，可令其分别对 t_1、T 的偏导等于零，得到

$$T = \sqrt{\frac{2C_2(C_1 + C_3)}{RC_1C_3}}$$

$$EOQ = TR = \sqrt{\frac{2C_2R}{C_1}\frac{C_1 + C_3}{C_3}} \qquad (9\text{-}33)$$

如果各参数取值相同，通过比较分析可以得到：允许缺货、瞬时到货模型要比不允许缺货、瞬时到货模型的经济订货批量大，库存总成本更低。

4. 允许缺货、持时到货的 EOQ 模型

允许缺货、持时到货的 EOQ 模型如图 9-10 所示，在订货到达时，应先交付缺货部分，剩余部分再陆续补充至最高库存量。

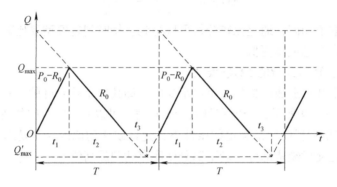

图 9-10   允许缺货、持时到货的 EOQ 模型

先求得该模型的平均库存量、平均缺货量，再写出总成本 TC 关于 t_1、T 的函数表达式，求得最小总成本时的 T，再计算出经济订货批量为

$$EOQ = TR = \sqrt{\frac{2C_2R}{C_1}\frac{P_0}{P_0 - R_0}\frac{C_1 + C_3}{C_3}} \qquad (9\text{-}34)$$

如果各参数取值相同，通过比较分析可以得到：允许缺货、持时到货模型要比不允许缺货、持时到货模型的经济订货批量大，库存总成本更低。

9.3.3   带折扣的经济订货批量

1. 带价格折扣的 EOQ 模型求解

供应商为了吸引顾客一次性购买更多商品，往往规定当购买量超过一定数量时，就会给予顾客价格上的优惠。因此，在决定最优订货量时，购置成本不再是一个常值，它会随着订货量的增加而减少，这一点也应加入总成本的权衡中。

实际上，在带价格折扣的 EOQ 模型中，总成本大多是关于订货批量的分段函数，如果能描绘出各区间段上的成本大致曲线，找出并计算每区间段上的最低总成本，综合比较确定整个模型的最低总成本点，则此最低总成本点对应的订货批量即为折扣模型的经济订货批量。

例 9-7： 某企业每年需要耗用 1000 件某种物资，现已知该物资的价格为 40 元/件，同时已知每次订货成本为 160 元，每件物资的年储存费率为 20%。

（1）求经济订货批量件、年订货成本及年储存成本。

（2）若物资单价随每次订货批量的增加而下降，当订货批量 $Q \leqslant 100$ 件时，价格为 41 元/件；当 $100 < Q < 400$ 件时，价格为 40 元/件；当 $Q \geqslant 400$ 件时，价格为 39 元/件。

试求此种条件下的经济订货批量。

解：

（1）已知 $R = 1000$ 件，$C_2 = 160$ 元，$P = 40$ 元/件，$H = 20\%$

经济订货批量 $\mathrm{EOQ} = \sqrt{\dfrac{2C_2R}{PH}} = \sqrt{\dfrac{2 \times 160 \times 1000}{40 \times 20\%}}$ 件 $= 200$ 件

年订货成本 $C_d = \dfrac{RC_2}{\mathrm{EOQ}} = \dfrac{1000\ \text{件} \times 160\ \text{元}}{200\ \text{件}} = 800$ 元

年储存成本 $C_e = \dfrac{\mathrm{EOQ}}{2}PH = \dfrac{200\ \text{件}}{2} \times 40\ \text{元}/\text{件} \times 20\% = 800$ 元

（2）在 $Q \leqslant 100$ 件时，$P_1 = 41$ 元/件，则 $\mathrm{EOQ}_1 \approx 198$ 件，可知库存总成本曲线在（0，100]区间内有效且为单调减函数，当 $Q_1 = 100$ 件时，总成本最低为

$$\mathrm{TC}_1 = P_1R + \frac{R}{Q_1}C_2 + \frac{Q_1}{2}P_1H = 41\ \text{元}/\text{件} \times 1000\ \text{件} + \frac{1000\ \text{件}}{100\ \text{件}} \times 160\ \text{元} +$$

$$\frac{100\ \text{件}}{2} \times 41\ \text{元}/\text{件} \times 20\% = 43\ 010\ \text{元}$$

在 $100 < Q < 400$ 件时，$P_2 = 40$ 元/件，计算 $\mathrm{EOQ}_2 = 200$ 件，可知库存总成本曲线在（100，400）区间内有效且呈 U 形，当 $Q_2 = 200$ 件时，总成本最低为

$$\mathrm{TC}_2 = P_2R + \frac{R}{Q_2}C_2 + \frac{Q_2}{2}P_2H = 40\ \text{元}/\text{件} \times 1000\ \text{件} + \frac{1000\ \text{件}}{200\ \text{件}} \times 160\ \text{元} +$$

$$\frac{200\ \text{件}}{2} \times 40\ \text{元}/\text{件} \times 20\% = 41\ 600\ \text{元}$$

在 $Q \geqslant 400$ 件时，$P_3 = 39$ 元/件，则 $\mathrm{EOQ}_3 \approx 203$ 件，可知库存总成本曲线在[400，$+\infty$）区间内有效且为单调增函数，当 $Q_3 = 400$ 件时，总成本最低为

$$\mathrm{TC}_3 = P_3R + \frac{R}{Q_3}C_2 + \frac{Q_3}{2}P_3H = 39\ \text{元}/\text{件} \times 1000\ \text{件} + \frac{1000\ \text{件}}{400\ \text{件}} \times 160\ \text{元} +$$

$$\frac{400\ \text{件}}{2} \times 39\ \text{元}/\text{件} \times 20\% = 40\ 960\ \text{元}$$

因为 $\mathrm{TC}_3 < \mathrm{TC}_2 < \mathrm{TC}_1$，所以单价折扣条件下的经济订货批量为 400 件。

2. 带运费折扣的 EOQ 模型求解

当运费由卖方支付时，一般不考虑运费对年库存总成本的影响。但当运费由买方承担时，则年库存总成本中还应包含运费，即

$$\mathrm{TC}(Q) = PR + \frac{R}{Q}C_2 + \frac{Q}{2}C_1 + YR \tag{9-35}$$

式中，Y 是单位运输成本。

例9-8： 某公司每年需要购买 10 000 台电烤箱，其年储存成本是 5 元/台，每次订购成本为 40 元。在运输过程中，若订购批量小于 500 台，则运输价格为 2 元/台，若订购批量大于或等于 500 台，则运输价格为 1.5 元/台。供应商给出的价格折扣条件是：若一次订购批量大于或等于 625 台，则每台价格 190 元，否则为 200 元。求最佳的订购批量。

解： 已知 $R = 10\ 000$ 台，$C_2 = 40$ 元，$C_1 = 5$ 元/台，由两个折扣断点可划分成三个订

货区间：

在 $Q < 500$ 台时，$P_1 = 200$ 元/台，$Y_1 = 2$ 元/台，计算 $EOQ_1 = 400$ 台，可知库存总成本曲线在（0，500）区间内有效且呈 U 形，当 $Q_1 = 400$ 台时，总成本最低为

$$TC_1 = P_1R + \frac{R}{Q_1}C_2 + \frac{Q_1}{2}C_1 + Y_1R$$

$$= 200\,元/台 \times 10\,000\,台 + \frac{10\,000\,台}{400\,台} \times 40\,元 + \frac{400\,台}{2} \times 5\,元/台 + 2\,元/台 \times 10\,000\,台$$

$$= 2\,022\,000\,元$$

在 500 台 $\leqslant Q < 625$ 台时，$P_1 = 200$ 元/台，$Y_2 = 1.5$ 元/台，计算 $EOQ_2 = 400$ 台，可知库存总成本曲线在 [500，625) 区间内有效且为单调增函数，当 $Q_2 = 500$ 台时，总成本最低为

$$TC_2 = P_1R + \frac{R}{Q_2}C_2 + \frac{Q_2}{2}C_1 + Y_2R$$

$$= 200\,元/台 \times 10\,000\,台 + \frac{10\,000\,台}{500\,台} \times 40\,元 + \frac{500\,台}{2} \times 5\,元/台 + 1.5\,元/台 \times 10\,000\,台$$

$$= 2\,017\,050\,元$$

在 $Q \geqslant 625$ 台时，$P_2 = 190$ 元/台，$Y_2 = 1.5$ 元/台，计算 $EOQ_3 = 400$ 台，可知库存总成本曲线在 [625，10 000) 区间内有效且为单调增函数，当 $Q_3 = 625$ 台时，总成本最低为

$$TC_3 = P_2R + \frac{R}{Q_3}C_2 + \frac{Q_3}{2}C_1 + Y_2R$$

$$= 190\,元/台 \times 10\,000\,台 + \frac{10\,000\,台}{625\,台} \times 40\,元 + \frac{625\,台}{2} \times 5\,元/台 + 1.5\,元/台 \times 10\,000\,台$$

$$= 1\,917\,202.5\,元$$

因为 $TC_3 < TC_2 < TC_1$，所以此种折扣条件下的经济订货批量为 625 台。

9.4　定量订货技术

9.4.1　定量订货技术的原理

定量订货技术就是预先确定一个订货点和订货批量，随时监控货物库存，当库存下降至订货点时就发出订货通知，订货量等于预先确定批量的库存控制技术。定量订货技术在操作中时有发生，主要取决于物资特征和需求情况，定量订货技术模型如图 9-11 所示。

图 9-11 中，Q_K 为订货点，即发出订货时的库存量；Q^* 为每次固定的订货批量；Q_S 为安全库存量；Q_{max} 为名义最高库存量，且 $Q_{max} = Q_K + Q^*$；R_i 为不同时段的货物需求速率；L_i 为第 i 次订货时的提前期；Q_{L_i} 为第 i 个提前期内货物需求量；T_i 为相邻的两次订货之间的时间间隔，即订货周期。

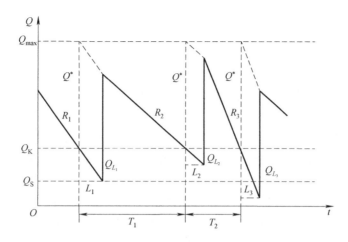

图 9-11　定量订货技术模型

定量订货技术适用于随机型库存控制系统，其允许提前期和需求量是可变的，即可以假设 $R_1 \neq R_2 \neq R_3 \neq \cdots \neq R_i$，$L_1 \neq L_2 \neq L_3 \neq \cdots \neq L_i$，通过分析可知：

1）预先确定 Q_K 和 Q^*，则 $Q_{K_1} = Q_{K_2} = Q_{K_3} = \cdots = Q_{K_i}$，$Q_1^* = Q_2^* = Q_3^* = \cdots = Q_i^*$，即每次订货点和订货批量都是相等的。

2）因为 $Q_{L_i} = R_i L_i$，则 $Q_{L_1} \neq Q_{L_2} \neq Q_{L_3} \neq \cdots \neq Q_{L_i}$，即每次提前期内货物需求量不相等。

3）货物消耗速率越快，下降至订货点需要的时间越短，则 $T_1 \neq T_2 \neq T_3 \neq \cdots \neq T_i$，即每次订货周期不相等。

4）名义最高库存量 Q_{max} 往往是达不到的，因为提前期内总会有消耗。该模型的实际最高库存量为 $Q'_{max} = \max\{Q_K + Q^* - Q_{L_i}, i = 1, 2, 3, \cdots\}$；实际最低库存量为 $Q'_{min} = \min\{Q_K - Q_{L_i}, i = 1, 2, 3, \cdots\}$，二者均取决于提前期内的消耗量。

定量订货技术需要随时监控库存，其订货时间始终由"库存降至订货点"这一事件来确定，库存量在降至订货点之前并不会出现缺货。只有当订货点库存量不能满足提前期内需求时才出现缺货，即定量订货模型的缺货只可能出现在提前期内。

定量订货策略的实施要解决以下三个核心问题：

1）确定订货点，解决什么时候订货问题。

2）确定订货批量，解决一次订货多少问题。

3）确定订货如何具体实施与操作，以及库存系统的安全库存量、需求速率、订货提前期问题等。

9.4.2　定量订货技术的关键参数确定

1. 订货批量的确定

订货批量的高低，不仅直接影响库存量的高低，而且影响货物供应的满足程度。要确定合理的订货批量，需要考虑货物需求速率和库存总成本。尽管定量订货法在实施过程中需求速率和订货提前期都可能变化，但考虑每次订货批量是相等的，可用经济订货批量公

式近似计算出来，即

$$Q^* = \sqrt{\frac{2C_2 R}{C_1}}$$

2. 订货点的确定

在定量订货法中，订货点是以库存水平作为参照点的，因此，将发出订货时的库存水平称为订货点。设置订货点是为了满足订货提前期内的需求，若设置得太高，则增加系统平均库存量，占用过多流动资金，库存相关成本会增加；若设置得过低，又可能造成缺货的发生，增加缺货成本，影响企业服务水平。因此，确定合理的订货点要考虑以下三个影响因素：

1）订货提前期长短。订货提前期是指从发出订单到所订物资运送入库需要的时间长度，以 L 表示。L 值的大小主要取决于订单传输处理时间、供应商备货时间、运输时间和货物入库验收时间的长短。提前期越长，订货点越高。

2）提前期内需求速率。货物需求速率越快，提前期内需求量就越大，订货点相应地就越高。

3）安全库存量。安全库存是为了防止不确定性供给或需求而建立的缓冲库存。在定量订货模型中，订货提前期长短或货物需求速率有可能异常增大，因此，在设置订货点时应考虑安全库存量，用以防止缺货现象发生，保持一定的服务水平。

在需求量和提前期都确定的条件下，订货点大小就等于提前期内的固定需求量，此时，无须安全库存。即

$$Q_K = \text{订货提前期内需求量} = dL = \frac{R}{365}L \tag{9-36}$$

式中，Q_K 是订货点；d 是提前期内的日需求量；L 是订货提前期（日）；R 是系统年需求量。

在需求量和提前期有任一可变时，订货点设置要考虑安全库存，即

$$Q_K = \text{订货提前期内平均需求量} + \text{安全库存量} \tag{9-37}$$

3. 安全库存量的确定

安全库存在一般情况下是不动用的，如果被紧急动用，在下一批订货到达后需立即补齐安全库存。安全库存量受需求和供给的不确定性影响，同时还与企业希望达到的客户服务水平有关。

定量订货方法下安全库存量的确定，可根据需求量和提前期的变化分三种情况分别进行计算。

（1）需求量变化，提前期固定

假设需求的变化服从正态分布，由于提前期是固定的，因而可以直接求出在提前期内的需求分布均值和标准差。或者通过直接的期望预测，以过去提前期内的需求情况为依据，确定需求的期望值和标准差。在这种情况下，安全库存量的计算公式为

$$Q_S = \alpha \delta_d \sqrt{L} \tag{9-38}$$

式中，Q_S 是安全库存量；δ_d 是提前期内需求量的标准差；L 是订货提前期；α 是一定服务水平下需求变化的安全系数。根据正态分布规律，查正态分布表可知客户服务水平与安全系数的对应关系，见表9-8。

表 9-8 客户服务水平与安全系数的对应关系

客户服务水平 $F(\alpha)$	0.9998	0.99	0.98	0.95	0.90	0.80	0.70
安全系数 α	3.50	2.33	2.05	1.65	1.29	0.84	0.53

（2）提前期变化，需求量固定

当提前期内客户需求量固定不变，提前期长短变化服从正态分布时，安全库存量的计算公式为

$$Q_S = \alpha d \delta_L \tag{9-39}$$

式中，Q_S 是安全库存量；δ_L 是提前期的标准差；d 是提前期内的日需求量；α 是一定服务水平下需求变化的安全系数。

（3）提前期变化，需求量变化

在实际情况下，提前期和需求量大多是变化的，此时，要通过建立联合概率分布模型来求出需求量和提前期的组合变化概率。如果假设需求量和提前期的变化均服从正态分布，且是相互独立的，那么安全库存量的计算公式为

$$Q_S = \alpha \sqrt{\delta_d^2 \overline{L} + \overline{d}^2 \delta_L^2} \tag{9-40}$$

式中，Q_S 是安全库存量；$\overline{d}$ 是提前期内的平均日需求量；$\overline{L}$ 是平均提前期；δ_d 是提前期内需求量的标准差；δ_L 是提前期的标准差；α 是一定服务水平下需求变化的安全系数。

例 9-9：某服装零售商采用定量订货法来安排订货和管理库存，平均每天需求服装 100 件，假设销售数据呈正态分布，标准差为 20 件；平均订货提前期为 5 天，标准差为 1 天。在期望顾客服务水平为 98% 时，该零售商的安全库存量和订货点应分别设置为多少？

解：已知 $\overline{d} = 100$ 件/天，$\delta_d = 20$ 件，$\overline{L} = 5$ 天，$\delta_L = 1$ 天，$F(\alpha) = 98\%$，查表 9-8 可得 $\alpha = 2.05$。由式（9-40）得

$$Q_S = \alpha \sqrt{\delta_d^2 \overline{L} + \overline{d}^2 \delta_L^2} = 2.05 \times \sqrt{20^2 \times 5 + 100^2 \times 1^2} \text{ 件} \approx 225 \text{ 件}$$

由式（9-37）可得

$$Q_K = \overline{d}\,\overline{L} + Q_S = 100 \text{ 件} / \text{天} \times 5 \text{ 天} + 225 \text{ 件} = 725 \text{ 件}$$

9.4.3 定量订货技术的特点

1. 优点

1）订货点固定，操作较为简单。可采用"双堆法"进行库存控制，将订货点库存作为一堆单独存放，另一堆为周转库存，当周转库存用完则说明订货时间到了，需发出采购订单。有时也采用"三堆法"，一堆为周转库存，再将订货点库存分为两堆，一堆为提前期内需求库存，另一堆为安全库存，这样划分能快速确定订货时间点和到货时间点，起到了提醒和预警的作用。

2）每次订货批量是固定的，且按 EOQ 公式计算有利于降低库存总成本。

3）平均库存量和安全库存量较低，有利于贵重物资的库存控制。

4）采用连续检查方式，有利于掌握库存动态，缺货只可能出现在订货提前期内，能保持稳定的顾客服务水平。

2. 缺点

1）保持库存记录和频繁检查库存水平需要投入较大的工作量。

2）订货时间不能预先确定，不易做出精确的采购计划安排。

3）订货模式不灵活，不适用于多种物资的联合订货。

9.5　定期订货技术

9.5.1　定期订货技术的原理

定期订货技术就是预先确定一个订货周期和最高库存量，周期性地检查库存，确定库存余额并发出订货，订货量等于最高库存量与库存余额之差。定期订货技术模型如图 9-12 所示。

图 9-12 中，T 为系统运行之前确定好的订货周期，Q_{max} 为预先确定的最高库存量，Q_S 为安全库存量，R_i 为不同时段的货物需求速率，Q_{K_i} 为第 i 次订货周期到来时的检查剩余库存量，Q_i 为第 i 次订货批量，L_i 为第 i 次订货时的提前期，Q_{L_i} 为第 i 个提前期内的货物需求量。

定期订货技术适用于随机型库存控制系统，它允许提前期和需求量是可变的，即可以假设 $R_1 \neq R_2 \neq R_3 \neq \cdots \neq R_i$，$L_1 \neq L_2 \neq L_3 \neq \cdots \neq L_i$，通过分析可知：

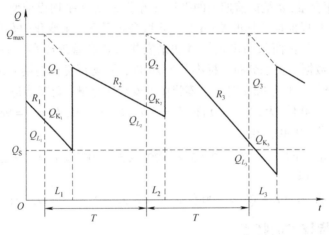

图 9-12　定期订货技术模型

1）预先确定 T，则 $T_1 = T_2 = T_3 = \cdots = T_i$，即每次订货时间间隔都是相等的。

2）检查时的剩余库存量和货物需求速率有关，需求速率越快，同样的时间消耗量就越大，剩余库存量就越低，即 $Q_{K_1} \neq Q_{K_2} \neq Q_{K_3} \neq \cdots \neq Q_{K_i}$。

3）$Q_i = Q_{max} - Q_{K_i}$，则 $Q_1 \neq Q_2 \neq Q_3 \neq \cdots \neq Q_i$，即每次订货批量不相等。

4）因为 $Q_{L_i} = R_i L_i$，则 $Q_{L_1} \neq Q_{L_2} \neq Q_{L_3} \neq \cdots \neq Q_{L_i}$，即每次提前期内需求量不相等。

5）名义最高库存量 Q_{max} 往往是达不到的，因为提前期内总会有消耗。该模型的实际最高库存量为 $Q'_{max} = \max\{Q_{max} - Q_{L_i}, i = 1,2,3,\cdots\}$，实际最低库存量为 $Q'_{min} = \min\{Q_{K_i} - Q_{L_i}, i = 1,2,3,\cdots\}$，均与货物需求速率及提前期长短有关。

与定量订货由"库存降至订货点"来确定订货时间不同，定期订货采用周期性检查库存策略，在订货周期到来时即订货，它不能随时掌握库存动态，在整个周期内都存在缺货可能性。

9.5.2　定期订货技术的关键参数确定

1. 订货周期的确定

订货周期的长短决定着最高库存量的大小，影响着系统库存费用的高低。本着库存总成本最低的原则，一般情况下，用经济订货周期公式来计算。

经济订货周期是指使库存总成本为最低时的订货间隔期，据此得出总成本关于订货间隔期的函数表达式：

$$TC(T) = PR + \frac{1}{T}C_2 + \frac{TR}{2}C_1 \tag{9-41}$$

令式（9-41）对 T 的一阶导数为 0，得到经济订货周期为

$$T = \sqrt{\frac{2C_2}{RC_1}} \tag{9-42}$$

式中，T 是经济订货周期（年）；R 是物资年需求；C_1 是年单位储存成本；C_2 是每次订货成本。

当企业的多项物品由同一个供应商提供或来自同一货源地时，采取联合订购是经济的，这时需确定联合经济订货间隔期，计算公式为

$$T_0 = \sqrt{\frac{2(C + nc)}{\sum_{i=1}^{n}(R_i C_i)}} \tag{9-43}$$

式中，T_0 是联合经济订货间隔期（年）；C 是联合采购时的订货成本；c 是与每一单项物品有关的订货成本；n 是联合采购物品项数；R_i 是第 i 项物品的年需求量；C_i 是第 i 项物品的年单位储存成本。

2. 最高库存量的确定

由图 9-12 可知，最高库存量 Q_{max} 要保证满足两部分的需求：一部分是 $T + L_p$ 期间的平均需求量，L_p 为平均提前期；另一部分为预防不确定性而设置的安全库存量 Q_S。因此，最高库存量为

$$Q_{max} = R_P(T + L_p) + Q_S \tag{9-44}$$

式中，R_P 是 $T + L_p$ 期间的平均需求速率。

3. 订货批量的确定

每个周期订货批量的大小都是按照当时的剩余库存量大小确定的，用最高库存量减去剩余库存量。每次检查的剩余库存量不同，则订货批量也不相同。

4. 安全库存的确定

定期订货法的安全库存计算与定量订货法类似，但其还需要考虑订货周期 T。

（1）需求量变化，提前期固定时：

$$Q_S = \alpha \delta_d \sqrt{L + T} \tag{9-45}$$

（2）需求量固定，提前期变化时：

$$Q_S = \alpha d \delta_L \tag{9-46}$$

（3）需求量变化，提前期变化时：

$$Q_S = \alpha \sqrt{\delta_d^2(\overline{L} + T) + \overline{d}^2 \delta_L^2} \tag{9-47}$$

9.5.3　定期订货技术的特点

1. 优点

1）订货时间确定，便于安排订货计划和工作计划。

2）一般只在订货期到来时进行库存检查，有利于提高效率，节省工作量。

3）当多种物资供应源相同时，便于实施多种物品的联合采购。

2. 缺点

1）不能随时监控动态，为防止缺货，平均库存量、安全库存量都较高。

2）每次订货批量不固定，当剩余库存量还很高时，订货经济性很差。

3）每次订货都要检查剩余库存量和订货合同，并由此计算出订货批量，操作上较为复杂。

9.5.4　最大最小系统

最大最小系统的运行机制为：预先确定一个订货周期 T、最高库存量 $Q_{\max}$ 和订货点 Q_K，周期性地检查库存并确定库存余额，当库存余额小于或等于订货点时就发出订货，订货批量等于最高库存量和库存余额之差。最大最小系统本质上仍是一种定期系统，只不过在周期到来时是否订货还需进行判断，其模型如图 9-13 所示。

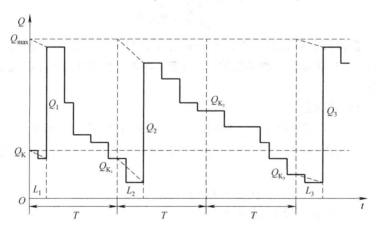

图 9-13　最大最小系统模型

图 9-13 中，当 $t=0$ 时，即第一次订货时点，剩余库存量刚好等于订货点 Q_K，需要发出订货，订货量 $Q_1 = Q_{\max} - Q_K$。经过一个周期 T 后，在第二次订货时点检查剩余库存量为 Q_{K_1}，因为 $Q_{K_1} < Q_K$，所以需要发出订货，订货量 $Q_2 = Q_{\max} - Q_{K_1}$。再经过一个周期 T 后，在第三次订货时点检查剩余库存量为 Q_{K_2}，因为 $Q_{K_2} > Q_K$，所以此时无须发出订货。库存再继续消耗一个周期，在第四次订货时点的剩余库存量 $Q_{K_3} < Q_K$，需要发出订货，订货量为 $Q_3 = Q_{\max} - Q_{K_3}$，如此循环。

和定期订货系统相比，最大最小系统每隔固定周期都检查库存，但每次检查时未必都订货，故其订货次数优于定期订货系统，从而可节省订货成本。另外，最大最小系统的最小订货批量为 $Q_{\max} - Q_K$，平均订货批量比定期订货系统要高。

9.6　一次性订货系统决策

9.6.1　一次性订货系统的概念及特点

1. 一次性订货系统的概念

和多数物品需要重复订购不同，一次性订货系统主要研究单周期库存控制问题。一次性订货系统是针对在一定时期内仅仅采购一次的商品库存控制模型，通常适用于两类物品的库存控制：一类是偶尔发生需求的某种物品，典型的有零售商店订购的试销和时尚商品，或用于设备维修的备件；另一类是经常发生不定量需求的某种市场寿命非常短暂的物品，如鲜花等高度易腐的物品和报纸等易过时的物品。

2. 一次性订货系统的特点

1) 处理一次性订货问题的关键是确定或估计需求量。若需求量已知，问题就很简单。当需求量的概率分布已知时，可根据期望收益最大或期望损失最小的原则进行决策。

2) 不必考虑订货成本，因为只采购一次和只支付一次订货费用。

3) 不必考虑储存成本，因为一次性订货系统的处理对象常为易过时或易腐物品，它们的储存时间比较短，储存成本并不重要。

4) 确定最优订货量需要重点考虑超储成本和机会成本。当订货量大于需求量时，积压的存货可能降价出售，甚至报废而全部损失，就发生了超储成本；当订货量小于需求量时，就失去潜在销售机会带来的利润，即缺货的机会成本。这两种成本不会同时发生，最理想的情况是订货量等于需求量，此时既无超储成本，也无机会成本。

9.6.2　一次性订货系统的分类及决策

1. 一次性订货系统的分类

一次性订货系统按照订货提前期和需求量的变化情况分为以下四类：

1) 已知需求量，已知提前期。此类问题的订货量和订货时间决策最简单。

2) 已知需求量，可变提前期。此时，订货量等于需求量，需要决策的是订货时间问题。

3) 可变需求量，已知提前期。订货时间按已知提前期确定，需要决策的是订货批量问题。

4) 可变需求量，可变提前期。在两个参数都不确定的情况下，此类问题最难决策。本书只研究"已知需求量，可变提前期"和"已知提前期，可变需求量"两类问题。

2. "已知需求量，可变提前期"的订货决策

当需求量已知时，一次性订货量就等于需求量。由于提前期可变，库存管理的重点就是发出订单的时间。如果不允许缺货，订单应在可能最长的提前期之前发出。当已知提前期的概率分布时，也可以确定订货先于需求发生日期到达的概率，从而决定订单发出的日期。

例 9-10：某商店准备在春节前夕对外销售大红灯笼。已知某批发商供应大红灯笼的提前期概率分布，见表9-9。假如需求从农历腊月初十开始发生，要求按时到货概率不小于90%，则应何时发出订单？

表9-9　某批发商供应大红灯笼的提前期概率分布

提前期 L（天）	8	9	10	11	12	13	14
概率 $P(L)$	0.1	0.1	0.25	0.3	0.15	0.05	0.05
$P(X \le L)$	0.1	0.2	0.45	0.75	0.9	0.95	1

解：表9-9最后一行，X 为实际提前期长短。若不允许缺货，则应在腊月初十之前14天发出订单。题目要求按时到货概率不小于90%，由表9-9可知，实际提前期小于或等于12天的概率为90%，提前12天订货，腊月初十之前到货的概率不小于90%。

3. "已知提前期，可变需求量"的订货决策

如果提前期确定，需求量的概率分布和相关成本参数已知，就可利用期望值法或边际分析法来进行订货批量决策。

（1）期望值法

依据期望利润最大或预期损失最小原则，确定不同订货规模下的期望值，利用期望损益值表来确定订货批量。

例9-11：某批发商计划在端午节期间出售某品牌的礼盒粽子。由于短期内只能开展一次订货，因此必须决定订货数量。已知每盒粽子的购入成本为50元，售价为80元。订货成本可以忽略不计，未售出的部分按每盒20元打折处理。根据相关资料预测得知，端午节期间客户对该品牌礼盒粽子需求量的概率分布见表9-10（订货量只能为10的倍数）。则该批发商应订购多少盒粽子？

表9-10　端午节期间客户对该品牌礼盒粽子需求量的概率分布

需求量 M（盒）	50	60	70	80	90	100
概率 $P(M)$	0.1	0.15	0.15	0.35	0.15	0.1

解：计算不同订货量下的损益值，见表9-11，可以看出，当粽子订货量为80盒时的期望收益值最大，为1950元。

表9-11　不同订货量下的损益值

损益值（元）＼订货量（盒）	概率＼需求量（盒）	0.1	0.15	0.15	0.35	0.15	0.1	期望收益值（元）
		50	60	70	80	90	100	
50		1500	1500	1500	1500	1500	1500	1500
60		1200	1800	1800	1800	1800	1800	1740
70		900	1500	2100	2100	2100	2100	1890
80		600	1200	1800	2400	2400	2400	1950
90		300	900	1500	2100	2700	2700	1800
100		0	600	1200	1800	2400	3000	1560

（2）边际分析法

应用期望值法进行决策，要对订货量和需求量可能取值的所有组合计算损益值。当损益值表规模较大时,可采用边际分析法进行决策。当对现有订货量再增加 1 单位时,可能会出现"能销售出去"和"销售不出去"两种情况,且两种情况发生的概率之和为 1。需要增加该单位采购的依据是:该单位订货能销售出去的期望收益大于或等于销售不出去的期望损失。现假设增加采购 1 单位能销售出去的概率为 P,则应增加该单位订货的条件是:$P \times$(边际利润 + 边际缺货成本节约额)$\geqslant (1 - P) \times$ 边际损失,即

$$P \geqslant \frac{边际损失}{边际利润 + 边际损失 + 边际缺货成本节约额} \tag{9-48}$$

由式(9-48)可以看出,增加采购 1 单位,卖出去不但可以获得 1 单位的销售利润,还可以避免 1 单位的缺货成本。在一次性订货问题中,通常供不应求的情况下不会有缺货成本,因此,边际缺货成本节约额通常被认为是 0。

例 9-12:根据例 9-11 给出的数据资料,用边际分析法确定最佳订货批量。

解:由题意知边际利润为 30 元,边际损失为 30 元,边际缺货成本节约额为 0。假设增加采购 1 单位能销售出去的概率为 P,由式(9-48)可知,当 $P \geqslant 30/(30 + 30 + 0) = 0.5$ 时,需要增加该单位采购。

X 代表实际需求量,相关数据计算见表 9-12。

表 9-12 端午节期间客户对该品牌礼盒粽子的需求概率计算

需求量 M(盒)	50	60	70	80	90	100
概率 P(M)	0.1	0.15	0.15	0.35	0.15	0.1
P($X \geqslant M$)	1	0.9	0.75	0.6	0.25	0.1

由表 9-12 中数据可知,应订购 80 盒粽子,使得期望收益最大。

【案例分析】

家乐福的存货管理分析

库存作为一种资源,可以满足企业正常生产和销售的需要,提高企业服务水平,在零售行业中也有着重要作用。家乐福的经营以价格低、环境舒适和服务到位而著称,主要为广大消费者提供日常消费品,它开发的"一站式购物""开心购物"等超市管理理念深受消费者的喜爱。在库存管理方面,家乐福吸收了诸多先进存货控制理念,形成了良好的仓储管理、信息管理等系统平台,在为零售业库存管理提供借鉴的同时,也存在着一些不足。

制订良好的库存计划可以防止各种可能的缺失和风险,充分发挥企业各项资源的效用,保证企业经营与生产高效、顺利地进行。家乐福在库存商品上实行品类管理(Category Management)的模式,以优化商品结构。一种商品进入之后,会有 POS 机⊖实时收集库存、销售等数据并进行统一的汇总和分析,根据汇总分析的结果对库存商品进行分类。然后,根据不同的商品分类拟订相应适合的库存计划模式,对于各类型的不同商品,根据分类制定不同订货公式的参数。根据安全库存量的方法,当某种货物的仓库存储水平下降到确定

⊖ POS 机是指①销售点终端机,供银行卡持卡人刷卡消费使用;②商场电子收款机。

的安全库存量或以下时，该系统就会启动自动订货程序。

在选用合理的存货管理模式后，需要根据库存计划及需求来实施相应的订货，即确定购料订货模式。在家乐福有一个特有的部门——OP（Order Pool），即订货部门，它是整个家乐福物流系统的核心，控制着整个企业的物流运转。在家乐福，采购与订货是分开的，由专门的采购部门选择供应商，议定合约和订购价格。OP 则负责对仓库库存量的控制；生成正常订单与临时订单，保证所有的订单发给供应商；同时进行库存异动的分析。作为一个核心控制部门，其控制动作将相关资料联系到其他各个部门。对于仓储部门，它控制实际的和系统中所显示的库存量，并控制存货的异动情况；对于财务部门，它提供相关的入账资料和信息；对于各个营业部门，它提供存量信息，提醒各营业部门根据销售情况及时更改订货参数，或增加临时订货量。

家乐福的仓储管理需要与其 OP、财务、营业部门形成一个有机整体，它将仓库、财务、OP、营业部门的功能和供应商的数据整合在一起，从统一的视角来考虑订货、收货、销售过程中的各种影响因素。仓库在每日的收货、发货之外，会将每日库存异动资料、存量资料传输给 OP 部门，OP 则根据累计和新传输的资料生成各类分析报表。另外，家乐福正逐步对存货实行周期盘点，相比较之前的一年两次的实地盘点，节省了一定的人力、物力和财力，并提高了存货盘点的工作效率。

讨论题

1. 家乐福对自己的存货是如何进行管理的？
2. 家乐福的存货管理存在哪些不足？你有怎样的改进建议？

【思考练习题】

一. 简答题

1. 举例说明定性预测与定量预测的方法分别有哪些？
2. ABC 分类法的基本原理是什么？分类的依据有哪些？
3. 对 ABC 分类法中的 A 类库存一般采取怎样的管理策略？
4. 什么是经济订货批量模型？EOQ 模型中的库存总成本可能涉及哪些成本？
5. 定量订货技术的原理是什么？其特点有哪些？
6. 定期订货技术的原理是什么？其特点有哪些？
7. 请对定量订货技术和定期订货技术进行对比分析。
8. 最大最小系统相对于定期订货系统的优势体现在哪些方面？
9. 一次性订货系统的特点有哪些？

二. 计算题

1. 企业每年需要甲种商品 12 000kg，该商品的价格为 20 元/kg，平均每次订货成本为 300 元，每千克商品的年保管费费率为 25%，计算该商品的经济订货批量及年库存总成本。

2. 某物资年需用量为 3600 件，价格为 100 元/件，每日送货量为 40 件，每日耗用量为 10 件，一次订货成本为 27 元，年单位储存成本为 2 元。求该物资的经济订货批量、平均库存量及年订货成本。

3. 夏商超市每年需购买 A 商品 800 个，每次订购商品的费用为 100 元。该商品供应商为了促销，采取以下折扣策略：若一次购买量为 300 个以下，A 商品按正常价格出售，其价格为 20 元/个；若一次购买 300 个及以上，可享受正常价格的 9.5 折优惠；若一次购买 500 个及以上，可享受正常价格的 9 折优惠。已知该商品的年单位储存费费率为 20%。在这样的批量折扣条件下，夏商超市的 A 商品最佳订购批量为多少？

4. 一家餐馆平均每周使用 50 罐特制辣椒酱，该辣椒酱的需求符合正态分布且周需求标准差为 4 罐。辣椒酱的订货提前期为 2 周，餐馆能接受不超过 5% 的缺货风险，请计算该餐馆辣椒酱的安全库存量和订货点各是多少？

5. 某食品厂向某食品商店成箱供应某种蛋糕。食品厂试图确定每天应制作的蛋糕箱数。由于蛋糕保质期较短，如果当天不能销售出去，就会失去价值。已知每箱成本为 140 元，以 200 元每箱售给食品商店。在过去 100 天中，食品厂记录了每天的销售量，见表 9-13。请计算：

(1) 利用期望值法确定食品厂每天应制作蛋糕的箱数。

(2) 若食品厂能以每箱 100 元的售价将当天未售出的蛋糕卖给当地一家公司，请利用边际分析法确定每天应制作的箱数是多少？最大期望利润是多少？

表 9-13　某种蛋糕过去 100 天的销售情况统计

出售箱数（箱）	25	26	27	28	29	30
天数（天）	12	15	30	25	10	8

6. 某企业要举行一次春游活动，需为每人准备一听饮料。参加春游的人数服从正态分布，均值为 200 人，标准差为 40 人。如果提前 2 周订购饮料，某商店愿意以每听 1.5 元的价格提供饮料。但是若到时饮料不够，就必须在春游地以每听 2 元购买。问应提前订购多少听？

第 10 章

相关需求库存控制决策

【学习目标】

- 掌握物料需求计划（MRP）的概念、原理，以及 MRP 系统的基本构成及计算
- 了解闭环 MRP 系统的产生及流程
- 理解 MRP Ⅱ 系统的功能，掌握 MRP Ⅱ 的特点及其与 MRP 的对比
- 理解企业资源计划（ERP）的核心管理思想和局限性，掌握 ERP 的功能及其与 MRP Ⅱ 的对比
- 理解准时制（JIT）的理念和实施条件，掌握 JIT 的主要目标和 JIT 库存管理

10.1 基于物料需求计划的相关需求库存控制

10.1.1 相关需求库存控制概述

相关需求是指对某些项目的需求与另一些项目的需求存在关联性，如汽车制造中轮胎的需求，它取决于制造装配汽车的数量。相关需求库存是指其需求水平与另一项目的生产有直接联系的库存项目。相关需求库存与普通库存相比，有它自身的特点：

1）涉及的品种更多，几乎涉及企业生产所需的全部品种。

2）库存总量更大，几乎涉及企业生产的全部品种的全部库存。

3）库存时间长，伴随企业整个生产经营过程。

4）对于企业的影响更大，几乎关系企业的全部生产经营活动，关系企业的整体成本和效益。

5）库存管理难度大，不只是要管理好库存品种数量，还要管理好库存品种结构和比例关系。由于品种多，比例关系复杂，因此库存管理难度大大增加。

随着库存控制概念的变化和通信信息技术的发展，相关需求库存控制有了许多行之有效的方法和技术，例如物料需求计划（Material Requirement Planning，MRP）、企业资源计划（Enterprise Resource Planning，ERP）、准时制（Just in Time，JIT）生产方式等。

10.1.2　MRP 的概念及原理

1. MRP 的概念

MRP 即物料需求计划，是计算生产最终产品所用到的原材料、零部件和组件的系统，是一种工业制造企业的物资计划管理模式。MRP 的基本形式是一个计算机程序，它根据产品结构各层次物品的从属和数量关系，以每个物品为计划对象，以完工日期为时间基准倒排计划，按提前期长短区别各个物品下达计划时间的先后顺序。

MRP 首先在美国提出，经由美国生产与库存管理协会（APICS）的倡导而发展起来。20 世纪 60 年代，计算机进入实用阶段，美国企业对生产运作管理方式又相应地进行改革，变催办与善后处理型为计划主导型的生产运作管理系统。计划主导型的生产管理系统需要强大的数据处理技术支持，MRP 系统随即应运而生。IBM 推出了生产信息与控制系统，它是为制造及装配式企业设计的，MRP 系统是其中最主要的组成部分，这是最早的 MRP 软件。

2. MRP 的基本原理

MRP 是在库存管理的订货点法基础上提出来的，通过综合分析订单、当前库存量以及生产顺序的信息，使得正确的物料在正确的时间到达，以此来减少库存，降低劳动力成本，增加按时发货率。MRP 主要回答了三个问题：①需要什么？②需要多少？③什么时候需要？

MRP 的基本原理是：从最终产品的生产计划导出相关物料（原材料、零部件等）的需求量和需求时间，再根据物料需求时间和生产（订货）提前期确定其开始生产（订货）的时间。MRP 的基本内容是编制加工件的生产作业计划和外购件的采购计划。要得到这些计划，首先必须落实最终产品的出产进度计划，即主生产计划（Master Production Schedule，MPS）。其次，需要知道产品的零部件结构，即物料清单（Bill of Material，BOM）；同时需要知道库存数量才能准确计算出物料的生产（订货）数量。其基本原理如图 10-1 所示。

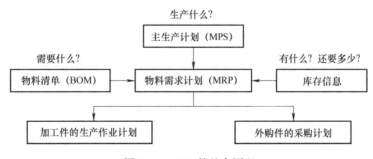

图 10-1　MRP 的基本原理

10.1.3　MRP 系统的基本构成

1. MRP 系统的输入

（1）主生产计划

主生产计划（MPS）是一个综合性计划，是 MRP 的主要输入，相当于产品出产进度计划，是 MRP 运行的驱动力量。MPS 确定了最终产品的出产时间和出产数量。MPS 的对象是最终产品，主要是指按独立需求处理的产成品，其需求量可以通过用户订单、需求预测而得到。MPS 所体现的产品出产进度要求以周为计划时间单位，若 MRP 每周运行一次，则产品出产计划也应每周更新一次。

（2）产品结构文件

产品结构文件也称物料清单（BOM），是生产某最终产品所需的零部件、辅助材料或材料的目录。它不仅说明产品的构成情况，也表明产品在制造过程中经历的各个加工阶段。它按产品制造的各个层次说明产品结构，其中每一层次代表产品形成过程中的一个完整的阶段。

产品结构记录可用产品结构图表示，在产品结构文件中，各个零部件处于不同的层次。通常，最高层为 0 层，代表最终产品项；1 层代表组成最终产品项的零部件；2 层为组成 1 层零部件的零部件……以此类推，最底层为零部件和原材料。产品结构层数越多，产品结构就越复杂。

图 10-2 所示为产品 M 的结构层次图解。该产品有三级制造层次，最终产品 M 由 2 个零部件 C 和 1 个零部件 B 装配而成；零部件 C 由 1 个零部件 A 和 2 个零部件 B 装配而成。括号中的 L 表示各零部件的生产（订货）提前期。当某种零部件出现在一个以上的层次中时，应遵循低层次原则，即为了便于计算机处理，凡是遇到同一零部件出现在不同层次的情况，取其最低层次号，作为该零部件的层次码。

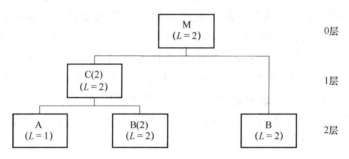

图 10-2   产品 M 的结构层次图解

（3）库存状态文件

产品结构文件是相对稳定的，库存状态文件却处于不断变化之中。MRP 每运行一次，库存信息就发生一次大的变化。MRP 系统的许多重要信息都储存在库存状态文件中，对每种物料都必须单独加以记录。在每次物料出库和入库后，都必须及时对记录予以更新。

库存状态文件在 MRP 处理过程中起重要作用。若零部件在库存中的可用量（现存量 + 预计到达量）能满足当前时段需求，则无须再在本期继续生产（订货）；若零部件的库存可用量不能满足某时段的需求，则必须按生产（订货）提前期发出生产（订货）指令。

2. MRP 系统的输出

MRP 系统能够提供多种不同内容和形式的输出，主要包括：

1）加工件的生产作业计划。该计划规定了每种加工件的需要加工数量、开始加工时间和预计完工时间等。

2）外购件的采购计划。该计划规定了每种外购件的需要订货数量、发出订单时间和预计订单完成时间等。

3）互转件计划。该计划规定了互转零部件的种类、数量，转出车间和转出时间，转入车间和转入时间等。

4）库存状态记录。它提供各种零部件、外购件及原材料的库存状态数据，以供随时查询。

10.1.4　MRP 系统的计算

MRP 运算是 MRP 系统的一个重要功能。MRP 系统的基本运算主要有三个环节：一是在需求的层次上按产品结构关系分解；二是在需求的时间上按提前期从最终产品的交货期起，一步一步向前倒推；三是在求出各零部件的总需求基础上，根据库存状况算出净需求，决定订货日期及数量。这些环节是同时进行的。

（1）总需求量 $G(t)$

它是指在每个时段 t 上零部件的总需求量。最终产品的需求量由主生产计划给出，而零部件的总需求量则由它的母体零部件的计划发出订货量 $R(t)$ 得出。

（2）预计到达量 $S(t)$

零部件在时段 t 上的预计到达量，是指前期已经下达加工订单或采购订单但还未到货的在途量，预计在计划期内可以投入使用。

（3）净需求量 $N(t)$

它是在考虑了现有储存量、预计到达量后，零部件在时段 t 内的实际需求量，是指为满足母项或主生产计划的需求必须供应的零部件净需求数量。其计算公式为

$$N(t) = G(t) - S(t) - H(t-1) \tag{10-1}$$

式中，$H(t-1)$ 是上期期末现有储存量。

当 $N(t) \leqslant 0$ 时，取 $N(t) = 0$，此时无须下达生产或订货指令。

（4）计划订货到达量 $P(t)$

它是指为满足净需求，零部件在时段 t 内计划应到货的数量。到货模式有两种：一种是按逐批批量到货，即到货量等于净需求量：

$$P(t) = N(t) \tag{10-2}$$

显然，当净需求量很小时，上述到货模式不经济。另一种是按固定批量到货，即规定一个固定批量 Q，到货量取净需求量和固定批量中的大者：

$$P(t) = \begin{cases} N(t) & N(t) \geqslant Q \\ Q & 0 < N(t) < Q \end{cases} \tag{10-3}$$

（5）计划发出订货量 $R(t)$

它是指应当发出订单以使母项在需要的时候得到零部件供应的数量，该值与 $P(t)$ 相等，但在时间上隔了一个订货提前期 L，其计算公式为

$$R(t-L) = P(t) \tag{10-4}$$

（6）预计现有储存量 $H(t)$

预计现有储存量是指预期的期末库存量，其计算公式为

$$H(t) = S(t) + P(t) + H(t-1) - G(t) = P(t) - N(t) \qquad (10\text{-}5)$$

在计算机上运行 MRP，程序是不变的。它参照 MPS 对 BOM 进行分解，即对 MPS 上每种完成的产品、程序都要仔细检查 BOM，并计算在完成单元所需数量的生产中每种物料的需求量。MRP 系统的计算一般利用表格进行，MRP 计算表的一般形式见表 10-1。表中时段 $t=0$ 表示计划期开始时的状况，该栏数据往往是已知的，同时"预计到达量 $S(t)$"的数据也是已知的。

表 10-1　MRP 计算表的一般形式

时段 t	0	1	2	3	4	5	6
总需求量 $G(t)$							
预计到达量 $S(t)$							
预计现有储存量 $H(t)$							
净需求量 $N(t)$							
计划订货到达量 $P(t)$							
计划发出订货量 $R(t)$							

例 10-1：设零部件 X 现有储存量为 20 单位，订货提前期为 2 周，到货模式为固定批量 30 单位。各时段的总需求量见表 10-2，已知时段 1 和 2 的预计到达量均为 30 单位。要求计算得出各时段的计划发出订货量。

表 10-2　零部件 X 各时段的总需求量

时段 t（周）	1	2	3	4	5	6	7	8
总需求量	40	35	30	25	55	25	15	50

解：采用 MRP 系统计算表，结果见表 10-3，现对计算过程说明如下：

表 10-3　零部件 X 的 MRP 计算结果

时段 t	0	1	2	3	4	5	6	7	8
总需求量 $G(t)$		40	35	30	25	55	25	15	50
预计到达量 $S(t)$		30	30						
预计现有储存量 $H(t)$	20	10	5	5	10	0	5	20	0
净需求量 $N(t)$		0	0	25	20	45	25	10	30
计划订货到达量 $P(t)$				30	30	45	30	30	30
计划发出订货量 $R(t)$		30	30	45	30	30	30		

首先，应按式（10-1）计算时段 1 的净需求量，由净需求量是否等于 0 来判断该时段是否需要补充到货，进而确定计划订货到达量和计划发出订货量，再计算当前时段的现存量，以此类推。

例 10-2：某零部件的部分 MRP 计划见表 10-4。已知提前期为 2 周，到货模式为逐批批量到货，请完成 MRP 系统的计算。

表 10-4　某零部件的部分 MRP 计划

时段 t	0	1	2	3	4	5	6	7	8
总需求量 $G(t)$		15	15	15	0	30	20	0	15
预计到达量 $S(t)$			30						
预计现有储存量 $H(t)$	20								

解： 计算结果见表 10-5。

表 10-5　逐批批量到货时的某零部件 MRP 计算结果

时段 t	0	1	2	3	4	5	6	7	8
总需求量 $G(t)$		15	15	15	0	30	20	0	15
预计到达量 $S(t)$			30						
预计现有储存量 $H(t)$	20	5	20	5	5	0	0	0	0
净需求量 $N(t)$						25	20		15
计划订货到达量 $P(t)$						25	20		15
计划发出订货量 $R(t)$				25	20		15		

10.1.5　闭环 MRP 系统

闭环 MRP 系统出现于 20 世纪 70 年代中期，是早期 MRP 系统的推广。早期 MRP 系统将生产能力视为无限的，这种不考虑生产能力约束而编制作业计划的方法给计划的可行性带来一定的影响。闭环 MRP 系统克服了早期 MRP 系统的缺陷，它把能力需求计划和执行控制计划功能纳入 MRP，从而形成一个闭环回路系统，能够运用从各个环节得到的反馈信息对生产运作过程进行修正和控制。

能力需求计划（Capacity Requirement Planning，CRP）是对 MRP 所需能力进行核算的一种计划管理方法。作为闭环 MRP 系统的功能模块，帮助企业及早地发现生产能力的瓶颈所在，提出切实可行的解决方案，从而为企业实现生产任务提供能力方面的保证。能力需求计划制订的过程是一个平衡企业各工作中心所要承担的资源负荷和实际具有的可用能力的过程，即根据各个工作中心的物料需求计划和各物料的工艺路线，对所需的各种资源进行精确计算，得出人力负荷、设备负荷等资源负荷情况，并做好生产能力与负荷的平衡工作，以便实现企业的生产计划。闭环 MRP 系统的流程如图 10-3 所示。

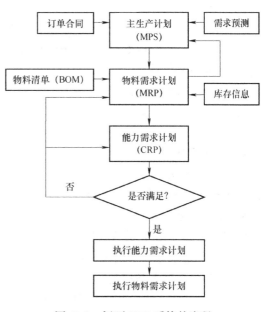

图 10-3　闭环 MRP 系统的流程

10.2　MRPⅡ系统与库存管理

10.2.1　MRPⅡ概述

闭环 MRP 系统的出现使生产活动方面的各种子系统得到了统一。但这还不够，因为在企业管理中，生产管理只是一个方面，它所涉及的仅仅是物流，而与物流密切相关的还有资金流。这在许多企业中是由财会人员另行管理的，会造成数据的重复录入和存储，甚至造成资料信息的不一致。

20 世纪 80 年代，人们把生产、财务、销售、工程技术、采购等各个子系统集成为一个一体化的系统，并称之为制造资源计划（Manufacturing Resource Planning）系统，英文缩写也是 MRP，为了区别于物料需求计划而记为 MRPⅡ。

MRPⅡ是一种先进的企业管理思想和方法，其基本思想就是把企业连成一个有机整体，从整体优化的角度出发，运用科学方法对企业的各种制造资源和产、供、销、存、财等各个环节进行有效的计划、组织和控制，使各个职能得以协调发展，并充分发挥作用。目前，已有多种 MRPⅡ软件版本投入使用。

10.2.2　MRPⅡ系统的功能

MRPⅡ系统一般具有以下功能：

1. 基础数据管理

基础数据管理是指 MRPⅡ系统中所涉及的有关产品结构、零部件明细、材料消耗、工艺路线、工时定额等生产技术数据管理。它的主要功能包括物料清单管理、工艺路线管理和资源数据管理。

2. 库存管理

库存管理是指对生产过程中涉及的材料库、标准件库、电机库、毛坯库、半成品库等的管理。MRPⅡ系统在减少库存占用中具有明显的经济效益，这在国内外已被充分证明。

3. 经营计划管理

经营计划管理主要是销售与主生产计划管理的制订，一般分为若干个子系统。MRPⅡ系统可以根据用户需求，开发出相应的功能模块，可涵盖销售合同管理、成品库管理、产品发货管理等环节。

4. 主生产计划

主生产计划既不同于年度综合计划，也不同于季度生产计划。主生产计划规定了最终产品的出产数量和时间。一般而言，主生产计划的时间单位是"周"。

5. 物料计划

物料计划是 MRPⅡ系统的核心部分，体现了 MRPⅡ系统逻辑的主要部分。它有三个子系统：物料需求计划子系统、细能力平衡子系统和车间任务下达子系统。

6. 车间作业计划与控制

生产进度计划、物料需求计划（MRP）的下达和执行，都是通过车间作业计划与控制子系统完成的。车间作业计划与控制的功能有两个：一是根据物料需求计划系统的输出制订车间内部作业计划，生成最终装配计划（FAS）、加工订单与派工单，对生产进度进行调度及物料发放；二是根据生产现场信息编制完工报告。

7. 物料采购供应

物料采购供应主要解决两个问题：①产品合同确定后，马上能汇总出对标准件与材料的需求量；②当产品投产时，及时掌握其标准件与材料的需求量及库存情况，并可以进行供应商管理。

8. 成本核算与财务管理

产品成本核算统计是企业较为困难而工作量又大的工作。从 MRP Ⅱ 系统一体化来考虑，这两部分都是与前面的子系统相联系的。MRP Ⅱ 系统是一个整体资源共享、优化的系统，上述子系统能为实施成本核算与财务管理提供数据基础。

10.2.3　MRP Ⅱ 与 MRP 的对比

MRP Ⅱ 是闭环 MRP 的直接结果和延伸，与 MRP 相比，MRP Ⅱ 系统的核心基本还是 MRP，但它在功能上比 MRP 有了很大扩充。MRP 仅仅是对物料需求的管理，而 MRP Ⅱ 则是一个全面的生产管理系统，它涵盖了整个企业生产经营活动。MRP Ⅱ 将库存文件改为库存管理，不仅提供了库存状态数据，而且进行了物料出入库登记、库存更新和库存统计工作等。另外，MRP Ⅱ 将经营、财务与生产系统相结合，涵盖进行生产制造活动的设备、物料、资金等多种资源，增加了经营计划、成本核算、财务管理、信息反馈等功能模块。

10.2.4　MRP Ⅱ 系统的主要特点

1. 管理的系统性

MRP Ⅱ 系统是一项系统工程，它把企业所有与生产经营直接相关的部门工作连接成一个整体，各部门都从系统整体出发做好本职工作。MRP Ⅱ 以生产计划和调度为核心，从主生产计划入手，根据物料清单、材料消耗及工序、工时定额，把管理扩展到物料供应、生产能力平衡分析、库存管理、采购、销售和成本核算方面，形成一个反映生产全过程的闭环系统，解决人工管理相互脱节的问题。

2. 数据的共享性

MRP Ⅱ 是一种制造业管理信息系统，企业各部门都依据同一数据库的信息进行管理，任何一种数据变动都能及时地反映给所有部门，做到数据共享。

3. 动态的应变性

MRP Ⅱ 是一个闭环系统，它要求跟踪、控制和反馈瞬息万变的实际情况，管理人员可随时根据企业内外部环境条件的变化迅速做出响应，及时调整决策，保证生产计划正常进行。

4. 模拟的预见性

MRP Ⅱ 系统是生产经营管理规律的反映，按照规律建立的信息逻辑必然具有模拟功能。通过模拟可以解决"如果……将会……"的问题，可以预见在相当长的计划期内可能发生的问题，可以事先采取措施消除隐患。

5. 物流与资金流的统一

MRP Ⅱ 系统包含了成本会计和财务功能，可以由生产活动直接产生财务数据，把实物形态的物料流动转换为价值形态的资金流动，保证生产与财务数据一致。财务部门能及时得到资金信息应用于成本控制，通过资金流动状况反映物流和生产经营情况，随时分析企业的经济效益，参与决策，指导和控制生产经营活动。

以上几个方面的特点表明，MRP II 系统是一个完整的生产经营管理计划体系，是实现制造业企业整体效益的有效管理模式。

10.3　ERP 系统与库存管理

10.3.1　ERP 概述

企业资源计划（Enterprise Resource Planning，ERP）的概念是由美国 Gartner Group 公司于 20 世纪 90 年代初提出的。ERP 是指建立在信息技术基础上，以系统化的管理思想为企业决策层及员工提供决策运行手段的管理平台。它是从 MRP II 发展而来的新一代集成化管理信息系统。它扩展了 MRP II 的功能，其核心思想是供应链管理。它跳出了传统企业边界，从供应链范围去优化企业的资源。ERP 系统集信息技术与先进管理思想于一身，优化了现代企业的运行模式，反映了时代对于企业合理调配资源的要求，最大化地创造社会财富，成为企业在信息时代生存、发展的基石。它有利于改善企业业务流程，对提高企业核心竞争力具有显著作用。

10.3.2　ERP 系统的核心管理思想

ERP 系统的核心管理思想就是实现对整个供应链的有效管理，主要体现在以下三个方面：

1. 对整个供应链资源进行管理的思想

现代企业竞争不是单个企业与企业间的竞争，而是一个企业所在的供应链与另一个企业所在的供应链之间的竞争。在知识经济时代，企业仅靠自己的资源不可能有效地参与市场竞争，还必须把经营过程中的有关各方（如供应商、制造商、分销商、客户等）纳入一个紧密的供应链中，才能有效地安排企业的产、供、销活动，满足企业利用一切市场资源快速、高效地进行生产经营的需求，以期进一步提高效率和市场竞争能力。ERP 系统实现了对整个企业供应链的管理，适应了企业在知识经济时代市场竞争的需要。

2. 精益生产和敏捷制造的思想

ERP 系统可支持混合型生产方式的管理，其管理思想表现在两个方面：①"精益生产"（Lean Production，LP）思想，即企业按大批量生产方式组织生产时，将客户、销售代理商、供应商、协作单位纳入生产体系，与之建立起利益共享的合作伙伴关系，进而组成一个企业的供应链。②"敏捷制造"（Agile Manufacturing，AM）思想，即当市场上出现新的机会时，企业的基本合作伙伴不能满足新产品开发生产的要求时，企业组织一个由特定的供应商和销售渠道组成的短期或一次性供应链，形成"虚拟工厂"，把供应和协作单位看作企业的一个组成部分，运用"同步工程"组织生产，用最短的时间将新产品打入市场，时刻保持产品的高质量、多样化和灵活性，这就是"敏捷制造"的核心理念。

3. 事先计划与事中控制的思想

ERP 系统中的计划体系主要包括生产计划、物料需求计划、能力计划、采购计划、销售执行计划、利润计划、财务预算和人力资源计划等，而且这些计划功能与价值控制功能已完全集成到整个供应链系统中。比如，ERP 系统通过定义事务处理相关的会计核算科目与核算方式，以便在事务处理发生的同时自动生成会计核算分录，保证了资金流与物流的同步记录与数据一致性，从而实现了根据财务资金现状可以追溯资金的来龙去脉，并进一步追溯所发生的相关业务活动，改变了资金信息滞后于物料信息的状况，便于实现事中控制和实时做出决策。计划、事务处理、控制与决策功能都在整个供应链的业务处理流程中实现，要求在每个流程业务处理过程中最大限度地发挥每个人的工作潜能与责任心，流程与流程之间则强调人与人之间的合作精神，以便在有机组织中发挥每个人的主观能动性与潜能，实现企业管理从"高耸式"组织结构向"扁平式"组织结构转变，提高企业对市场动态变化的响应速度。

10.3.3　ERP 系统的基本原理与功能

ERP 系统能够自动完成一个组织功能领域的各项任务，包括财务、人力资源、销售、采购和物料分配等，并将这些不同领域的数据资料储存在一个数据库中。ERP 除了 MRP Ⅱ 已有的生产资源计划、制造、财务、销售、采购等功能外，还有质量管理、实验室管理、业务流程管理、产品数据管理、存货管理、分销与运输管理、人力资源管理和定期报告系统等，如图 10-4 所示。ERP 系统的运行目的是通过信息共享和互相交流提高企业各部门之间的合作。

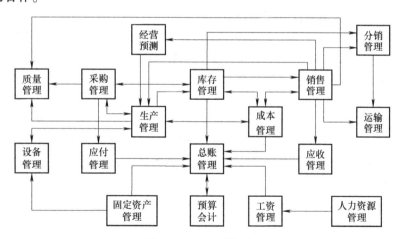

图 10-4　ERP 系统原理

首先，从系统功能上来看，ERP 系统比 MRP Ⅱ 系统增加了一些功能子系统，把企业所有的制造场所、营销系统、财务系统紧密结合在一起，从而实现全球范围内的多工厂、多地点的跨国经营运作。其次，在生产方式管理方面，MRP Ⅱ 系统把企业归类为几种典型的生产方式，对每一种类型都有一种管理标准。随着单一生产方式向混合型生产发展，ERP 则能更好地支持管理混合型制造环境，满足企业的多元化经营需求。最后，在事务处理控制方面，MRP Ⅱ 系统是通过计划的及时滚动来控制整个生产过程。它的实时性较差，一般只能实现事中控制。而 ERP 强调企业的事前控制能力，为企业提供了对质量、适应变化、客户满意、绩效等关键问题的实时分析能力。

MRP 到 ERP 的发展过程及相互关系如图 10-5 所示。

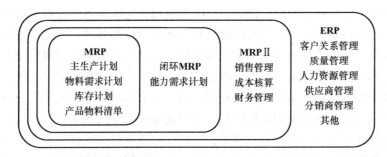

图 10-5　MRP 到 ERP 的发展过程及相互关系

10.3.4　ERP 系统的局限性

尽管 ERP 的核心思想是供应链管理，但是目前大多数 ERP 系统还主要用于企业内部流程的优化，并把注意力集中于如何使企业自身运转更加有效。而企业的收益不仅取决于企业内部流程的加速运转和自动化，还取决于企业将这种效率传播给它的整个供应链的能力。但是现在的 ERP 系统还不能实现这个目标，其问题体现在以下几个方面：

1）ERP 系统无法满足企业个性化管理的需求。目前 ERP 还不能动态地满足企业流程变化的需要，必须经过艰难的二次开发和实施才能实现。虽然一些 ERP 公司正在进行动态企业建模（DEM）的探索，但都还处于初级阶段。

2）虽然是面向供应链管理，但 ERP 管理的重心仍在企业内部。在激烈的买方市场竞争中，客户已成为决定企业兴衰的关键。如何以客户为中心，提高客户的满意度和忠诚度，是 ERP 系统要改善的一个重要环节。

3）ERP 与电子商务（EC）的集成程度低。尽管很多企业开展了电子商务业务，但是由于没有后台 ERP 系统的支持，从 EC 平台上获得的销售订单、市场信息不能及时传递到 ERP 系统中；同样由于没有 EC 系统与 ERP 系统的集成，前台的 EC 系统也不能读取 ERP 系统中有关的价格、客户等信息，造成前后台信息的脱节，这就会导致客户满意度的下降，甚至失去很多客户。

4）作为管理软件，ERP 系统还不能包括工厂基础自动化控制部分，管理系统与生产系统缺乏有机的结合。

5）需要昂贵的建置投资成本。ERP 的建置需要花费软、硬件成本及顾问公司收取的顾问费，这些都是庞大的开支，往往只有大型企业才有能力导入。

10.4　JIT 库存控制模式

10.4.1　JIT 的概念

为了消除对库存的浪费，就要确立"消除库存就是消除浪费"的理念，推行准时化、同步化，使各工序、各环节在生产供应的数量上和时间上做到紧密结合，从而消除生产过程中不协调或者停滞的现象，降低闲置的库存。这种追求完美的构思，是日本丰田汽车制造公司开发的管理方法——JIT 生产方式。

JIT 生产方式的基本思想最初由日本丰田汽车制造公司提出，在 20 世纪 70 年代初期开始实施，旨在满足顾客对产品种类、颜色和型号的不同需求，并力图达到及时供货的要求。20 世纪 70 年代后期，JIT 在日本企业中得到迅速推广，并自 20 世纪 80 年代初以来，作为一种引人注目的先进生产运作管理方式，在西方许多国家（地区）和一些亚洲国家（地区）越来越得到广泛的重视和应用。JIT 的出现顺应了时代要求和市场变化的特点，经过几十年的实践，已成为具有一整套包括从企业经营理念、管理原则到生产组织、计划与控制以及作业管理、人力资源管理等在内的较完整的理论和方法体系。其生产过程控制和库存管理的基本思想一反传统生产运作管理中历来的观念与方法，在生产运作管理史上具有重要而独特的意义，对丰富和发展现代生产运作管理理论具有重大的影响。

10.4.2　JIT 的理念与目标

JIT 生产方式的基本思想可概括为"只在需要的时候，按照所需要的数量，以完美的质量为顾客生产提供所需要的产品"，也就是通过生产计划和控制及库存管理，追求一种无库存或库存降至最低的生产系统。JIT 的基本理念包括不断改进、全面质量控制、全员参与和降低库存。它强调消除无效劳动和浪费，针对顾客需求进行生产和提供服务。

JIT 生产方式以准时生产为出发点，首先暴露出生产过量和其他方面的浪费，然后对设备、人员等进行淘汰、调整，达到降低成本、简化计划和提高控制的目的。在生产现场控制技术方面，JIT 的基本原则是在正确的时间生产正确数量的零部件或产品，即时生产。它将传统生产过程中前道工序向后道工序送货，改为后道工序根据"看板"向前道工序取货，看板系统是 JIT 生产现场控制技术的核心，但 JIT 不仅仅是看板管理。

JIT 的目标是彻底消除无效劳动和浪费，具体要实现以下目标：

1. 质量目标

次品、废品量最低。JIT 强调全面质量管理，目标是消除不合格品。消除可能引起不合格品的根源，采用科学的质量控制体系，在加工过程中要求每一道工序都达到最高水平。

2. 生产目标

1）库存量最低。JIT 认为，库存是生产系统设计不合理、生产过程不协调、生产操作不良的表现。

2）零部件搬运量低。零部件运送与搬运是非增值操作，如果使零部件和装配件运送量减少，搬运次数减少，就可以节约装配时间，减少装配中可能出现的问题。

3）机器损坏出现少。机器损坏被认为是生产过程中的浪费，JIT 追求均衡化连续生产，使物流在各作业之间、生产线之间、工序之间、工厂之间均衡地流动。

4）生产批量尽量小。JIT 生产方式的核心是追求一种无库存或库存量最低的生产系统，它只在市场需要的时候生产市场需要的产品，不生产库存。

3. 时间目标

1）准备时间最短。准备时间长短与批量选择相联系，如果准备时间趋于零，准备成本也趋于零，就有可能采用极小批量。

2）生产提前期最短。短的生产提前期与小批量相结合的生产系统，应变能力强，柔性好。

10.4.3　JIT 的实施条件

在理想的 JIT 系统中，不存在提前进货的情况，因而使库存费用降至零点。JIT 获得成功需要以下条件：

1）完善的市场经济环境，信息技术发达。

2）可靠的供应商，按时、按质、按量地供应，通过电话、传真或网络即可完成采购活动。

3）生产区域的合理组织，制定符合逻辑、易于产品流动的生产线。

4）生产系统要有很强的灵活性，为改变产品品种而进行的生产设备调整时间接近 0。

5）要求平时注重设备维修、检修和保养，使设备失灵为 0。

6）完善的质量保证体系，无返工，次品、不合格品为 0。

7）人员生产高度集中，各类事故发生率为 0。

这里着重讨论供应商的选择问题。实施 JIT 系统订货与传统的订货有不同的方式和要求。物料采购也就是与供应商打交道以获取企业生产产品所需的材料。日本 JIT 采购系统的成功经验是选择较少的供应商，它比从许多供应商那里采购更有优势。从长远来看，厂家与供应商建立长期合作关系有利于双方达成共识，促使双方共同获得成功。传统的供应商选择更关注价格因素，在 JIT 系统中，质量和交货期尤为重要，如果物料质量和可靠性出现问题，则将导致整个系统处于停顿状态。

10.4.4　JIT 库存管理

1. JIT 库存管理的概念

生产和销售系统中的库存常常只是当出了某种差错时，才有必要存在，这种额外的库存通常被用来补救偏差或解决问题。好的库存策略要求的不是准备应付某种情况，而是准时供货。JIT 库存是维持系统运行所需的最少库存。有了 JIT 库存，所需的物品就能按时按量到位，丝毫不差。

JIT 的目标之一就是减少甚至消除从原材料的投入到产成品的产出全过程中的库存，建立起平滑而更有效的生产流程。在 JIT 体系下，产品完工时正好是要运输给顾客的时候；同样，材料、零部件等到达某一生产工序时正好是该工序准备使用它们之时。没有任何不需要的材料被采购入库，没有任何不需要的产成品被加工出来，所有的"存货"都在生产线上，由此库存降到最程度。为了获得 JIT 库存，管理者必须减少由于内外两种因素造成的易变性。系统的易变性越少，需要的库存也就越少。

JIT 意味着消除浪费，存货与生产同步，以及库存量很少。JIT 的关键是进行小批量生产。减少批量可以对减少库存及其成本有很大帮助，而且批量越小，隐蔽的问题越少。获得这种小批量的一个方法是，只有需要存货时才将其运入下一个工作站。存货只是在需要时才运入，这称为拉式系统，如图 10-6 所示。

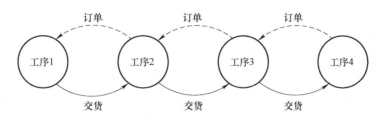

图 10-6　拉式系统

2. 看板管理

有了拉式系统，JIT 运作就需要找到一个方法对物料在作业过程的流转进行控制。日本企业在车间中通常用看板（源于日文）来表示物料的需求，这个看板就是下一批生产所需物料的授权书。看板拉动着物料通过工厂。

（1）看板的种类及形式

看板是一种在生产上实现 JIT 的方法。在日文中，看板被翻译为卡片、公告板或标记。看板的种类有很多，常见的有以下几种形式：

1）卡片看板。卡片看板用于产品零部件的使用者和生产者之间，表示需要生产更多的零部件。卡片上注明有零部件编号、生产批量、使用者和生产者的位置、标准容器内所装零部件的数量等。在 JIT 生产体系中，常见的是"双卡片系统"，即生产看板和取货看板。取货看板允许将标准满容器从某一工序运往另一工序，生产看板允许生产所需要的零部件并将其装入标准空容器内，补充已被领取的量。

2）零部件箱看板。零部件箱看板是一种用标准空容器传送生产指令的简单方式，即使用者将空容器送回给生产者，表明需要更多的零部件。采用这种方式，容器上必须清楚地标明有关零部件的编号和数量，或涂有显著的颜色以示区别。

3）指示灯或小圆球看板。指示灯或小圆球看板即采用指示灯或小圆球作为启动生产的指令。小圆球可通过滑道由后道工序送往前道工序，以指示生产某种零部件。可采用不同颜色的指示灯或小圆球来表明所需生产零部件的不同型号。

（2）看板管理的作用

在 JIT 生产方式下，基于需求拉动式原理，生产指令只下达到最后一道工序。从看板管理的运行过程中可以看到，看板系统正是采用这种拉动式生产方式，以看板作为信息载体，从后道工序向前道工序逐个传递生产和运送指令，根据后道工序对零部件的需求来启动前道工序的生产。因此，看板起着直接传递生产及运送指令的作用，这也是看板最基本的功能。看板中记载着所需零部件的编号、生产数量、顺序、时间、加工设备、运送目的地、放置场所等信息，从最后一道工序顺次逐个向前道工序追溯。后道工序从零部件已消耗完的空容器上摘下取货看板，向前道工序领取所需的零部件，前道工序按照生产看板的要求和先后顺序进行生产。

由此可见，通过看板管理可以控制产出量，从而达到控制在制品库存的目的。此外，看板还具有传递信息的作用。当某一道工序出现故障时，延迟了该工序看板与零部件向下一道工序的正常供应，从而造成下一道工序乃至全线停工，由此暴露了存在的问题，促使其尽快得到解决。

3. JIT 与传统库存管理的比较

传统的库存管理方法有很多，如经济订货批量（EOQ）、ABC 分类法等。EOQ 是利用库存总成本最低时的经济订货批量来决定库存量。该方法的局限性在于其模型假设条件的真实性差，如假设需求是连续、稳定的且相对独立的，提前期是固定的、可靠的，这些与实际情况往往差异很大，有可能会误导企业的库存管理。ABC 分类法的基本思想是将库存分清主次，实施区别化管理，这虽然能提高库存管理的针对性和有效性，但未能从根本上降低企业库存量。

JIT 库存管理是 JIT 生产方式下诞生的一种库存管理模式，它的目的是消除那些没有利润的作业，使库存达到最低，最大限度地降低企业成本。生产系统如果真正运行在 JIT 生产方式的状态下，它的库存就被减至最低程度，因此 JIT 库存管理又被简称为"零库存"管理。与传统库存管理比较，其体现的特点如下：

（1）JIT 库存管理强调需求拉动式的管理

传统方式下，生产往往是按预测的需求编制固定计划进行的，是一种需求推动式的系统。一方面，为了保持生产的不间断，会保持大量的在制品库存；另一方面，由于追求规模效应而采取的大批量生产策略，加上市场需求状况的变动，经常会带来大量的产成品库存。而 JIT 生产只在有需求时进行，只生产顾客需要的数量。每一道工序只生产下一道工序需要的产品，除非下一流程发来指令，否则不进行生产，且生产需要的材料和零部件准时到达。拉动式系统重视市场的反应，极大地降低了存货成本，使零库存成为可能。因此，无论从外部市场还是从存货成本的视角来看，拉动式管理无疑是优于推动式管理的。

（2）JIT 库存管理否定存货存在的必要性

这是 JIT 与传统库存管理存在差异的关键与根本所在。传统观念认为存货存在是合理且必要的，企业为了保证生产的连续性，必须准备足够的原材料，以防止供应短缺影响生产，留有一定量的在制品以防止生产过程中的意外事故引起的停工，储备相当数量的产成品以防销售断货，这些都在肯定企业持有库存的必要性。在 JIT 模式中，存货被看作一种资源浪费，因为库存将占用企业流动资金，会掩盖运营中存在的各种问题，如生产效率低下、采购不力、质量问题等，降低企业对市场反应的灵敏度。

（3）JIT 库存管理重视供应商关系管理

传统库存管理常采用多元供应方式，选择供应商时更关注价格因素，与供应商建立的是传统交易关系。JIT 库存管理重视供货的质量和准时性，需要和供应商建立长期的合作伙伴关系，采用单源的供应方式，这样既可以享受长期的、规模的低成本效益，又可将质量保障责任放在供应商处，从源头上保证供货质量，而且将供应商所供的物资直接送到生产线上，减少了一系列的中间传统环节，达到降低成本的目的。

（4）JIT 库存管理追求实现准时能力的要求

传统方式下，企业通过储备存货来确保按期交货。小批量供货是 JIT 的特点之一，以保证按时、保质、保量供货。在 JIT 模式下，任何一道工序都要求在必要的时间内确定必要的、需加工或装配的零部件，要达到"只在需要的时候，生产所需的产品"要求并按时交货，生产准备时间变得更短，需要供应商或仓储设施等就在生产企业的附近建立起来。

（5）JIT 库存管理需要高效的信息实时共享

JIT 要达到消除浪费、降低成本和实现零库存的目的，需要从供应商供货、产品的生产到出厂销售乃至整个供应链,依赖高效的信息共享以协调整个系统,如与供应商建立紧密的合作伙伴关系以高度分享信息;在生产过程中采用看板系统确保各工序间协调一致等。及时、准确的信息可以使企业迅速反应,将产供销之间时间差、空间差的影响降到最低程度,以达到降低成本和提高企业效益的目的。

【案例分析】

美的集团实施 MRP Ⅱ 的成功实践

一、MRP Ⅱ 实施前

美的集团在实施 MRP Ⅱ 之前,一直采用手工制订生产计划的方式,即生产科生产计划、车间生产计划和产品销售计划的生产作业三级计划。这些计划面对迅速变化的市场显然已经不能胜任,并且易造成产品积压或供不应求。美的集团风扇厂年产量将近 1100 万台。如此大的产量,所需物料达上万种之多,同时生产和经营机构也是庞大的。美的集团清楚地意识到若想增强企业的可持续发展能力,管理理念和方法必须要有根本性突破。

二、MRP Ⅱ 的实施

于是,美的集团决定投资上千万元,全面实施 MRP Ⅱ 工程。项目的实施工作主要分为原始数据的整理、财务与制造连接及生产作业计划切实指导生产三个阶段。实施中的主要难点是基础数据的准确采集和整理、生产业务流程的实现以及软件思想与管理模式的适应和匹配。通过与甲骨文公司(Oracle)的合作,美的集团建立起集生产、销售、供应、项目以及财务于一体的综合企业资源管理系统,对企业的人、财、物、产、供、销实行全面管理与协调调配,为企业决策提供了准确、实时的动态信息。

三、MRP Ⅱ 实施后

实践证明,美的集团风扇厂通过 MRP Ⅱ 工程不仅在企业内部实施了以市场为导向、以销售为龙头的控制生产计划,同时,也解决了传统生产制造系统与分销系统的供求矛盾。主要体现在以下几方面:

1. 确立现代企业的管理理念

公司员工的传统理念和不良习惯是 MRP Ⅱ 项目在刚实施时的第一个阻力,要打破这一阻力,必须从领导层开始重视,从制度上进行监管,达到思想上的最终突破。因此,高层管理者提出了"以科学为本,以实用为主"的实施策略,在 MRP Ⅱ 的基础上将中高层管理者纳入考核之中,并表示了"宁可停产,也要把不良习惯扭转过来"的决心。在美的集团领导的充分重视和有力支持下,美的集团内部迅速打破传统观念,统一思想,这对项目的成功实施起到了关键作用。

2. 提升企业生产销售的快速反应能力

与 Oracle 合作实施的 MRP Ⅱ 项目从根本上解决了美的集团在这方面的难题。系统的供应链管理模块中拥有多种灵活的计划和执行能力,能对企业的生产进行配套的供求管理。Oracle 系统中的供应链管理能使生产和采购随时响应市场的需求,避免了生产采购的盲目性。MRP Ⅱ 解决了企业以往不能及时交货、库存产品积压和库存资金占用太多等一系列问题,企业对市场的变化能迅速做出动态反应,实现了企业调整产品结构、缩短生产周期、提高企业生产率的目标。Oracle 的销售订单管理功能还能为每个销售渠道建立相应的服务策略，使各销售点能通过查询存货、调拨可能等信息来确认订单的可行性，以确保一些复杂订单的正确操作。

3. 实现高效的物料控制管理

由于美的集团生产所需的物料数量达上万种之多，项目实施之前，物料和账物管理十分烦琐，容易出现错误。同时，原材料采购随意性较大，造成计划不能贯彻执行。物料短缺或不配套，给采购、生产及销售环节都造成损失。项目实施后，美的集团能通过市场所提供的信息来确定物料的需求时间和需求量，并结合国内外市场的物料供应情况和企业自身的生产经营信息，来最终确定物料的采购提前期、最佳订货批量和制品定额，使企业的物流、资金流和信息流得到了统一管理。

讨论题

1. 美的集团为什么要实施 MRP II 管理？
2. MRP II 的实施给美的集团带来了哪些利益？

【思考练习题】

一、计算题

某家具厂生产某种餐桌。餐桌由 1 张木质桌面和 4 个金属桌腿组成，组装过程需要 1 周。桌面部分由该厂自己加工，加工周期为 2 周；金属桌腿从外地订购，提前期为 1 周。目前，该公司接到 3 个订单，第一份订单为 100 个，第 4 周发运；第二份订单为 200 个，第 6 周发运，第三份订单为 250 个，第 8 周发运。查询库存记录，桌面和桌腿现存量分别为 30 张和 120 个，已知第 1 周预计到达量为 150 个桌腿。求下述条件下的订货（加工）时间与规模。

(1) 按逐批批量到货（到货量等于净需求量）。
(2) 订货批量为 150 张桌面和 600 个桌腿。

二、简答题

1. 简述 MRP 的概念，其基本原理是什么？
2. MRP II 的主要特点有哪些？MRP II 与 MRP 的区别是什么？
3. ERP 系统的核心管理思想体现在哪些方面？
4. JIT 的基本思想是什么？实施 JIT 要实现哪些目标？
5. JIT 的成功实施需具备哪些条件？
6. JIT 库存管理和传统库存管理有何不同？

第 11 章

供应链库存管理

【学习目标】

- 理解供应商管理库存（VMI）的基本概念，掌握 VMI 的原则及运作模式
- 理解 VMI 的实施方法，了解 VMI 的优缺点
- 理解联合库存管理（JMI）的基本思想和管理优势，掌握 JMI 的实施策略
- 了解协同计划、预测与补给（CPFR）的产生、基本内容及模型流程，掌握 CPFR 的指导原则及作用
- 掌握多级库存优化与控制决策应考虑的问题，理解多级库存优化与控制的模型与方法

11.1 供应商管理库存模式

11.1.1 VMI 的基本概念

长期以来，库存拥有与库存控制是由同一组织完成的，供应链上各节点企业都是各自管理自己的库存，供应商、制造商、批发商、零售商等都采用自己的库存控制策略。库存控制策略的不同及信息的闭塞不可避免地产生需求扭曲、变异放大现象，出现"牛鞭效应"，既造成供应链上库存的积压，又影响着客户服务水平的提高。在供应链管理环境下，供应链各环节的活动应该是相互关联的，为了寻求整个供应链全局的最优库存和最低成本，需要改变传统的各自为政的库存管理策略。

20 世纪 80 年代，供应商管理库存（Vendor Managed Inventory，VMI）策略的出现及应用，体现了供应链的集成化管理思想，适应市场变化的要求。VMI 是一种有代表性的库存管理思想。尽管针对 VMI 有大量的研究资料和文献，但对 VMI 的定义至今并未达成一致，目前比较公认的定义为："VMI 是一种供应链集成化运作的决策代理模式，以双方都获得最低成本为目标，在一个共同框架协议下将用户库存决策权代理给供应商，由供应商代理分销商或批发商行使库存决策权力，并通过对该框架协议经常性监督和修正使库存得到持续改进。"这一定义将供应链理念引入 VMI，体现了 VMI 是一种供应链库存管理模式。

综上可知，VMI 是指在供应链环境下，由供应链上的制造商、批发商等上游企业对众

多分销商、零售商等下游企业的流通库存进行统一管理和控制的一种新型管理方式。在这种方式下，供应链的上游企业不再是被动地按照下游订单发货和补充订货，而是根据自己对下游企业需求的整体把握，主动安排一种更合理的发货方式，既满足下游用户的需求，又使自己的库存管理和补充订货策略更合理，从而实现 VMI 实施双方的成本降低和双赢。

11.1.2　VMI 的原则及运作模式

1. VMI 的原则

VMI 是一种在用户和供应商之间的合作性策略，在一个相互统一的目标框架下由供应商管理库存，以实现双方成本的最低化。要成功实施供应商管理库存策略，还必须遵循以下几个原则：

（1）相互信任的合作性原则

在实施该策略时，相互信任与信息透明是很重要的。供应商和用户要有较好的合作精神，相互信任，才能将用户的库存信息、需求信息等关键数据传递给供应商，才能进一步实现后续的库存管理和供货策略。

（2）使双方成本最低的互惠原则

VMI 实施双方关注的问题不是关于成本如何分配或由谁支付，而是致力于共同去降低供应链库存，降低双方的成本，实现双赢。

（3）基于框架协议的目标一致性原则

库存管理活动虽由供应商来实施，但双方在目标上是一致的，在协商好的框架协议下承担各自的责任。比如库存放在哪里、何时开始补货、支付方式是怎样的、是否收取管理费等诸多问题需要事先明确，并体现在框架协议中。

（4）连续改进的原则

VMI 双方在实施库存管理的过程中，还要发现其中存在的各种问题，通过对框架协议经常性监督和修正使库存得到持续改进，不断提高管理水平。

2. VMI 的运作模式

在 VMI 系统中，供应链中的核心企业既可以在供应链的上游，也可以在供应链的下游。实施 VMI 的企业在供应链中的位置、地位不同，VMI 的运作模式也不同，主要有以下四种情况：

（1）供应商—制造商（核心）运作模式

在这种模式中，作为核心企业的制造商，一般具有以下特点：

1）生产规模比较大，制造商的生产一般比较稳定，即每天对零配件或原材料的需求量变化不是很大。

2）要求供应商每次供货数量比较小，一般满足 1 天甚至几小时的需求。

3）供货频率要求较高，有时甚至要求一天 2 ~ 3 次的供货频率。

4）为了保持连续的生产，一般不允许发生缺货现象，即服务水平要求达到 99% 以上。

由于这种模式中的制造商通常有几十家甚至上百家的供应商为其供货，让每一个供应商都在制造商附近建立仓库显然是不经济的，因此，可以在制造商附近建立一个供应商库存管理枢纽仓库（VMI-Hub），加入 VMI-Hub 具有以下效果：

1）缓冲作用。由于一个客户要对应 N 个供应商，假如客户对供货频率要求较高，那么在可能会出现多个供应商同时将货物送达的情况，由于事先没有安排，势必会出现混乱的卸货场面，严重影响生产秩序，给企业的正常工作带来不便。有了 VMI-Hub，可以以专业的配送避免以上现象，起到缓冲作用。

2）增加了深层次的服务。在没有 VMI-Hub 时，供应商彼此都是独立的，送达的货物都是彼此分开的，当有了 VMI-Hub 时，它会在发货之前提供拣货服务给生产商，这样就提高了生产商的生产效率。

（2）供应商—零售商（核心）运作模式

当零售商把销售等相关信息通过 EDI 传输给供应商后，供应商根据接收到的信息对需求进行预测，并将预测信息输入 MRP 系统，根据现有企业内的库存量和零售商仓库的库存量，生产补货订单，安排生产计划，进行生产。生产出的成品经过仓储、分拣、包装运送给零售商。

这种模式一般无须建造 VMI-Hub 这个中间环节，因为对于零售商来说，两个供应商供应的产品是相互独立的，在同一段时间内它们不是同时需要的，不像生产商必须同时获得零部件或原材料来生成一个产品。

（3）第三方物流企业参与运作模式

在供应商—制造商的 VMI 模式中，对双方来说，核心竞争力主要体现在制造商，而不在物流管理上。显然，让供应商或制造商去管理 VMI-Hub 都是不经济的。

在供应商—零售商的 VMI 模式下，由于零售商的零售品范围比较广，供应商和零售商的地理位置相距较远，直接从供应商处向零售商补货的提前期较长，不利于进行准确的需求预测和应付突发状况。解决这一问题的折中方案就是供应商在零售商附近租用或建造仓库，由这个仓库负责直接向零售商供货。

根据以上分析，让一家专业化程度较高的企业来管理 VMI-Hub 或仓库是最为合适的，此时最理想的对象就是"第三方物流企业"。况且供应链管理强调的是在供应链上各个企业应该充分发挥自己的核心竞争力，第三方物流企业正好适应这种库存运作模式的要求，充分发挥其特点与优势。

（4）核心企业—分销商运作模式

这种模式由核心企业充当 VMI 中的供应商角色，它与供应商—制造商（核心）运作模式、供应商—零售商（核心）运作模式大致相同，由核心企业收集各个分销商的销售信息并进行预测，然后按照预测结果对分销商的库存进行统一管理与配送。由于这种模式下供应商只有一个，因此不存在要在分销商附近建立仓库的问题。核心企业可以根据与各个分销商之间的实际情况，统一安排对各个分销商的配送问题。

11.1.3　VMI 的实施方法

实施 VMI 策略，要改变订单的处理方式，建立基于标准的托付订单处理模式。首先由供应商和批发商一起确定订单业务处理过程中所需要的信息和库存控制参数；然后建立一种订单处理的标准模式，如 EDI 报文；最后把订货、交货和票据处理各个业务功能集成在供应商一边。

库存状态信息的透明性是实施 VMI 的关键。供应商要能够随时跟踪和检查下游需求方的库存状态，从而快速地响应市场的需求变化，对企业的生产（供应）状态做出相应的调整。为此，需要建立一种能够使 VMI 实施双方库存信息系统有效连接的方法。

供应商管理库存的策略实施可以按以下步骤进行：

1. 建立顾客情报信息系统

供应商要有效地管理销售库存，必须能够获得顾客的有关信息。通过建立顾客的信息库，供应商能够掌握需求变化的有关情况，把由批发商（分销商）进行的需求预测与分析功能集成到供应商的系统中来。

2. 建立销售网络管理系统

供应商要有效地管理库存，必须建立起完善的销售网络管理系统，保证自己的产品需求信息和物流畅通。为此，必须保证产品条码的可读性和唯一性，解决产品分类、编码的标准化问题，解决商品存储运输过程中的识别问题。

目前，一些企业采用的 MRPⅡ 和 ERP 系统都集成了销售管理的功能，可以对此扩展利用来建立销售网络管理系统。

3. 建立供应商与需求方的合作框架协议

供应商与需求方本着合作共赢的原则共同实施 VMI 策略，双方应共同制定合作框架协议，确定订单处理的业务流程及库存控制的有关参数，如再订货点、最低库存水平、安全库存量、货物所有权、付款方式、信息传递方式等。

4. 调整组织机构及实现权利转让

在制定好合作协议后，供需双方都要进行一定的组织机构调整，以适应 VMI 的实施。供应商要扩大管理范围，将库存管理业务流程延伸到需求方，对本企业的库存和需求方的库存进行集成管理。需求方可撤销库存管理机构，并将库存管理权转让给供应商。

11.1.4　VMI 的优缺点

1. VMI 的优点

通过国内外几年的实施，VMI 被证明是一种先进的库存管理模式，其优点主要体现在以下几个方面：

1）VMI 模式由供应商管理库存，这样就把客户从库存管理中解放出来，从而避免了库存管理上的麻烦，不需要增加采购、进货、入库、出库、保管等一系列工作，能够集中更多的资源用于提高其核心竞争力，从而为整个供应链创造出更多有利的局面。

2）供应商掌握客户的库存、需求及销售信息等，使其具有很大的主动性和灵活性，有利于自身制定合理的生产、供应及库存策略，提高资源利用率，减少浪费及非增值活动。供应商管理库存就是掌握市场，客户的库存消耗就是市场需求的组成部分，它直接反映了客户的消费水平和消费倾向，这对于供应商改进产品结构和设计、开发销售对路的新产品，以及对于企业的生产经营决策都起着有利的信息支持作用。

3）供应商通过 IT 共享客户的需求信息，削弱了供应链的需求波动逐级放大的"牛鞭效应"，有利于减少安全库存。

4）VMI 的实施有利于降低交易成本。在 VMI 模式下，供需双方是基于互信的合作伙伴关系，客户将其库存的补货决策权完全交给了供应商，从而减少了传统补货模式下的协商、谈判等事务性工作，大大节约了交易费用。

5）VMI 对提高服务水平具有促进作用。VMI 通过供应商将供需双方的信息及职能活动集成，使得企业访问的界面更加友好，业务活动同步运作，从而提高供需双方的柔性及顾客响应能力。如当需求异常波动时，供应商能够及时获取需求信息，并快速调整补货策略。同时，生产、运输部门也能同步做出快速反应，调整作业计划。

总的来说，供应链管理中的成功通常来源于管理好存货成本和服务水平之间的关系，而 VMI 策略在这两面都体现了积极的作用，这正是 VMI 的意义所在。

2. VMI 的缺点

目前，VMI 的成功实施还有较大难度，存在以下问题：

1）企业之间缺乏信任，合作意识不强。VMI 是跨企业边界的集成，要求供需双方建立互信的合作伙伴关系。若企业之间缺乏互信，要实现信息共享和管理协调是不可能的。供需双方互信与合作是 VMI 成功的必备条件。在充分的信息共享过程中，还存在着信息滥用和泄露的风险，这也可能导致双方信任度的降低。

2）VMI 中的框架协议虽然是双方协议，但供应商处于主导地位，是单行的过程，决策过程中缺乏足够的协商，难免造成失误。

3）责任与利益的分配不平衡。在 VMI 模式下，供应商承担了客户的库存管理及需求预测分析的责任，由此带来的成本节约和经济效益无法均衡分配，很多时候客户获得的利润更多，从而影响了供应商实施 VMI 的积极性。因此，需求方应从长远利益来考虑，采取相应的激励措施来激发供应商的积极性，如通过合约将一定比例的利润支付给供应商。VMI 的实施减少了库存总费用，但供应商却比以前承担更多的管理责任，如库存费用、运输费用和意外损失等不是由需求方承担，而是由供应商承担。由此可见，VMI 实际上是对传统库存控制策略进行"责任倒置"后的一种库存管理方法，这无疑加大了供应商的风险。

因此，实施 VMI 必须谨慎，既要看到 VMI 所带来的利益，也要考虑其存在的问题和风险，决不能草率行事。

11. 2　联合库存管理模式

11. 2. 1　JMI 的概念及基本思想

联合库存管理（Jointly Managed Inventory，JMI）是解决供应链系统中由于各节点企业相互独立的库存运作模式导致的需求放大现象，提高供应链同步化程度的一种有效方法。JMI 与 VMI 不同，它强调双方同时参与，共同制订库存计划，使供应链过程中的每个库存管理者（供应商、制造商、分销商等）都从相互之间的协调性考虑，使供应链相邻的两个节点之间的库存管理者对需求的预期保持一致，从而消除了需求变异放大现象。任何相邻节点需求的确定都是供需双方协调的结果，库存管理不再是各自为政的独立运作过程，而是供需连接的纽带和协调中心，如图 11-1 所示。

联合库存管理，就是供应链上的各节点企业通过对消费需求的认识和预测的协调一致，共同进行库存的管理和控制，利益共享、风险共担。不同于 VMI 集成化运作的决策代理模式，JMI 强调了供应链企业之间的互利合作关系，是一种风险分担的库存控制模式，它使得供应链环节中的各类企业共同对库存问题进行管理。

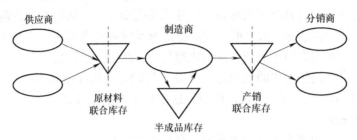

图 11-1　基于协调中心的联合库存管理系统模型

JMI 的思想可以从分销中心的联合库存功能谈起。地区分销中心体现了一种简单的联合库存管理思想。传统的分销模式是分销商根据市场需求直接向工厂订货，比如汽车分销商根据用户对车型、款式、颜色、价格等的不同需求向汽车制造厂订货，需要经过一段较长的时间才能到货，而顾客不想等待这么久的时间。因此，各个分销商不得不进行库存备货，这样，大量的库存将会使销售商难以承受，以至于破产。而采用地区分销中心，就大大减少了库存浪费的现象。分销中心就起到了联合库存管理的功能，分销中心既是一个商品的联合库存中心，同时也是需求信息的交流与传递枢纽。

11.2.2　JMI 的管理优势

和传统库存管理模式相比，JMI 具有以下优势：

1）为实现供应链的同步化运作提供了条件和保证。

2）减少了供应链中的需求扭曲现象，降低了库存的不确定性，提高了供应链的稳定性。

3）库存作为供需双方的信息交流和协调的纽带，可以暴露供应链管理中的缺陷，为提高供应链管理水平提供依据。

4）为实现零库存管理、JIT 采购及精细供应链管理创造了条件。

5）进一步体现了供应链管理的资源共享和风险分担的原则。

11.2.3　JMI 的实施策略

1. 建立供需协调管理机制

JMI 作为一种互利合作管理模式，建立供需双方协调管理机制，明确各自目标和责任，建立合作沟通渠道，将成为有效实施 JMI 策略的关键。

（1）建立共同的合作目标

要建立 JMI 模式，供需双方需本着互惠互利的原则，理解双方在市场目标中的共同点和冲突点，通过协商形成共同的目标，如共同提高服务水平、增加利润、降低风险等。

（2）建立联合库存的协调控制方法

JMI 中心需要明确库存优化的方法，包括如何在多个需求商之间调节与分配库存，确定最高库存量、最低库存水平、安全库存量，做好需求预测等。

（3）建立一种信息沟通的渠道

信息共享是 JMI 的条件之一。为保证需求信息在供应链中的畅通性和准确性，要将条码技术、POS 系统、EDI 等集成起来，并充分利用 Internet 的技术优势，在供需双方之间建立一个畅通的信息沟通桥梁和联系纽带。

（4）建立利益的分配和激励机制

建立一种公平的利益分配制度和有效的激励机制，实现 JMI 创造的利益在供应链各节点企业之间进行合理分配，防止消极怠工现象和机会主义行为，增加供应链运作的协调性。

2. 发挥两种资源计划系统的作用

原材料 JMI 中心应采用 MRP Ⅱ 系统来协调供应商与制造商之间的供需信息，而在产销 JMI 中心则应采用分销需求计划（DRP）来协调制造商和分销商之间的供需信息，这两种系统能很好地实现供应链节点企业之间的信息共享共用。

3. 建立快速响应系统

快速响应（Quick Response，QR）系统是 20 世纪 80 年代末由美国服装行业发展起来的一种供应链管理策略，目的在于减少供应链中从原材料到用户过程的时间和库存，最大限度地提高供应链的运作效率。快速响应系统需要供需双方的密切合作，因此协调库存管理中心的建立为快速响应系统发挥更大的作用创造了有利的条件。

4. 发挥第三方物流系统的作用

把库存管理的部分功能代理给第三方物流系统管理，可以使企业更加集中精力于自己的核心业务。第三方物流系统起到了供应商和用户之间联系的桥梁作用，为企业获得诸多好处。

11.2.4　实施 JMI 需注意的问题

JMI 是解决供应链系统中独立库存模式导致的需求变异放大现象，改善供应链的供应水平和运作效率，以及提高供应链同步化程度的一种有效方法。实施 JMI，建立适应新形势的物资供应运行机制，将是库存管理今后几年的发展方向。但是，企业在应用 JMI 时需要注意以下问题：

1）JMI 模式并非适合所有类型的企业，企业要根据自己的实际生产经营状况进行选择。

2）推行 JMI 过程中企业会面临诸多问题。例如当原材料供应商在制造商工厂附近建立库存时，其物流成本往往比直接向制造商供货高得多，当供应量达不到一定规模时，原材料 JMI 就变得难以实施。

3）实施 JMI 之前，应对企业员工进行相应的培训。JMI 是一种新的管理思想和理念，是对企业工作流程的调整，改变员工以前的工作观念和方法，提高员工的素质，是企业顺利实施 JMI 的保证。

4）分销商应重视自身角色的转变。在实施 JMI 后，库存虽由制造商和分销商联合管理，但分销商多处于协助地位，且不再完全掌握库存，可以省去投入库存管理的精力，更高效地承担市场开发和营销职能，实现由传统分销商向服务提供商的角色转变，这是对 JMI 成功运行的一种有力支持。

5）保证零售商每日销售数据和库存数据的准确性也是 JMI 有效、正确运行的基础。

11.3 协同计划、预测与补给

11.3.1 CPFR 的产生

协同计划、预测与补给（Collaborative Planning，Forecasting and Replenishment，CPFR）最初形成于沃尔玛所推动的协同预测与补给（Collaborative Forecast and Replenishment，CFAR），是利用 Internet 通过零售企业与生产企业的合作，共同做出商品预测，并在此基础上实行连续补货的系统。后来，在沃尔玛的不断推动下，在 CFAR 共同预测与补货的基础上，进一步推动共同计划的制订，将原来属于各企业内部事务的计划工作（如生产计划、库存计划、销售规划等）转为供应链各企业共同参与，发展成为 CPFR 系统。

CPFR 是一种协同式的供应链库存管理模式，以一种全局的、系统的视角来重新定位库存，通过在供应链各节点企业之间建立良好的伙伴关系，制定共同目标以及信息共享来管理其业务流程，以达成提升供应链系统的效率、减少供应链中的库存水平及提高顾客的忠诚度和满意度。因此，协同计划、预测与补给模式能在合作伙伴之间实现更加深入的合作。

11.3.2 CPFR 的基本内容

CPFR 是现代企业供应链整合发展的模式，它不仅应用了大量处理模型和技术模型，而且提供了能覆盖整条供应链的合作过程，通过业务过程的共同管理和信息共享使供应链伙伴关系得到改善，预测的精确度得到提高，有效地减少了供应链"牛鞭效应"。其基本内容主要包括以下四个方面：

（1）协同

在 CPFR 中，供应链上下游企业就是各个子系统，协同效应可以使整个供应链系统发挥的功效大于各个子系统功效的简单相加。供应链上下游企业只有确立起共同的目标，才能使双方的绩效得到提升，取得综合性的效益。CPFR 这种新型的合作关系要求双方长期承诺公开沟通、信息分享，从而确立其协同性的经营战略，尽管这种战略的实施必须建立在信任和承诺的基础上，但这是买卖双方取得长远发展和良好绩效的唯一途径。

（2）计划

协同计划的目的是让供应链成员间的计划活动能取得一致的基本假设，以利于后续各项合作活动的进行。共同的基本假设包括协同合作的项目、共享的资料、异常状况的定义、合作的目标、促进销售的计划、库存管理计划、产品导入和终止计划等。

（3）预测

CPFR 中的预测强调买卖双方必须做出最终的协同预测，可以大大改善整个供应链体系的低效率、死库存情况，提高产品销量，节约供应链资源。与此同时，最终实现协同促销计划是实现预测精度提高的关键。CPFR 所推动的协同预测还有一个特点，就是它不仅关注供应链双方共同做出的最终预测，同时也强调双方都参与预测反馈信息的处理和预测模型的制定与修正，特别是如何处理预测数据的波动等问题。

（4）补给

经过协同计划、预测阶段后，协同补给决策的困难将大幅降低。根据指导原则，协同运输计划也被认为是补货的主要因素。此外，例外状况的出现也需要双方在公认的计分卡基础上定期协同审核，审核内容包括出现例外状况时的存货百分比、预测精度、安全库存水平、订单实现比例、前置时间以及订单批准比例等。

11.3.3　CPFR 的指导原则及作用

1. CPFR 的指导原则

CPFR 主要有以下三条指导原则：

1）贸易伙伴框架结构和运作过程以消费者为中心，且是面向价值链的运作。合作伙伴构成的框架及其运行规则主要根据消费者的需求和整个价值链的增值来制定。

2）贸易伙伴共同负责开发单一、共享的消费者需求预测系统，这个系统驱动整个价值链计划。

3）贸易伙伴均承诺共享预测并在消除供应链过程约束上共担风险。

2. CPFR 的作用

（1）CPFR 降低了供应链中的库存量

CPFR 通过加强各个环节企业之间的合作伙伴关系，利用框架协议使相互关联的业务流程之间相互合作，促使供应链中各节点企业，尤其是流通领域的零售企业与其上游供应商之间进行协同式的预测及补货计划。这样，上游企业能够清晰、准确地掌握下游企业的运营状况和需求，以做到心中有数，当需求发生变化时，供应链系统中各企业可以通过整合企业自身与外部资源来迅速满足客户需求。同理，需求方也能够了解上游企业供货的可靠性以及供给能力，因此也就没有必要通过储备过量库存来应对缺货的情形。这样一来，各环节企业的库存持有量都大大减少了，降低了供应链中的库存成本。

（2）提高了预测精度，改善了客户服务

由于 CPFR 库存管理模式实现了信息在链条中的共享，这样就在很大程度上提高了预测的精确度，同时各个环节企业的订货量更加接近真实需求量。因此，CPFR 能够实现以客户需求为中心的协同规划、预测、优化和执行，减少了整个供应链上的安全库存量和平均物料量，同时降低了"牛鞭效应"，加快了对市场需求的响应，提高了供应链中信息和商品的可视化程度。由于更可靠的预测，可以更为准确地把握客户的需求，大大降低了缺货和滞销情况的发生，从而提高和优化了供应链系统的服务能力。

（3）CPFR 通过供应链的协作运行带来了更高的整体效益

传统库存管理模式中，各个节点企业依据自身的经营数据进行库存管理，与库存相关的所有决策都是在企业内部产生。库存的作用也仅限于在尽量满足顾客需求的同时降低库存成本，这种库存管理模式虽然减少了对外部供应企业的依赖，但是也造成了"牛鞭效应"、上下游企业之间的利益对抗以及阻碍了企业之间的沟通与协作等不好的结果。而CPFR 模式的关注点在于站在供应链系统整体的视角来审视库存问题，通过应用一系列方法来达到整个供应链系统中库存最小化、利润最大化，同时促使供应链的协调运作，以产生更高的整体效益。

11.3.4　CPFR 的模型及实施

　　CPFR 的业务模型中，其业务活动可划分为计划、预测和补给三个阶段，包括九个主要流程活动。第一阶段为计划，包括第一、二步；第二阶段为预测，包括第三～八步；第三阶段为补给，包括第九步。CPFR 的过程及活动如图 11-2 所示。

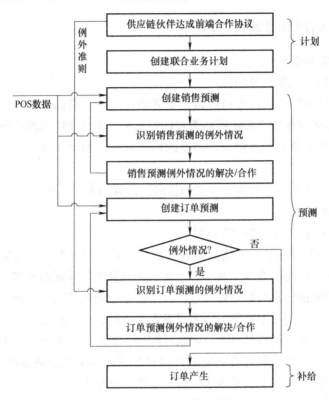

图 11-2　CPFR 的过程及活动

　　第一步：供应链伙伴达成前端合作协议。这一步是供应链合作伙伴包括零售商、分销商和制造商等为合作关系建立指南和规则，共同达成一个通用业务协议，包括合作的全面认识、合作目标、机密协议、资源授权、合作伙伴的任务和成绩的检测等内容。

　　第二步：创建联合业务计划。供应链合作伙伴相互交换战略和业务计划信息，以发展联合业务计划。合作伙伴首先建立合作伙伴关系战略，然后定义分类任务、目标和策略，并建立合作项目的管理简况（如订货批量、交货期、订货间隔等）。

　　第三步：创建销售预测。利用零售商 POS 数据、因果关系信息、已计划事件信息创建一个支持共同业务计划的销售预测。

　　第四步：识别销售预测的例外情况。识别分布在销售预测约束之外的项目，每个项目的例外准则需要在第一步中得到认同。

　　第五步：销售预测例外情况的解决/合作。通过查询共享数据、电子邮件（Email）、电话、交谈、会议等解决销售预测的例外情况，并将产生的变化提交给销售预测（第三步）。

第六步：创建订单预测。合并 POS 数据、因果关系信息和库存策略，产生一个支持共享销售预测和共同业务计划的订单预测，提出分时间段的实际需求数量，并通过产品及接收地点反映库存目标。订单预测周期内的短期部分用于产生订单，在冻结预测周期外的长期部分用于计划。

第七步：识别订单预测的例外情况。识别分布在订单预测约束之外的项目，例外准则在第一步已建立。

第八步：订单预测例外情况的解决/合作。通过查询共享数据、Email、电话、交谈、会议等调查研究订单预测的例外情况，并将产生的变化提交给订单预测（第六步）。

第九步：订单产生。将订单预测转换为已承诺的订单，订单产生可由制造厂或分销商根据能力、系统和资源来完成。

CPFR 的模型可用于创建一个消费者需求的单一预测，协同制造厂和零售商的订单周期，最终建立一个企业间的价值链环境，在获得最大盈利和消费者满意度的同时减少浪费和降低成本。

11.4　多级库存优化与控制

11.4.1　多级库存优化与控制概述

传统的企业库存管理侧重于优化单一的库存成本，从储存成本和订货成本出发确定经济订货批量和订货点，这种单一企业库存管理方法有一定的适用性，但从供应链整体的角度看，也存在着诸多局限性。在供应链管理环境下，不同节点企业之间的库存存在相互的关联和影响，每个企业不应局限于企业内部的、基本的库存控制模型，更应该注重供应链多级库存问题的研究。供应链库存管理策略有很多种，VMI 以及 JMI 策略都是对供应链库存的局部优化控制，而要实现供应链库存的全局优化与控制，则必须采用多级库存优化与控制方法。

多级库存优化与控制是在单级库存控制的基础上形成的，各库存点通过各种不同的供需关系连接起来，在此基础上确立多级库存优化的目标，利用多级库存控制模型实现对供应链资源的全局优化。

11.4.2　多级库存优化与控制决策应考虑的问题

1. 多级库存系统的需求信息放大效应

当供应链的各节点企业只根据来自其相邻的下级企业的需求信息进行生产或供应决策时，需求信息的不真实性会沿着供应链逆流而上，产生逐级放大的现象，达到源头的供应商时，其获得的需求信息和实际消费市场中的顾客需求信息发生了很大的偏差，需求变异系数比分销商和零售商的需求变异系数大得多。为了应付这种需求的放大，上游供应商不得不维持比下游供应商更大的库存水平，尤其是在供应链多级库存环境下，同级累加的需求信息同样会在上级产生放大效应，并且其中各级之间的提前期对于需求信息放大效应有着非常重要的影响。

2. 多级库存基本控制策略

从理论上来讲，如果所有的相关信息都是可获得的，并把所有的管理策略都考虑到目标函数中，中心化的多级库存优化要比基于单级库存优化的策略（非中心化策略）要好。但是，现实情况未必如此，当把组织与管理问题考虑进去时，管理控制的幅度常常是下放给各个供应链的部门独立进行，因此多级库存控制策略的好处也许会被下层组织与管理产生的问题所抵消。简单的多级库存优化策略效率是低下的。

3. 供应链多级库存优化的目标

传统的库存优化几乎都是进行库存成本优化，在强调敏捷制造、基于时间竞争的条件下，这种成本优化策略是否适宜？因此，在实施多级库存优化时要明确库存优化的目标是什么，是成本还是时间？成本是库存控制中必须考虑的因素，但是在现代市场竞争的环境下，仅优化成本这一个参数显然是不够的，应该把时间（库存周转时间）的优化也作为库存优化的主要目标来考虑。

4. 供应链多级库存的协同管理

由于传统的供应链中各节点企业之间形成的是"敌对博弈"的关系，信息不能共享，目标相互冲突，整个供应链效率低下。在基于时间竞争的今天，对顾客需求的快速响应能力日益得到重视。快速响应的实现不是单个企业能做到的，在追求多级库存优化与控制的供应链中，必须依赖供应链各节点企业之间的相互合作与协调。

5. 供应链多级库存的推拉运作模式

在供应链多级库存环境下，传统的推动式（Push）和拉动式（Pull）运作模式各有优缺点，若能将两者有效地结合起来，把握好多级供应链中的 Push 与 Pull 分界点，扬长避短，就可能取得更好的效果，从根本上缩短供应链的多级响应周期，降低供应链运作成本，提高运作效率。

6. 基于提前期的供应链库存模型

在实施和运行供应链管理时，提前期是一个十分重要的基础数据，甚至可以说它是供应链管理中的一块基石。在基于时间竞争的环境中，提前期的压缩更是成为获取订单的主要成功因素，是获取竞争优势的主要源泉。在多级供应链环境下，强调从整体角度出发缩短供应链多级响应周期，提高产品在最终用户市场上的竞争力，提前期是其中最主要的制约因素。多级供应链上各级库存水平是相互影响的，尤其提前期的影响导致了多级供应链中库存需求信息的放大效应。建立基于多级提前期的多级库存模型进行库存水平的优化，有利于增强企业之间的信息透明度，避免了信息放大现象，也可以实现供应链库存的全局优化与控制。

11.4.3 多级库存优化与控制策略

多级库存优化与控制是一种对供应链资源全局性优化的库存管理模式，主要有两种库存控制策略：一种是非中心化（分布式）库存控制策略；另一种是中心化（集中式）库存控制策略。

1. 非中心化库存控制策略

非中心化库存控制策略是各个库存点独立地采取各自的库存策略，类似于传统的纵向一体化企业各下属企业的库存控制，在管理上比较简单，但并不能保证产生整体优化。通常只有在信息完全共享才能充分利用供应链资源，多数情况下达到的是次优结果。

非中心化库存将供应链的库存分为三个成
本归结中心，即制造商成本中心、分销商成本
中心和零售商成本中心，各自根据自己的库存
成本做出优化控制策略，如图 11-3 所示。非中
心化的库存控制要获得整体供应链优化效果，
需要增加供应链的信息共享程度，使供应链上
各个企业都共享统一的市场信息。非中心化库
存控制策略能够根据企业自己的实际情况独立
做出快速决策，例如每个库存点可根据单点库
存订货策略独立地决定订货点等，有利于发挥
企业自己的独立自主性和灵活机动性。其缺点
在于如果供应链企业之间的协调性差，则有可
能造成各自为政的库存管理局面。

2. 中心化库存控制策略

中心化库存控制策略通过建立库存目标函
数，同时确定所有库存点的控制参数，在降低
库存总体成本的基础上通过协调的办法来实现
库存的优化。中心化库存控制策略的缺点是只

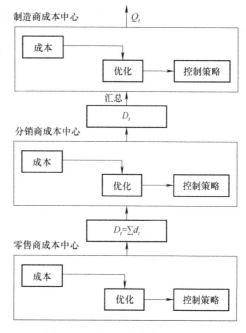

图 11-3　非中心化库存控制策略

以库存总成本最低作为唯一目标，忽略了供应链的客户服务水平以及对市场的快速反应能
力，并且在库存总成本最低时，考虑各个库存点的相互关系，对供应链各个节点库存进行
协调和调整，在管理上协调难度大，特别是供应链的层级比较多时协调控制难度更大。

中心化库存控制策略是将控制中心放在核心企业上，由核心企业对供应链系统的库存
进行控制，协调上游与下游的库存活动。这样，核心企业就成了供应链上的数据中心，担
负着数据的集成、协调功能，如图 11-4 所示。

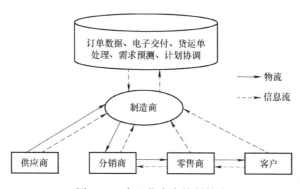

图 11-4　中心化库存控制策略

11.4.4　多级库存优化与控制方法

1. 基于成本优化的多级库存控制

基于成本优化的多级库存控制实际上就是确定库存控制的有关参数——库存检查期、

订货点、订货量等。一般的多级供应链库存模型如图11-5所示，在做出基于库存成本优化的分析之前，首先要确定库存成本结构。

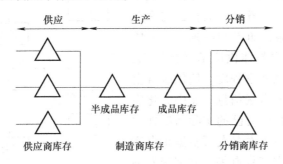

图11-5　一般的多级供应链库存模型

供应链库存成本一般包括以下三个方面：

（1）维持库存费用 C_h

在供应链的每个阶段都维持一定的库存，以保证生产、供应的持续性。这些维持库存费用（Holding Cost）包括奖金成本、仓库及设备折旧费、税收、保险金等，与库存价值和库存量的大小有关。维持库存费用沿着供应链从上游到下游有一个累积的过程，如图11-6所示。

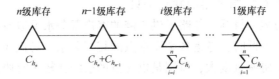

图11-6　供应链维持库存费用的累积过程

h_i 是单位周期内单位产品（零部件）的维持库存费用。如果 v_i 表示 i 级库存量，那么整个供应链的维持库存费用为

$$C_h = \sum_{i=1}^{n} h_i v_i$$

如果是上游供应链，则维持库存费用是一个汇合的过程，而在下游供应链则是分散的过程。

（2）交易成本 C_t

交易成本（Transaction Cost）是指在供应链企业之间的交易合作过程中产生的各种费用，包括谈判要价、准备订单、商品检验费用、佣金等。交易成本一般随交易量的增加而减少。

（3）缺货损失成本 C_s

缺货损失成本（Shortage Cost）是供不应求时造成市场机会以及用户罚款等损失。库存量越大，缺货损失成本越低；反之越高。为了减少缺货损失成本，维持一定量的库存是必要的，但是库存过多又会增加维持库存费用。在多级供应链中，通过提高信息共享程度，增加供需双方的协调与沟通，有利于减少缺货带来的损失。

总的库存成本为

$$C = C_h + C_t + C_s$$

对多级库存控制的优化目标就是使总的库存成本 C 达到最小。基于总的库存成本最小的优化目标，又可分为需求确定的多级库存控制模型和需求随机的多级库存控制模型，前者还可继续分为不允许缺货模型和允许缺货模型两种情况。本书不再详述。

2. 基于时间优化的多级库存控制

由于市场竞争已从传统的简单的成本优先模式转为时间优先的竞争，因此，供应链的库存优化不能简单地优化成本。通过库存优化来提高用户响应速度，是基于时间优化的多级库存控制的基本思想。在供应链管理环境下，库存优化还应考虑对库存时间的优化。比如库存周转率的优化、订货提前期的优化、平均上市时间的优化等。库存时间过长对于产品的竞争力不利；缩短库存时间，既有利于减少库存，又有利于控制库存。

应用图 11-5 所示的一般的多级供应链库存模型先确定供应链下的库存时间结构。根据库存管理理论，供应链运行过程中的库存总时间应该包括每一级产品的搬运入库时间、保管存放时间、分拣配货时间、搬运出库时间以及缺货退货补救时间等。实际上，每一级的库存不同，应分别加以分析。对供应商来说，主要是原材料库存；对制造商而言，包括原材料库存、半成品库存或零部件库存和产成品库存；而分销商主要是产成品库存。现分别给出供应商、制造商和分销商的库存时间的数学模型，具体如下所示：

供应商的库存时间计算公式为

$$T_g = t_{gr} + t_{gb} + t_{gf} + t_{gc} + t_{gqt}$$

式中，T_g 是供应商的库存时间；t_{gr}、t_{gb}、t_{gf}、t_{gc}、t_{gqt} 分别是供应商的入库搬运时间、保管存放时间、分拣配货时间、出库搬运时间、缺货退货补救时间。

制造商的库存时间计算公式为

$$T_z = T_y + T_b + T_c$$
$$= (t_{yr} + t_{yb} + t_{yf} + t_{yc} + t_{yqt}) + (t_{br} + t_{bb} + t_{bf} + t_{bc} + t_{bqt}) + (t_{cr} + t_{cb} + t_{cf} + t_{cc} + t_{cqt})$$

式中，T_z 是制造商的库存时间；T_y 是制造商的原材料库存时间；T_b 是制造商的半成品库存时间；T_c 是制造商的产成品库存时间；t_{yr}、t_{yb}、t_{yf}、t_{yc}、t_{yqt} 分别是制造商的原材料入库搬运时间、保管存放时间、分拣配货时间、出库搬运时间、缺货退货补救时间；t_{br}、t_{bb}、t_{bf}、t_{bc}、t_{bqt} 分别是制造商的半成品入库搬运时间、保管存放时间、分拣配货时间、出库搬运时间、缺货退货补救时间；t_{cr}、t_{cb}、t_{cf}、t_{cc}、t_{cqt} 分别是制造商的产成品入库搬运时间、保管存放时间、分拣配货时间、出库搬运时间、缺货退货补救时间。

分销商的库存时间计算公式为

$$T_f = t_{fr} + t_{fb} + t_{ff} + t_{fc} + t_{fqt}$$

式中，T_f 是分销商的库存时间；t_{fr}、t_{fb}、t_{ff}、t_{fc}、t_{fqt} 分别是分销商的入库搬运时间、保管存放时间、分拣配货时间、出库搬运时间、缺货退货补救时间。

根据图 11-5 所示的多级供应链库存模型可知，只有一个制造商，若供应商用 $i(i = 1, 2, 3, \cdots, m)$、分销商用 $j(j = 1, 2, 3, \cdots, n)$ 来表示其序号，则其供应链组合共有 mn 个。采用制造商为中心的中心化策略进行研究，即以制造商为中心，从上游选择合适的供应商，从下游选择合适的分销商。基于时间优化的库存控制问题可归结为最短路优化问题，如图 11-7 所示，即可很快选出一条最为合理而有效的供应链。

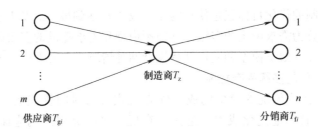

图 11-7　多级库存时间优化的简化路径图

由于制造商的库存时间随着供应商和分销商的选择不同而不同,因此要计算每一条供应链的总库存时间来确定最终的决策变量。根据前面分析的库存时间构成,给出供应链下的总库存时间的优化模型如下:

$$\min T_{ij} = T_{gi} + T_{zij} + T_{fj}$$

式中,T_{ij} 是选择第 i 个供应商和第 j 个分销商时整个供应链的库存时间;T_{gi} 是第 i 个供应商的库存时间;T_{zij} 是选择第 i 个供应商和第 j 个分销商时制造商的库存时间;T_{fj} 是第 j 个分销商的库存时间。

这是从整个供应链产品的总运行时间角度进行的优化,选出了合理有效的供应链,在时间上都体现了足够的敏捷性,具体算法步骤此处不再推导。

而供应链各节点企业也应进行本企业的库存时间优化,并完全融入整个供应链之中,保持供应链的协调运作和总体效益的提高。同时,在考虑库存时间优化时不能忽略成本因素。

【案例分析】

宝洁公司供应链优化——压缩时间

宝洁公司供应链优化总体思路就是通过压缩供应链时间提高供应链反应速度来降低运作成本,最终提高企业竞争能力。从宝洁公司供应链上下游之间的紧密配合方式进行分析,寻找可以压缩时间的改进点,从细节入手,以时间的压缩换取市场更大的空间。

1. 供应商管理时间的压缩

宝洁公司和供应商一起探讨供应链中非价值增值活动以及改进的机会,压缩材料采购提前期,开发供应商伙伴关系,建立相互信任关系,并从以下四个方面压缩供应商管理时间:

(1) 为不同原材料制定不同的提前期

根据原材料的特点,宝洁公司将其分为 A、B、C 三类分别进行管理:A 类品种占总数 5%~20%,资金占 60%~70%;C 类品种占总数 60%~70%,资金占 15% 左右;B 类介于两者之间。对材料供应部分的供应链进行优化,将时间减少和库存管理结合起来。比如,对高价值的 A 类物料要重点考虑压缩提前期,而对低价值的 C 类物料则不用过多精力去讨论缩短提前期。

(2) 由供应商管理材料库存

宝洁公司的材料库存管理策略是 VMI。对于价值低、用量大、占用存储空间不大的材料，在供应链中时间减少的机会很小，这类材料占香波材料的 80%，它们适合采用 VMI 的方式来下达采购订单和管理库存。首先，双方一起确定供应商订单业务处理过程中所需的信息和库存控制参数。其次，改变订单处理方式，建立基于标准的托付订单处理模式。最后，把订货交货和票据处理各个业务处理功能集成在供应商一边。

（3）压缩材料库存的时间

对于价值不高、用量大且占用存储空间很大的材料，适合采取压缩供应链时间的方法来管理。因为如果供应时间长，则要求工厂备有很大的安全库存。只有通过压缩时间的方法，消除无价值时间，改进有价值时间，才能保持材料的及时供应和库存不变或降低。

通过考察供应商质量方面的日常表现，对材料实施免检放行。结合储存时间和运输时间的改变，以及延迟时间和检测时间的减少，总体时间最后减少了 18 天。材料库存从 30 天减少到 20 天，库存价值每个月减少了 2 万美元。

（4）与供应商进行全面合作

宝洁公司和供应商一起进行合作改进，将 100 多种印刷版面合并成 80 多种，减少了转产频率。在材料送货方面，为适应"多品种、小批量"的要求，宝洁公司雇用专门的运输商，每天对同一区域的材料进行收集运送。与供应商各自做运输相比，运输成本明显降低，更好地满足了客户要求。

2．内部供应链时间压缩

除了加强与供应商之间的紧密合作和信息共享之外，宝洁公司还对企业内部供应链时间压缩进行了改进。

（1）用产品标准化设计压缩时间

摒弃原来不同品牌香波使用不同形状的包装设计，改为所有香波品牌对于同一种规格采用性质一样的瓶盖，不同的产品用不同的瓶盖颜色和印刷图案来区分。这样一来，减少了包装车间的转产次数。

（2）用日计划来缩短计划时间

现在宝洁公司推行每日生产计划，从以前的每周制订下周的生产计划改为每日制订第二日的生产计划。这样大大缩短了供应链反应时间，加快了产品对市场变化的反应。

（3）用工艺对生产过程改进压缩时间

通过对现状的分析，宝洁公司进行了以下改进：香波生产部门和技术部门合作，制订了储缸分配计划来减少转产及生产批量，生产部门分别生产 5 种 A 类配方产品，制造车间每次生产 12t，即一个储缸的量。包装车间可以根据每笔订单量的大小，选择不同的批量大小包装产品。

（4）缩减不增值过程以缩短包装时间

包装部门的改进策略主要考虑以下三点：减少转产时间、减少非计划停机时间、提高人员技能。

"减少转产时间"主要侧重于两个方面：减少配方之间的转换清洗生产线的时间和减少不同包装形式之间的转换清洗生产线的时间。"减少非计划停机时间"主要是降低机器故障和减少临时的机器维修等。"提高人员技能"则通过改变相应的人员管理和培训制度，使员工在任务紧时可以在不同的生产线随意调配。

（5）优化仓储管理，缩短货物存取时间

宝洁公司通过改善货架储存方式，设计三层驶入式货架分层提取和存放货物，每一层货架存放的是一个单独的产品品种，有效缩短了货物存取时间。

3．供应链下游优化

（1）运输环节的优化与管理

采用第三方物流从工厂运送到全国仓库，与物流供应商签订详细的运输协议，衡量运输商的可靠性和灵活性。每天跟踪运输业绩，考察由供应商造成的货物损坏率，以及由于运输不及时造成的客户订单损失。利用统计模型分析不同类型产品的运输调货频率，进行最优化设计，找到保留库存、货车利用率和满载率之间的平衡点。

（2）与客户之间的订单处理与信息共享

与大客户建立电子订单处理系统，比传统的电话传真更快捷；与个别客户统一产品订货收货平台，及时了解客户的销售活动信息，如开店促销等，并反馈给工厂，保证当客户有新的市场活动时，宝洁公司有充足的产品供应。

宝洁公司通过对供应链上下游伙伴的合作，不断挖掘自身生产过程中时间压缩的机会，以实现对客户需求的快速响应，不断提高作为公司竞争力的供应链反应速度。

讨论题

1．宝洁公司供应链是如何通过压缩时间来提高反应速度和降低运作成本的？

2．宝洁公司是如何降低库存的？

3．宝洁公司的供应链通过优化后缩短了提前期内的哪些时间？

【思考练习题】

1．什么是 VMI？它的优缺点有哪些？

2．实施 VMI 应遵循哪些原则？可采用的运作模式有哪些？

3．和传统库存管理模式相比，JMI 具有哪些优势？

4．什么是 CPFR？它的基本内容有哪些？

5．多级库存优化与控制决策应考虑的问题有哪些？

参 考 文 献

[1] 陈胜利, 李楠. 仓储管理与库存控制 [M]. 北京: 经济科学出版社, 2015.

[2] 曹瑾鑫. 仓储与配送管理 [M]. 北京: 中国传媒大学出版社, 2013.

[3] 傅莉萍. 仓储管理 [M]. 北京: 清华大学出版社, 2015.

[4] 唐连生, 李滢棠. 库存控制与仓储管理 [M]. 北京: 中国物资出版社, 2011.

[5] 李联卫. 物流案例精选与评析 [M]. 北京: 化学工业出版社, 2019.

[6] 黄中鼎, 林慧丹. 仓储管理实务 [M]. 武汉: 华中科技大学出版社, 2009.

[7] 康美物流. "传统仓储" 如何过渡到 "智慧仓储"? [EB/OL]. (2018-02-11) [2020-12-10]. https://www.sohu.com/a/222231658_99904412.

[8] 侯安才, 张强华, 郑静, 等. 物流信息技术实用教程 [M]. 北京: 人民邮电出版社, 2013.

[9] 初良勇. 物流信息系统 [M]. 北京: 机械工业出版社, 2012.

[10] 耿富德. 仓储管理与库存控制 [M]. 北京: 中国财富出版社, 2016.

[11] 马骏, 宋丽娟. 仓储管理与库存控制 [M]. 北京: 对外经济贸易大学出版社, 2009.

[12] 蒋长兵, 白丽君, 吴承健. 仓储管理与库存控制: 案例、习题与解答 [M]. 北京: 中国物资出版社, 2010.

[13] 张浩. 采购管理与库存控制 [M]. 2 版. 北京: 北京大学出版社, 2018.

[14] 张的, 吴涵. 采购管理与库存控制 [M]. 北京: 中国铁道出版社, 2018.

[15] FROEHLICH A. 私有云、公共云、混合云的优点和缺点 [N]. 中国信息化周报, 2021-03-01 (14).

[16] 邢琳琳. 无人仓技术应用与发展趋势 [J]. 物流技术与应用, 2018 (10): 126-129.